Teias e tramas
da responsabilidade social

Maria Alice Nunes Costa

Teias e tramas da responsabilidade social

O INVESTIMENTO SOCIAL EMPRESARIAL NA SAÚDE

apicuri

Rio de Janeiro
2011

Copyright © 2011 Maria Alice Nunes Costa

Todos os direitos reservados. Nenhuma parte desta edição pode ser utilizada ou reproduzida – em qualquer meio ou fórmula, seja mecânico ou eletrônico, por fotocópia, por gravação etc. – nem apropriada ou estocada em sistema de bancos de dados sem a expressa autorização da editora.

Este livro está revisado segundo o Acordo Ortográfico da Língua Portuguesa de 1990, que entrou em vigor no Brasil em 2009.

Edição apoiada pela Fundação Carlos Chagas Filho de Amparo à Pesquisa do Estado do Rio de Janeiro (FAPERJ).

Editora responsável
Rosangela Dias

Revisão tipográfica
Octávio Adam
Bruno Pacheco

Revisão e copidesque
Adriana Maria Jorge Patrício

Editoração eletrônica
Aped – Apoio & Produção Ltda.

Capa
Raphael Vidal

CIP-BRASIL. CATALOGAÇÃO-NA-FONTE
SINDICATO NACIONAL DOS EDITORES DE LIVROS, RJ

C874t

Costa, Maria Alice Nunes
  Teias e tramas da responsabilidade social : o investimento social empresarial na saúde / Maria Alice Nunes Costa. - Rio de Janeiro : Apicuri, 2011.
  300p.

  Inclui bibliografia
  ISBN 978-85-61022-57-0

  1. Responsabilidade social da empresa. 2. Ação social. 3. Política social. 4. Serviços de saúde. I. Título.

11-4161.   CDD: 658.408
                  CDU: 658.012.32

06.07.11 12.07.11   027851

[2011]
Todos os direitos desta edição reservados à Editora Apicuri
Telefone/Fax (21)2533 7917
editora@apicuri.com.br
www.apicuri.com.br

Aos meus pais,
Malila e José Nunes Costa (*in memoriam*).

Aos meus filhos, Camilla,
Carolina e Bruno.

Ao meu neto Henrique,
que me deu a ilusão de imortalidade
e o sabor de recomeçar a aprender.

Agradeço aos professores, Ana Maria Kirschner, Eduardo Gomes e Paola Cappellin, pela preciosa produção acadêmica, que muito contribuíram para minha compreensão sobre a dimensão política do mundo empresarial.

Para o prof. Boaventura de Sousa Santos, fica a minha dívida intelectual incomensurável. Tive a oportunidade de ter este trabalho supervisionado por ele durante o meu estágio de doutoramento, na Faculdade de Economia da Universidade de Coimbra, em Portugal. Com seu posicionamento extremamente crítico em relação às práticas empresarias, apresentou-me uma literatura e um questionamento que foram de suma importância para o rumo deste trabalho.

Agradeço à Universidade de Coimbra, seus funcionários e professores, sempre solícitos, pelo apoio necessário. Aos professores da Faculdade de Economia da Universidade de Coimbra, sou grata pela demonstração de solidariedade e disponibilidade em fornecer contribuições valiosas para o desenvolvimento deste trabalho. Daqui do outro lado do Oceano, agradeço aos professores Silvia Portugal, Pedro Hespanha, José Reis, António Sousa Ribeiro, Claudino Ferreira, José Manuel Mendes e Catarina Frade.

Agradeço a todos os entrevistados: cada um, com o seu olhar, me ajudou a elaborar um universo teórico, construído por meio de diversas vivências, diferentes experiências e relatos que me fizeram compreender como é importante a troca e a ecologia de saberes. Cada entrevista teve o seu sabor especial.

Aos colegas do curso de doutorado, e muito especialmente a Sol Garson, José Eduardo, Rosa Cortês, Elaine Borin e Carla Lettieri, que forneceram valiosas contribuições a minha pesquisa. Agradeço a todos pelo companheirismo, alegria e incentivo.

Agradeço pelo apoio e estímulos constantes dos amigos Gisele Neves, Carlos Manoel e Patricia Ashley, e pela amizade que ultrapassa a vida diária. Sou muito grata ao prof. João Márcio Palheta, por fornecer sua tese de doutorado sobre *Poder, governo e território da região de Carajás* (PA) e pela disponibilidade em me ajudar a compreender um pouco sobre a vida em Serra Pelada.

Agradecimentos

Não caberia neste espaço o reconhecimento público de todos aqueles que trilharam comigo o caminho do conhecimento, incentivando-me e trazendo reflexões críticas durante toda a elaboração deste trabalho. Revejo todos, e gostaria de citá-los nominalmente. Alguns nomes poderão não estar presentes, traídos pela memória mas, ao agradecer a todos, quero reforçar que nada na vida se faz sozinho. Os alicerces que me dão firmeza e segurança para crescer se fundam nas relações de troca, de incentivo, de amizade e de carinho, que me inspiram, me fazem respirar profundamente, e dizer: *valeu a pena!*

Tentarei, aqui, lembrar e agradecer à pessoas e instituições que foram particularmente importantes.

Aos professores e funcionários do Instituto de Pesquisa e Planejamento Urbano e Regional (IPPUR) da Universidade Federal do Rio de Janeiro (UFRJ), onde realizei o Doutorado, em particular agradeço ao meu orientador, prof. dr. Mauro Kleiman.

Agradeço à Universidade Federal Fluminense (UFF), onde tive a oportunidade de ser formada por excelentes professores na graduação e no mestrado em ciência política. Agradeço em especial à profª drª Maria Antonieta Leopoldi, que acompanhou minha trajetória acadêmica como minha orientadora no Mestrado e como orientadora externa do meu doutorado no IPPUR/UFRJ.

[…] a moral, desde os anos 80, tornou-se […] curiosamente um tema na moda. […] Quando falo de um "retorno da Moral" […] não quero dizer que as pessoas seriam hoje mais virtuosas do que eram seus pais ou avós. É um retorno da moral essencialmente no discurso. Não é que as pessoas sejam, de fato, mais virtuosas; é que […] elas falam mais da moral. […] E esse retorno da moral na primeira linha dos discursos e das preocupações já é um fenômeno da sociedade que merece ser levado em conta
(Comte-Sponville, 2005).

À Coordenação de Aperfeiçoamento de Pessoal de Ensino Superior (CAPES), que, ao me conceder uma bolsa de estudos no exterior, viabilizou economicamente minha dedicação aos estudos.

À Prefeitura da Cidade do Rio de Janeiro e a todos os seus funcionários e amigos que me apoiaram: Maria Luiza Picorelli, Liege Ramalho, Ana Cristina Setta, Regina Vargas e Maria de Lourdes Albuquerque. Nesse ambiente em que converge a compreensão pelos interesses pessoais, intelectuais e profissionais, recebi o apoio necessário. Devo agradecimento especial aos amigos Leila Castanheira e Fausto Trindade, responsáveis pela continuidade dos meus estudos.

Além de meus queridos amigos, meus familiares também foram fundamentais para que eu pudesse prosseguir. Sou muito grata aos meus pais, meu irmão Sérgio Maurício, Maria Angélica, Paulo Expedito, Maria Alzira Primeira, Maria Alzira Segunda, Cid, Luiz Antônio e Paulo Arantes. Agradeço pela contribuição do querido primo Luiz Mauro, que, além de seu incentivo, colaborou na revisão da tradução dos textos.

Agradeço à FAPERJ e ao seu Conselho Científico, que souberam avaliar positivamente este trabalho, para que fosse publicado. E à Editora Apicuri, na figura da Rosangela de Oliveira Dias, que contribuiu sobremaneira com sugestões e comentários inestimáveis em toda esta obra.

Sumário

Prefácio 15

Introdução 21

1. A solidariedade estatal em contexto de mudanças 31
    1.1 O Estado-Providência como agregador das
        relações de solidariedade 31
    1.2 Crise e reforma do Estado 35
    1.3 Uma nova forma de gestão pública 41
    1.4 Reforma do Estado e a estratégia da descentralização 44
    1.5 A descentralização em prática: o caso da saúde brasileira 49

2. Responsabilidade e solidariedade na contemporaneidade 65
    2.1 Responsabilidade e coesão social 67
    2.2 Crise e solidariedade no mundo contemporâneo 76
    2.3 Redes estratégicas de solidariedade 82
    2.4 Redes e capital social 91
    2.5 A sociedade-providência na saúde do Brasil 95

3. A responsabilidade social do mundo empresarial 111
    3.1 Um novo conceito de empresa 111
    3.2 As ciências sociais e a empresa 113

3.3 A emergência da sociologia da empresa 118
3.4 A sociologia da empresa no Brasil 123
3.5 Uma visão panorâmica da responsabilidade social empresarial 126
3.6 A responsabilidade social das empresas no Brasil 142
3.7 O debate sobre a responsabilidade social empresarial 164
3.8 A saúde como uma perspectiva de investimento social empresarial 175

4. Estratégias do investimento social empresarial na saúde 181
4.1 Procedimentos metodológicos para o estudo de três casos 183
4.2 Caso 1: a Fundação Orsa e o Projeto Mãe Canguru 186
4.3 Caso 2: a Fundação Vale do Rio Doce e o projeto de saúde de Serra Pelada 205
4.4 Caso 3: o Instituto Ronald McDonald e o combate ao câncer Infantojuvenil 236
4.5 Discussão sobre os três casos: uma análise comparativa 249

Considerações finais 257

Referências 277

Prefácio

Entender a questão da Responsabilidade Social nos dias atuais envolve adentrar o território complexo das teias e tramas que unem o Estado, as empresas privadas e estatais, as Organizações não Governamentais e na outra ponta – as comunidades carentes e vulneráveis. Em sua extensa e bem fundamentada pesquisa, Maria Alice Nunes Costa lança um novo olhar na questão da política social, que aqui não é vista como tarefa exclusiva do Estado, mas como ação compartilhada entre vários atores sociais; dentre eles, as empresas. A pergunta que o livro coloca liga-se à possibilidade de haver outras formas de solidariedade que não sejam provenientes a amálgama realizado pelo Estado-Providência e suas políticas sociais. Seria possível falar de uma solidariedade vinda do empresário brasileiro que o moveria em direção a políticas que suprissem a ausência do Estado em áreas essenciais?

A autora parte de conceitos já conhecidos e os redefine com base em novos paradigmas: *empresa* não é apenas uma instituição do mercado, mas uma rede de relações, um espaço social, uma microssociedade. *Investimento* não se constitui em uma mera atividade econômica geradora de lucro direto, mas é visto como investimento social privado em projetos que beneficiam comunidades com muitas necessidades. Não se trata também de investimento do Estado, mas de investimento social privado entendido como uma nova maneira de fazer política social, através da parceria entre Estado e empresa – bem diferente da filantropia. O conceito de *público* não é mais inerente ao âmbito estatal, e diz respeito a um espaço que envolve o público não estatal. Importa conhecer também o papel das redes, que levam à teia empresa-governo e também redes de empresas, entidades beneficentes e *stakeholders*.[1]

Como se configurou esse processo em que a política pública abre espaços para a atuação do investimento social privado nas áreas sociais? A autora buscará nos anos 1980 as raízes dessa mudança gradual. Foi com o processo de democratização que vieram as iniciativas de descentralização de políticas governamentais, em especial na educação, saúde e assistência social. A gestão descentralizada e o fundo público foram deliberações da Constituição de 1988, que posteriormente ganharam regulamentação legal com a criação do fundo de saúde – Sistema Único de Saúde (SUS) – e da educação – o Fundo de Manutenção e Desenvolvimento da Educação Básica e de Valorização dos profissionais da Educação (FUNDEB).

Com o processo de descentralização vieram também as parcerias com empresas na divisão dos gastos públicos com políticas sociais. Nesse período, há uma efervescência dos movimentos sociais e de organizações do terceiro setor. A regulamentação progressiva dessa nova ordem social se fez por meio de várias leis aprovadas no Congresso, que regulamentaram instituições filantrópicas, empresas privadas de planos de saúde e criaram a Agência Nacional de Saúde Complementar, o Código de Defesa do Consumidor e o Novo Código Civil. Foi definido em lei o trabalho voluntário (sem vínculo empregatício), e se instituíram as Organizações Sociais (organizações privadas com objetivos de servir ao interesse público, sem fins lucrativos e trabalho voluntário).

A partir dessa regulamentação, surgiram as organizações sociais privadas, sob a forma de Institutos e Fundações Empresariais, que passaram a atuar movidas por um *ethos* de responsabilidade social. Assim, passou a ser constituído o que a autora define como Investimento Social Privado das empresas, que são recursos por ela investidos em projetos sociais; uma ação que pode se equiparar a políticas sociais compensatórias, diante da incapacidade do Estado em atender de forma universal as necessidades sociais.

No campo das políticas de saúde, a década de 1990 representa, além da inovação constituída pelo SUS, o momento de formação dos Conselhos de Saúde estaduais e municipais, com participação da sociedade civil.

---

[1] Ver Capítulo 3.

Inúmeros projetos governamentais foram criados especialmente nos anos 1990 e 2000, buscando atender à saúde da família, dos jovens, das crianças e entre outros grupos específicos. Nesses projetos, a parceria com ONGs e empresas é buscada pelo governo federal. Em 1998, o Ministério da Saúde constituiu o Conselho Empresarial, reunindo a burocracia desse ministério e de empresários em busca de apoio empresarial na área da saúde. Inovações sociais surgiram também no interior do Banco Nacional de Desenvolvimento Econômico e Social (BNDES), que criou o Programa de Apoio a Investimentos Sociais (Programa PAIS)–, uma iniciativa do banco que envolvia empréstimos a empresas privadas para que pudessem fazer investimentos sociais na área de saúde, complementares aos investimentos econômicos.

Essas iniciativas foram deixando para trás a viabilidade do modelo quase-universalista representado pelo SUS. A inviabilidade econômica de uma cobertura universal foi estimulando os projetos específicos para públicos determinados. Abria-se o caminho para a participação das empresas nas políticas sociais dirigidas a setores específicos. Seria possível, então, falar da emergência de uma nova forma de solidariedade, de um novo e genuíno *ethos* empresarial no empresário brasileiro?

Para responder tal questão, Maria Alice Nunes Costa reflete sobre os conceitos de responsabilidade e solidariedade, que a levam a trabalhar com a ideia de sociedade-providência, que ela empresta de Boaventura de Souza Santos. Nessa conjuntura, a sociedade assume o papel de proteger setores que estão vulneráveis à pobreza ou à violência. Relações comunitárias, solidárias e de reciprocidade constituem a teia que define a sociedade-providência. Pensada originalmente para explicar comunidades tradicionais, a concepção de sociedade-providência hoje se estende a sociabilidades contemporâneas, que envolvem a parceria entre Estado e comunidade. Nela, grupos organizados reivindicam igualdade e emancipação social. Instituições sem fins lucrativos buscam trabalhar com problemas sociais em parceria com o governo ou até mesmo sem ele. Nesse espaço, a empresa, entendida como mundo social, tem participação. No entanto, a sociedade-providência não substitui o Estado-Providência, pois ela é um arranjo compensatório e temporário, cabendo ao Estado, com suas políticas sociais, estabelecer as regras de operação do estado de bem-estar.

São essas novas políticas sociais compensatórias que constituem o objeto do olhar da pesquisadora. Elas envolvem empresas e seus investimentos sociais e suas redes, que podem conter ONGs, agências estatais e ministérios do governo federal. O investimento social privado pode derivar de uma iniciativa empresarial, mas também pode também resultar de incentivos governamentais, tais como créditos do BNDES para empresas praticarem ações sociais ou incentivos de agências governamentais à realização de projetos sociais específicos (como no caso do Projeto Mãe Canguru, estudado neste trabalho).

Assim, parece haver uma redefinição do *ethos* empresarial, que leva a novas ações da empresa, agora mais atenta à vida da comunidade ao seu redor. Em consequência, a empresa busca interferir nos espaços sociais, nos quais há pobreza, carência de poder público e violência.

A presente obra analisa alguns projetos sociais de empresas que atuam na área da saúde. Além de toda a reflexão teórica que precede essa análise, temos aqui um estudo original, por abranger a área da saúde. A autora parte da constatação de que o investimento social privado na área da saúde ainda é pouco expressivo, uma vez que, dentre 462 mil empresas com ação de responsabilidade social, pesquisadas pelo Instituto de Pesquisa Econômica Aplicada (IPEA) em 2001, aproximadamente 17% atuou em projetos nessa área. Além disso, ela pesquisa as diversas iniciativas que se seguem, como evidência da ação empresarial no setor da saúde:

- O Projeto Saúde da Mangueira, RJ (1988), que teve início como uma iniciativa financiada pela empresa de planos de saúde Golden Cross e terminou nas mãos da prefeitura do Rio de Janeiro em colaboração com o Ministério da Saúde (Programa Saúde da Família – 2001);

- O Projeto White Martins-Praxair Foundation, que envolveu uma doação de US$ 300 mil para a ONG Saúde da Criança Renascer, ligada ao Hospital da Lagoa, no Rio de Janeiro, em 1991. Hoje, a ONG Renascer conta com o apoio de grandes empresas (Petrobras), ONGs internacionais, UNICEF e BNDES;

- Projeto da Fundação Telefônica – que trabalha com o Programa de Saúde da Família do Ministério da Saúde, com doações de R$ 500 mil por ano;

- Fundação Itaú Social (do Banco Itaú), que apoia o Programa Saúde e Cidadania, preparando gestores de saúde em vários municípios com doações de R$ 200 mil anuais;

- Pastoral da Criança, iniciativa que reúne empresas, governo federal e organizações da Igreja católica num Programa de Atenção à Saúde, tendo como foco o combate à mortalidade infantil. Este projeto conta com a parceria entre Ministério da Saúde e BNDES (que colaboram com 70% do valor do projeto), ONGs, empresas privadas (TIM, Gol, Rede Globo) e o Fundo das Nações Unidas para a infância (UNICEF);

- Programa Dia do Voluntariado White Martins. Nesse projeto, a empresa estimula a ação voluntária de seus funcionários, que têm um dia especial para divulgar na empresa a sua atuação em instituições beneficentes.

Esses são o começo dos exemplos de ação em rede do governo, empresas e outros setores da sociedade. Aparecem como estudos de caso, centrais para esta análise, três histórias que a pesquisadora levantou, acompanhou e nos relatou no capítulo 4, e que merecem uma leitura acurada, pela originalidade dessas experiências. Trata-se de três projetos de empresas privadas que não atuam no setor de saúde e que, ao decidirem trabalhar nessa área, visaram beneficiar grupos sociais de baixa renda:

1. Ampliação do Método Mãe Canguru em hospitais, que envolveu parceria entre a Fundação Orsa, BNDES e Ministério da Saúde, e que teve a ação incentivadora do BNDES;

2. Projeto Saúde da Companhia Vale do Rio Doce em Serra Pelada, Pará, que contou com o incentivo do BNDES sob a forma de empréstimos para fins sociais;

3. Projeto de Apoio a Crianças e Jovens com Câncer, do Instituto Ronald McDonald da empresa de alimentos McDonald's.

As análises de Maria Alice Nunes Costa nos mostram uma sociedade brasileira inquieta, em busca de uma nova ordem social em que o Estado, o mercado e a comunidade possam conviver por meio de relações de rede. Convidamos, pois, à leitura deste excelente livro.

Maria Antonieta P. Leopoldi
Professora do Departamento de Ciência Política
da Universidade Federal Fluminense

Introdução

Este livro analisa uma nova forma de fazer política social no Brasil, envolvendo uma rede de parcerias entre Estado e empresas interessadas em fazer investimento social. Trata-se de uma nova relação entre Estado e sociedade, surgida no mundo capitalista nos anos 1990. Chamamos esta ação de empresas em direção às políticas de cunho social de investimento social privado. Esse termo, relacionado ao tema da Responsabilidade Social das Empresas, supõe que as empresas formulam voluntariamente programas e projetos sociais para comunidades, preferencialmente as de baixa renda e sob outras formas de risco social e econômico.

Para analisarmos a Responsabilidade Social das Empresas e suas conexões com o Estado e a comunidade, chamamos a atenção para o conceito de empresa. A visão contida neste livro é de que a empresa, mesmo pertencendo ao espaço da produção e ser representante dos interesses do mercado, *não* é mercado (Hodgson, 1994; Bernoux, 1995). Trata-se de um *constructo social* que ultrapassa a dimensão econômica *stricta* do mercado. Ela é uma instituição social que gera valores e regras numa dinâmica interconectada com a realidade social. Portanto, entendemos empresa como uma microcomunidade.

A ação social de empresários em comunidades não é novidade. As empresas sempre destinaram recursos para finalidades sociais por meio de ações de filantropia. O que chama a atenção é o interesse vindo da década de 1990, em apresentar à sociedade uma redefinição do *ethos* empresarial. Importa entender o que e por que está mudando o discurso de parte do empresariado envolvido em ações sociais. Podemos observar alguma diferença no sentido do discurso sobre solidariedade, que se expande cada vez mais?

A análise deste livro pressupõe que a atual responsabilidade social das empresas sob a forma de investimento social privado não representa um fenômeno isolado, mas resulta da convergência de vários fatores, em particular em virtude do recuo do Estado como ator exclusivo na promoção de políticas sociais.

As ações de intervenção social de empresas se apoiam, na maioria das vezes, na ideia de que todos devem ser corresponsáveis pelo destino do planeta e pela busca de soluções voltadas para o desenvolvimento e justiça social; daí o termo usado pelas empresas para definir suas ações sociais como de responsabilidade social. A função do setor privado é gerar lucro para investidores e acionistas, contribuir para o crescimento econômico do país, criar empregos e fornecer produtos e serviços ao mercado, atualmente, contudo, as empresas têm sido incentivadas a demonstrar à sociedade que são socialmente responsáveis. Várias delas assumem o compromisso com o desenvolvimento social, criando organizações sociais que intervêm no âmbito social com metodologias de gestão definidas para serem aplicadas em comunidades no entorno das suas atividades produtivas. Algumas ações sociais dessas empresas alcançam o âmbito nacional e internacional e podem articular com outras organizações sociais. São projetos na área da saúde, educação, meio ambiente, lazer, cultura e esporte, com o intuito de mobilizar a opinião pública para a ideia de que as empresas estão ampliando sua responsabilidade e solidariedade, cumprindo funções, antes restrita ao Estado.

Este livro está focado na análise de projetos sociais de empresas que atuam no Brasil no campo da saúde. A escolha do setor se justifica na medida em que saúde é a própria vida, e intervir nela é atuar sobremaneira na vida das pessoas de maneira individual e coletiva. Analisar ações nesta área é enveredar no campo do bem-estar social, que visa proporcionar ao ser humano não só a sobrevivência, mas a vida com dignidade.

Pode-se afirmar que o Estado brasileiro nunca conseguiu construir um sistema de proteção universal à saúde, ao contrário de países da Europa que, após a Segunda Guerra Mundial, adotaram o princípio da solidariedade compulsória como política de redistribuição com base nas necessidades humanas, tendo alcançado a universalização do sistema de proteção social, constituindo os Estados de Bem-Estar Social ou Estado-Providência.

Atualmente, no Brasil, com o Sistema Único de Saúde (SUS), o Estado tem sido um ator central na formulação de políticas públicas de saúde. A proposta de cobertura universal da saúde como dever do Estado é recente no país. Foi introduzida com a Carta Constitucional de 1988, fruto de amplo debate e participação da sociedade, frente ao esgotamento da ditadura militar associado à crise financeira do Estado e à globalização econômica. Como se verá neste livro, o modelo de universalização proposto pelo SUS se viabiliza de maneira parcial, por meio da descentralização e de redes de parcerias com instituições sociais.

No Brasil, a tentativa de se criar um Estado-Providência nos anos 1930/40 ficou restrita à proteção ao trabalhador e à aposentadoria e circunscrita às atividades urbanas. Considerando as restrições e fragilidade do Estado na intervenção social, Boaventura de Sousa Santos (1993 e 1995) afirma que a alternativa foi a solidariedade comunitária, que o autor denomina por sociedade-providência. São redes de ajuda mútua vindas da família, dos vizinhos, da caridade da Igreja católica e dos laços de proximidade no interior de comunidades. São relações e práticas sociais concretas do cotidiano (por via de trocas não mercantis e da dádiva de bens e serviços) que asseguram relativamente o bem-estar e a proteção social. Para o autor, essa solidariedade ocorre em maior número quando o Estado-Providência não atinge o pleno desenvolvimento. Já nas sociedades mais desenvolvidas da Europa, essa solidariedade foi assegurada pelo Estado-Providência.

Acredita-se que em razão da crise do Estado, a partir dos anos 1970, a sociedade-providência, embasada nos laços sociais de proximidade, entrou também em crise e modificou sua forma de atuação. Ainda que não mercantil, e baseada na dádiva, a sociedade-providência está mais formal, expressando-se a partir da comunidade mais organizada que avança da esfera doméstica para atingir o espaço público com reivindicações mais abstratas. São expressões de novas contratualidades sociais baseadas na ampliação dos atores sociais, em outras estratégias e em outros princípios.

De acordo com Santos (1995), a atual sociedade-providência, em virtude da crise do Estado, é atravessada por uma tensão entre impulsos, tanto no sentido da igualdade e da emancipação social quanto em direção às desigualdades e à exclusão social. Essa é uma transcodificação da sociedade-providência, que se expressa como um fenômeno pós-moderno no sentido de reforçar os princípios da emancipação ou da exclusão. Conforme o autor:

> A diferença entre uma e outra forma dessas modalidades de transcodificação está ligada a concepção da relação entre a sociedade-providência e o Estado-Providência. Se essa relação for de substituição, a sociedade-providência tenderá a funcionar como mecanismo de reforço da desigualdade e da exclusão. Se a relação for de articulação, o impulso igualitário que subjaz ao Estado-Providência pode potencializar as virtualidades emancipatórias da sociedade-providência (Santos, 1995, p.8).

Dessa forma, observamos, desde os anos 1970, a expansão significativa do número de organizações e instituições sem fins lucrativos no enfrentamento dos problemas sociais. Comunidades passam a não mais esperar do Estado a resposta única para a garantia de melhores condições de vida e bem-estar para o conjunto da sociedade. Organizadas, passam a defender o interesse público e a construir parâmetros de coesão social e solidariedade, sobretudo, como agente indutor da opinião pública.

Em resumo, a atual sociedade-providência supõe relações que vão além da esfera privada do espaço doméstico e envolvem o espaço público, sob a forma de comunidades organizadas. Estamos diante de uma complexa rede de atores sociais com interesses divergentes. A pluralidade envolve movimentos sociais de base comunitária, ações de grupos e associações, mídia, poderes políticos e administrativos, com diferentes poderes e motivações emocionais e cognitivas.

No Brasil, a redemocratização trouxe a expectativa de aumentar o papel do Estado nas questões sociais. O anseio democrático levou à suposição de que formas descentralizadas de prestação de serviços públicos, em especial na saúde e na educação, seriam mais democráticas e fortaleceriam a democracia, na medida em que seriam mais eficientes e elevariam os níveis de bem-estar da população. O desenvolvimento da capacidade gestora do Estado passou então a se dar por meio de duas novas proposições: a descentralização e a parceria. Sua viabilização requer um aporte de redes humanas e organizacionais que permitam agregar diferentes competências e recursos, o que implica em uma estruturação descentralizada do sistema de gestão, fundado na cooperação e na partilha de informações. Contudo, estudos recentes revelam que a descentralização não garante a participação efetiva da sociedade civil, nem tampouco garante a eficiência do seu controle sobre o governo.

A estratégia de compartilhar responsabilidades tem sido avaliada, na maioria das vezes, por duas vertentes. Uma que enfatiza as virtudes da vitalidade das comunidades, do desenvolvimento da responsabilidade e da solidariedade como aumento do estoque do capital social de uma sociedade. Outra que analisa os efeitos perversos desse fenômeno que, na verdade, reduz a real responsabilidade estatal, encobrindo ideologicamente a proposta neoliberal de reforma do Estado, que pretende desmontar suas atividades sociais.

Segundo Isabel Guerra (2002, p.52), vemos, hoje, "novas políticas públicas" produzidas por meio determinada racionalidade e leitura da realidade social por um conjunto diversificado de atores sociais: por um lado, pela lógica do Estado e, por outro, pelos atores em situação de "exclusão". Contudo, a partir do movimento dos agentes econômicos em favor da responsabilidade social empresarial, em que passam a investir socialmente em projetos e políticas sociais, eles acabam por ocupar o espaço dessas "novas políticas públicas". Podemos entender, como Isabel Guerra, que, na modernidade contemporânea:

> [...] as políticas públicas são o resultado de processos de negociação em contextos de poder desiguais, funcionando como mecanismos de regulação social e de governação [...] não são fatores de dominação ou de emancipação, já que contém simultaneamente tendências hegemônicas e contra-hegemônicas, não sendo estádios de desenvolvimento,

mas dimensões inerentes às formas de constituição da vida social (Guerra, 2002, p.53).

Algumas empresas brasileiras têm ultrapassado os limites do espaço da produção e avançado no espaço público, construindo parâmetros do que seja justiça social, de forma autônoma ou em conjunto com governos e movimentos sociais. Essas empresas criam fundações e institutos como "braço social" de suas atividades produtivas, tornando claro que buscam um novo valor que transcenda a busca de lucro: um *ethos* humanitário e de solidariedade. Mesmo quando produzidas por um número restrito de empresários de vanguarda "bem intencionados", essas políticas sinalizam para novas formas de ação coletiva, realizadas, muitas vezes, por meio da estratégia de parceria empresa-Estado.

Zygmunt Bauman (1999) afirma que a ideia de um espaço público e privado ao mesmo tempo é um espaço em que os problemas se encontrariam de modo significativo, no qual ideias de "bem público", "sociedade justa" ou "valores partilhados" procurariam alavancar soluções criativas coletivas que tirassem os indivíduos da miséria sofrida. Porém, o autor não crê que esta *ágora* seja viável nos dias atuais: "as velhas ágoras foram ocupadas por empreiteiras e recicladas como parques temáticos, enquanto poderosas forças conspiram com a apatia política para recusar alvarás de construção para novos espaços" (p.11-2).

Os instrumentos e informações que cada um dos atores sociais possui e leva para ocupar o espaço público é que resultam em problema. É problemático se atingir o bem comum se não houver compatibilização de interesses mútuos. Além desses parceiros terem estoque de capital social e conhecimento diferentes, apresentam interesses divergentes. Cada um buscará sobrepor sua visão da realidade, pois, segundo Boaventura de Sousa Santos, "cada um deles é dotado de uma aspiração de autonomia e de diferenciação funcional que, por via, acaba também por gerar uma vocação maximalista, que seja, no caso do pilar da regulação social, a maximização do Estado, do mercado ou da comunidade" que não levará a ponto de equilíbrio nenhum (1999a, p.8). Assim, nossa atenção deve ser redobrada, já que novos dilemas e desafios são colocados para a produção de políticas sociais, e múltiplas subjetividades coletivas aparecem como responsáveis pela solidariedade social, antes confinada no Estado.

Apesar de algumas empresas avaliarem financeiramente seu investimento social em comunidades, elas não possuem meios de mensurar com exatidão o retorno desse investimento. O que existe é uma expectativa de retorno reputacional ou a consciência de que podem contribuir para o equilíbrio social, minimizando os conflitos sociais em pequena escala. Acreditamos que a rentabilidade do investimento social não é conhecida antecipadamente pelas empresas, devido ao próprio contexto de incertezas em que elas estão inseridas. É na práxis e na relação social entre os atores envolvidos, com suas contradições e arbitragens, que as ações são determinadas, evoluem ou não, pois os conflitos fazem parte da dinâmica do tecido social. Portanto, a adoção do investimento social privado deve ser analisada dentro de um enquadramento contextual, em que a regulação social entre Estado, comunidade e empresas está envolvida por uma configuração pluralista, polifórmica, policêntrica, portanto, de complexidade.

Ações sociais realizadas por empresas têm sido objeto de inúmeras críticas. A maioria delas se sustenta na ideia de que o empreendimento social empresarial desobriga o Estado do financiamento dos recursos que deveriam garantir a universalização dos direitos sociais. O risco estaria na percepção de que, agora, os direitos sociais não são mais obrigação do Estado para com seus cidadãos, na medida em que este transfere para outras instâncias sua responsabilidade.

As empresas que realizam o investimento social utilizam-se do argumento de que são competentes para lidar com questões sociais e que sua atuação difere da religião, da bondade, da caridade ou do assistencialismo burocrático. O discurso é que suas ações estão calcadas numa conduta solidária para com comunidades de baixa renda, por meio da lógica de eficiência e de uma nova maneira de "fazer o bem".

Entendemos solidariedade como uma relação de responsabilidade que se sustenta em bases sólidas e supõe o reconhecimento do outro como alguém em situação de vulnerabilidade. Cabe, então, analisarmos o sentido real que move as empresas na promoção da saúde no Brasil, ação que foge à tradicional expectativa de que o Estado é o responsável pela saúde. Assim,

O eixo central deste livro é o questionamento: será que estamos vislumbrando uma nova forma de solidariedade sendo construída por uma parte do empresariado brasileiro? E que tipo de empresa e empresariado está se abrindo ao novo *ethos*? Com que objetivos e resultados? Este livro não contém respostas fechadas. O fenômeno se dá numa realidade muito nova para produzir explicações definitivas. A intenção é seguir um caminho de reflexão por intelectuais que procuram explicar o novo com novos olhares e instrumentais analíticos.

Como referencial analítico da responsabilidade social das empresas, ou do chamado investimento social privado, serão apresentados três estudos de caso na saúde, a partir da seleção de três projetos implementados por instituições criadas por empresas no Brasil.

O primeiro caso trata do Projeto de Disseminação do Método Mãe Canguru, desenvolvido em parceria com a Fundação Orsa, o Banco Nacional de Desenvolvimento Econômico e Social (BNDES) e o Ministério da Saúde. O Projeto Mãe Canguru consiste numa metodologia alternativa e inovadora de atenção primária a recém-nascidos de baixo peso.

O segundo caso é o Projeto Saúde, desenvolvido por iniciativa da Companhia Vale do Rio Doce (CVRD) dentro do Programa de Desenvolvimento Econômico e Social da empresa para a região de Serra Pelada, no Pará. Esse programa foi implantado graças ao empréstimo concedido pelo BNDES à Companhia para que desenvolvesse ações sociais nessa localidade.

E o último caso é o Projeto de Combate ao Câncer Infantojuvenil do Instituto Ronald McDonald, o "braço social" da rede de restaurantes *fast food* McDonald's. Esse Projeto tem a capacidade de mobilizar uma enorme rede de voluntários e de recursos financeiros para essa causa social.

Apresentamos a seguir a estrutura dos capítulos deste livro.

Os dois primeiros capítulos discorrem sobre o reajustamento do Estado e a emergência do debate sobre a solidariedade e responsabilidade, discutindo a produção teórica sobre esses temas. Observaremos a trajetória do Estado brasileiro na promoção de políticas de saúde até a implantação do SUS, em 1991. Paralelamente a essas mudanças, ocorrem de forma concomitante o fortalecimento do mercado de seguro privado de saúde e a ampliação da participação social na oferta de serviços de saúde, resultante da descentralização do poder público. A expansão do mercado da saúde e o surgimento de novas organizações sociais vão exigir do Estado mecanismos de regulação institucionais.

No primeiro capítulo, a atenção é dirigida para as mudanças operadas pelo Estado na provisão do bem comum, por meio do receituário neoliberal da *governance*. No segundo, discutimos as novas tendências de renovação da solidariedade e da corresponsabilidade entre Estado e Sociedade, e questionamos se existe uma ruptura do paradigma da coesão social na atualidade, na medida em que poderemos evidenciar noções diferenciadas de como prover o bem comum, em especial na área da saúde, pelas redes sociais.

No terceiro capítulo, chegamos ao tema que conforma a análise sobre a responsabilidade social das empresas e apresentamos a nova visão das ciências sociais para a análise das mudanças efetuadas no mundo empresarial contemporâneo. A partir dessa nova referência teórica – a da sociologia da empresa – passamos às ações sociais das empresas e analisamos o debate sobre o impacto do atual fenômeno da responsabilidade social empresarial.

Percorrido esse caminho, tratamos no quarto capítulo do investimento social privado das empresas na área da saúde, como outro polo da sociedade-providência. Analisamos a ação social empresarial na saúde realizada por redes de parcerias tecidas entre empresas e Estado. Apresentamos os três casos estudados e sobre o que apontam em termos de tendência de renovação da ação social empresarial na saúde, no tocante aos arranjos produzidos em processos em que interagem o Estado e as comunidades. Enfim, analisamos a evidência de uma nova forma de financiamento no Brasil para promover políticas sociais, por meio de uma nova agenda de corresponsabilidades, cada vez mais promovida pelo Estado e com a indução de agências multilaterais de desenvolvimento.

1. A solidariedade estatal em contexto de mudanças

Uma conjunção de fatores tem trazido de volta a discussão de valores éticos como a responsabilidade e a solidariedade do Estado, dos indivíduos, da comunidade e das empresas. Essa discussão emerge diante dos inúmeros desafios que imperam na contemporaneidade. Estamos diante de uma transição histórica do capitalismo, em que as incertezas dos processos da globalização criaram uma tensão nas relações entre Estado e sociedade. Nesse cenário, podemos observar o reajustamento estatal e societário e, até mesmo, vislumbrar a emergência de um novo contrato social que busque compensar os desequilíbrios contemporâneos da coesão social.

Ao lado da defesa neoliberal da corresponsabilidade individual e da solidariedade que agora ressurge em discursos e práticas, encontramos teses pessimistas que veem as ações de solidariedade entre Estado, empresas e cidadãos como estratégia de enfrentamento da crise para eliminar o princípio universalista da cidadania ou para camuflar a *desresponsabilização* do Estado. É sobre o papel do Estado contemporâneo que tratamos neste primeiro capítulo.

1.1 O Estado-Providência como agregador das relações de solidariedade

Novas formas de solidariedade, diferentes daquela organizada pelo Estado-Providência no século XX, aparecem envolvendo associações, organizações da sociedade civil, empresas, associações empresariais articuladas a organizações não governamentais (ONGs) e/ou a organismos públicos envolvidos em diversas áreas das políticas de bem-estar (educação, saúde, assistência social, mercado de trabalho, microcrédito, cultura etc.). A crise do contrato social envolvendo o Estado como ator-chave das políticas sociais tem impulsionado uma nova forma de relação entre Estado e sociedade.

O contrato social estabelecido pelo Estado liberal na modernidade ocidental baseava-se no pressuposto geral de que o Estado-Nação, elo de integração entre os indivíduos, teria como fundamento atender aos princípios do bem comum e da vontade geral. Era assim que se concebia a ideia de solidariedade básica nacional criada no final do século XVIII. O filósofo alemão Herder argumentou que essa solidariedade nacional se baseia na ideia de que cada povo desenvolve uma identidade muito similar à identidade pessoal construída pelo indivíduo isoladamente. Cada povo possui interesses fundamentais, certos talentos ou capacidades, assim como certos sentimentos habituais. Tudo isso se harmonizaria em um rico tecido de práticas que envolvem a identidade desse povo e suas identidades pessoais (Herder apud Flores et al, 2000, p.211). O Estado, para realizar a materialidade normativa e institucional, se sustentava sob quatro pilares: a legitimidade, o bem-estar econômico e social, a segurança e a identidade coletiva. E o Estado ideal liberal era aquele com o poder político estendido a um grupo amplo, deixando o mercado livre para cuidar da acumulação da riqueza.

Contudo, no pós-guerra, com o avanço do crescimento econômico e da capacidade reguladora do Estado nas sociedades capitalistas, formam-se duas estruturas estatais: o Estado-Providência (ou *welfare state* ou Estado de Bem-Estar Social) na Europa e no Canadá, e o Estado desenvolvimentista, nos países da periferia. Foi na chamada "era dourada" (anos 1930 a 1970) que se consolidou a ideia da responsabilidade do Estado pelo acesso de todos à proteção social, concebida como um direito universal. Portanto, a intervenção do Estado-Providência na economia tinha por objetivo garantir as condições de bem-estar social.

O Estado de Bem-Estar se tornou viável em muitos países europeus porque neles se pôde encontrar, segundo De Swaan, algo que pode ser chamado de "consciência social" (1992, p.18-9). Os membros da coletividade nacional estavam vinculados por uma responsabilidade que ia além da ação individual até alcançar uma orientação de política nacional em que o Estado proviria a segurança e a proteção dos bens coletivos. Foi a partir desse consenso, entre capital e trabalho, que se passou a exigir do Estado a proteção aos necessitados. Assim, o Estado-Providência sacrificou capitalistas individuais – que diminuíram seus lucros –, em favor de um melhor funcionamento da sociedade; ação que, no seu conjunto, acabou por fortalecer o próprio capitalismo.

O Estado-Providência assumiu formatos diversos: o "corporativista", o "liberal" e o "social-democrata". Esping-Andersen (1991) apontou para um regime de *welfare state* na Europa, que não pode ser explicado apenas em função da responsabilidade estatal no sentido de garantir o bem-estar básico dos cidadãos. Para esse autor, o *welfare state* não pode ser compreendido apenas em relação ao acesso de serviços, pois a mera presença da previdência ou da assistência social por si só não garante a cidadania. O *welfare state* só pode ser considerado pleno e universalizante quando os indivíduos podem se sustentar sem depender do mercado. Para Esping-Andersen, o *welfare state* não é apenas um mecanismo que intervém na estrutura da desigualdade; implica também um tipo de estratificação social, como força ativa do ordenamento das relações sociais. Por exemplo: o tradicional modelo que se limita em ajudar aos pobres e às pessoas que comprovem sua necessidade não só pune e estigmatiza seus beneficiários, como promove dualismos sociais (1991, p.98-101).

No caso do Brasil, a Revolução de 1930 e a chegada de Getúlio Vargas ao governo abriram lugar para uma lenta emergência de um Estado de Bem-Estar Social. Contudo, no Brasil, o conceito de Estado de Bem-Estar Social deve ser relativizado. O Brasil também nunca possuiu um Estado-Providência no sentido clássico do termo (direcionado para o bem-estar geral do povo) e sua trajetória, no sentido de maior inclusão da população brasileira, se deu no período de 1930 a 1970. Sonia Draibe (1994 apud Costa, 2000) situa o período de 1930 a 1943 como o de formação do Estado de Bem-Estar Social, e o de 1943 até 1964, como de "expansão fragmentada e seletiva". Somente a partir do regime militar ocorreu a "consolidação institucional" (1964-84) do *welfare state*, com uma "expansão maciça" do sistema no período de 1967 a 1977. Porém, conforme assinala Wanderley Guilherme dos Santos "As áreas básicas de bem-estar coletivo – saúde pública, educação, saneamento, habitação, nutrição – continuaram no mais baixo ponto da agenda governamental, ou atendidas por programas cujo sucesso é discutível" (Santos,1994, p.9).

Para Wanderley Guilherme dos Santos, a elite revolucionária de 1930 foi quem marcou a etapa da política social brasileira por meio da criação de uma "cidadania regulada" e urbana, de um sistema de estratificação ocupacional, como explica a seguir:

> Por cidadania regulada entendo o conceito de cidadania cujas raízes encontram-se, não em um código de valores positivos, mas em um sistema de estratificação ocupacional, e que, ademais, tal sistema de estratificação ocupacional é definido por norma legal. Em outras palavras, são cidadãos todos aqueles membros da comunidade que se encontram localizados em qualquer uma das ocupações reconhecidas e definidas em lei (Santos, 1994, p.89).

A experiência brasileira de *welfare state* se aproximaria do modelo bismarckiano, pelo fato de o governo Vargas ter oferecido direitos trabalhistas e previdenciários ao operariado industrial em troca de reconhecimento do papel do Estado como regulador das relações entre trabalho e capital. Os claros limites do modelo brasileiro de "cidadania regulada" pressupõem a construção de um Estado voltado para o desenvolvimento da força de trabalho. É por meio do sistema corporativo que o Estado administra a estrutura do conflito social urbano, seja atuando sobre o sindicato ou na legislação social (Santos, 1994, p.71). Mesmo excluindo os trabalhadores rurais e os domésticos, só incorporados ao sistema trabalhista em 1977, coube ao Estado garantir a harmonia nas relações de trabalho, exercendo o papel de árbitro entre capital e trabalho. No Brasil, o modelo de solidariedade estatal ganhou uma estrutura administrativa com baixa e restrita qualidade de serviços públicos e o mínimo de cobertura social.

Em suma, quando tratamos do conceito de Estado-Providência ou Estado de Bem-Estar Social temos que relativizar a que conceito de Estado estamos nos referindo. Da mesma forma que existem graus de capitalismo, existem diferentes modelos de Estado. Há países, como o Brasil, que nunca atingiram a plenitude conceitual do termo Estado de Bem-Estar Social, e a solidariedade estatal ficou restrita a um pequeno grupo, ou não assumiu os níveis equiparáveis aos países centrais da Europa.

1.2 Crise e reforma do Estado

Podemos constatar que a crise fiscal do Estado dos anos 1980 impactou a credibilidade pública de suas funções, enfraquecendo a percepção de sua finalidade e legitimidade, diante da ineficiente administração dos problemas da crise do petróleo dos anos 1970. O desafio da Reforma do Estado, no seio do reajuste mundial financeiro globalizante, produziu profusa literatura sobre o papel do Estado. Alguns autores que se dedicaram a recuperar a origem histórica da crise e a analisar suas características se esforçaram por oferecer diagnósticos e soluções para os problemas encontrados (Diniz, 1997; Bresser Pereira, 1998; Grau, 1998; Rosanvallon, 1998; Castells, 2001; Santos, 1999). Os autores enfatizam que a crise fiscal impulsionou uma série de propostas das agências multilaterais de financiamento, especialmente as relacionadas ao Banco Mundial (BM) e ao Fundo Monetário Internacional (FMI). Esse conjunto de recomendações envolvia: privatização de empresas estatais, corte nos gastos públicos e sociais, estabilização monetária. As políticas de ajuste a este receituário supunham também o fim das formas protecionistas de intervenção do Estado, dos subsídios às atividades econômicas e a desregulamentação da economia. Além disso, a forma burocrática de administração centralizada no Estado foi criticada por essas agências, por ser um tipo de gestão rígida e ineficiente do aparato público.

Desde meados dos anos 1980, atenta-se para as contradições do Estado-Providência diante do novo contexto econômico, político e social. Claus Offe escreveu, em 1984, sobre os limites da capacidade do Estado capitalista para gerir as crises do sistema econômico e do sistema normativo, procurando mostrar como o Estado de Bem-Estar Social na Alemanha estava passando por transformações que envolviam uma redução de sua intervenção social. Offe (1984) apontou para a existência de limites do

Estado capitalista perante as crises econômicas. Esses limites emanam da ambivalência dos propósitos do Estado: por um lado, tem como função conciliar dinamicamente os requisitos da acumulação capitalista; por outro, preservar a legitimidade de seu poder, como representante dos interesses gerais e comuns da sociedade em geral. Nesse sentido, a tomada de decisões pelo governo vai se basear na tentativa de estabelecer um equilíbrio dinâmico entre os elementos constitutivos dos interesses da acumulação de capital e dos interesses dos trabalhadores.

Para Offe (1984), o Estado é incapaz de desempenhar funções produtivas necessárias para manter e promover a acumulação; porém, está tentando constantemente reconciliar interesses e legitimidade perante os cidadãos. O Estado capitalista não pode resolver de forma permanente as crises econômicas; e, ao mesmo tempo em que é tolhido pelos interesses dos capitais individuais que obstruem sua intervenção, é abalado pelas exigências da classe operária e de outros eleitorados trabalhistas, dos quais depende como fonte de poder político. São essas contradições que explicam por que as políticas reformistas deste Estado apontam para um modelo cíclico em que não se atinge nenhum ponto de equilíbrio, compromisso ou estabilidade. Prova desse argumento está no fato de que um mesmo evento – a depressão europeia no início dos anos 1980 – levou a duas opções políticas diferentes: a ascensão de um governo conservador na Alemanha (Kohl) e a de um governo socialista na França (Mitterand).

Outros autores tentam explicar a crise do Estado. Rosanvallon (1998, p.24), diferenciou três dimensões dessa crise: as duas primeiras são de ordem *financeira e ideológica*. A interpretação ideológica admite a ação do Estado como ineficaz e ineficiente para administrar os problemas sociais. A crise foi captada, interpretada e direcionada contra o Estado, gerando um abalo na confiança em relação a sua operacionalidade. As ideias neoliberais passaram a ter força na medida em que houve a ruptura de um pacto de solidariedade, que fundamentava o Estado-Providência e funcionava como uma espécie de sociedade securitária para organizar a segurança de todos e compensar as disparidades de *status* social. Surge, portanto, segundo Rosanvallon (1998) uma *nova questão social* que se traduz pela inadaptação dos antigos métodos de gestão do social do Estado-Providência dos anos 1970.

A terceira crise do Estado – e de fundamental importância para Rosanvallon – é de natureza *filosófica*. A nova questão social é de índole moral, pois parte de dois problemas: da desagregação dos princípios de organização da solidariedade e do fracasso da concepção tradicional dos direitos sociais (Rosanvallon, 1998, p.25). Rosanvallon afirma que os Estados Europeus desenvolveram-se, historicamente, com base em um sistema securitário, em que as garantias sociais estavam associadas a seguros obrigatórios cobrindo os principais "riscos" da existência (doença, desemprego, aposentadoria, invalidez etc.). O seguro se inscrevia como uma forma de solidariedade e princípio da coesão social:

> O seguro social funcionava como uma "mão-invisível", produzindo a segurança e a solidariedade sem a intervenção da boa vontade dos homens. Pela construção, o seguro interessa às populações, fazendo de cada um a parte de um todo, torna os indivíduos interdependentes (Rosanvallon, 1998, p.37).

Esse paradigma securitário vem se transformando diante da mudança de escala dos riscos coletivos. As ameaças não afetam mais indivíduos isolados, mas populações inteiras, talvez até mesmo nações. Atualmente, os riscos de exclusão social e/ou desemprego a longo prazo aparecem muitas vezes como constantes e o social não pode mais ser percebido exclusivamente em termos de risco, de forma temporária (Rosanvallon, 1998, p.33). Com o declínio da sociedade securitária, podemos entender que a tendência social-democrata de confiar ao Estado certas tarefas de regulamentação econômica e de bem-estar social e a inclinação neoconservadora de transferir essas funções ao setor privado são tentativas do Estado de se manter governável perante as crises. São estratégias intercambiáveis do Estado capitalista, que se alternam pendularmente, para atender as disfunções do sistema social. Num momento, encarregando o Estado de promover o pleno emprego e de implementar certas políticas previdenciárias; no outro, desonerando o Estado de obrigações sociais, que ele não tem mais condições de cumprir, em vista da escassez de recursos disponíveis. O Estado é liberado de reivindicações, cujo não atendimento acabaria por privá-lo de sua legitimidade.

Ao lado da soberania do Estado, as empresas transnacionais aparecem como agentes importantes para impulsionar as forças do mercado, a competição global e a volatilidade dos fluxos financeiros. Com os mercados financeiros globais e com os blocos comerciais transnacionais, as empresas também são responsáveis pela enorme concentração de poder econômico. Esse poder, em alguns casos, se expande às agências multilaterais, como o BM, o FMI, a Organização Mundial do Comércio (OMC), organismos da União Europeia etc., responsáveis pela agenda dos Estados-Nação, induzindo uma série de medidas para os países, como condição para a renegociação da dívida externa e para o financiamento de programas governamentais.

Contudo, o processo de globalização não pode ser reduzido à dimensão econômica, na medida em que há outros processos de globalização que se interligam, com sérias implicações no âmbito político, social e cultural. Os que mais estão suscetíveis aos impactos negativos da globalização são os países pobres ou em desenvolvimento:

> [...] mesmo admitindo que a economia global deixou de necessitar dos espaços geográficos para se reproduzir, a verdade é que a dívida externa continua a ser contabilizada e cobrada ao nível de países e é por via dela e da financerização do sistema econômico que os países pobres do mundo se transformaram, a partir da década de oitenta, em contribuintes líquidos para a riqueza dos países ricos (Santos, 2001a, p.58).

Se antes a força dos Estados nacionais era importante para implementar as políticas econômicas, hoje os fluxos transnacionais ocorrem sem a interferência significativa do Estado. A economia dominada pelo sistema financeiro e pelo investimento em escala global cria constrangimentos para os governos nacionais. Ao terem sua autonomia restringida, as nações mudaram seu papel na economia. Mudaram também a legitimidade para organizar a sociedade. Conforme B. S. Santos (2001a, p.35), as orientações que mais afetam os países pobres podem assim ser resumidas:

- As economias nacionais abriram-se ao mercado mundial e os preços locais adequaram-se aos preços internacionais;
- As políticas monetárias e fiscais se orientam para a redução da inflação e da dívida pública e para a vigilância sobre a balança de pagamentos;
- Os direitos de propriedade privada passaram a ser claros e invioláveis;
- O setor empresarial do Estado, em grande parte, foi privatizado;
- A tomada de decisão privada, apoiada por preços estáveis, passou a ditar os padrões nacionais de especialização, a mobilidade dos recursos, dos investimentos e dos lucros;
- O peso das políticas sociais foi reduzido no orçamento do Estado, e a universalidade passou a se transformar em meras medidas compensatórias em relação aos estratos sociais vulnerabilizados pela atuação do mercado.

Os fortes ventos de mudança passaram a influenciar o modelo de Estado-Providência, tentando reduzir seu tamanho. Na América Latina, essas ideias têm um efeito quase devastador, em razão da fragilidade já existente do Estado. Mesmo em países com uma rede razoavelmente estruturada de proteção social, o ajuste estrutural[1] terminou por desorganizar os direitos sociais duramente conquistados no passado. Contudo, embora tenham sido implementadas políticas de ajuste estrutural para redução de gastos públicos, as despesas com programas sociais permaneceram e os sistemas de proteção conservaram-se estáveis, não sofrendo reestruturações profundas. Em alguns países latino-americanos se deu a privatização da previdência social, a redução da assistência aos mais pobres e maior ênfase ao mercado de trabalho desregulamentado (Esping-Andersen, 1995).

Os *welfare states* na Europa e no Canadá tiveram sucesso quanto aos mecanismos de minimização das diferenças de classe e de uma constitui-

---
[1] Conforme Fiori (1995), o ajuste estrutural consistiu basicamente na estabilização econômica, reduzindo o déficit da balança comercial e reestruturando o sistema previdenciário. Dedicada às reformas estruturais, o ajuste estrutural tem por objetivo a liberalização financeira e comercial, a desregulamentação dos mercados e a privatização das empresas estatais.

ção nacional soberana. Esping-Andersen (1995) acredita que parte da crise atual do Estado nesses países pode ser compreendida em razão da pressão financeira sobre o Estado, do desemprego crescente e pelas demandas por novos mecanismos de regulação social, solidariedade e cidadania. Devemos atentar para a importância do Estado na construção ou coordenação da solidariedade entre Estado e comunidade que não pode ser substituída, simplesmente, pela alocação eficiente do mercado. São necessários, ainda, novos mecanismos institucionais que respondam às pressões sociais.

No caso brasileiro, notou-se que as políticas de ajuste, reduzindo o papel do Estado brasileiro, tiveram implicações relevantes para o bem-estar social: de um lado, o gasto social não se reduziu; por outro, os programas para a redução de desigualdades sociais foram incipientes e questionáveis. Diante de tal dilema, em 1970 as agências multilaterais (em especial o BM) enfrentaram um paradoxo: os países que obtiveram melhores resultados com a incorporação de mecanismos de mercado foram os de instituições políticas fortes em que os núcleos de coordenação do Estadopuderam viabilizar o bom funcionamento do mercado.[2]

Pesquisas do Instituto de Pesquisa Econômica Aplicada (IPEA, Brasil) mostram que as políticas de reformas neoliberais adotadas nos anos 1990, no Brasil, não culminaram na compressão dos gastos públicos sociais, como sendo desejável a um governo neoliberal. O IPEA mostra que o gasto federal aumentou, em termos reais, cerca de 40% entre 1994 e 2001. O gasto social federal *per capita* no Brasil elevou-se em cerca de 30% no mesmo período, embora tenha se mantido relativamente estável desde 1997. Em outras palavras, o crescimento dos gastos sociais do Estado brasileiro nos anos 1990 foi um pouco maior que o do Produto Interno Bruto (PIB) neste período (Abrahão, 2003). Apesar de não se verificar o encolhimento significativo dos gastos sociais no Brasil, o desemprego cresceu nesse período e o Estado não teve condições de se contrapor ao crescente desequilíbrio social que se instalou, no momento em que a exclusão social e a demanda por programas sociais eficazes se acentuaram em razão da maior concentração de renda, da "exclusão social" e da redução do número de empregos.

---

2 Sobre o "paradoxo neoliberal", ver Silva, Pedro Luiz Barros (1998) e Moraes, Reginaldo Carmello Corrêa (2002).

O gasto público social total (contabilizando-se também a previdência) chegou a mais de 23% do PIB, praticamente dez vezes mais do que seria necessário para erradicar a insuficiência de renda no Brasil, caso fosse possível implementar uma política de transferências perfeitamente focalizada. Para reduzir a pobreza no Brasil, o gasto público deveria ser redirecionado com mais rigor, em favor dos mais pobres (Urani, 2005). Conforme Barros (2005), o gasto público do Estado brasileiro chega a aproximadamente R$ 200 bilhões, e foi o mais elevado de todos os países latino-americanos, com exceção do Uruguai. Não podemos qualificar o Brasil como um país sem política social. Conforme Barros (2005, p.111), incapacidade de reduzir a desigualdade social e a pobreza advém da baixa efetividade dos gastos realizados, sendo resultado de dois fatores: 1) a política social falha na focalização dos programas sociais para atingir os mais pobres; 2) as políticas ineficazes para garantir o acesso e a satisfação de necessidades básicas aos beneficiários.

1.3 Uma nova forma de gestão pública

Dentre as políticas de ajuste e reforma do Estado, destaca-se uma nova forma de gestão pública. O Estado em reestruturação supõe a emergência de novas formas de administração pública, que transformem a antiga visão *estadocêntrica* em uma nova racionalidade para incrementar a força e a eficácia do Estado – a visão *sociocêntrica*. A estratégia é desenvolver metodologias de trabalho para gestores experientes, que percebam as novas demandas sociais, implantem estilos de trabalho participativo na gestão, formulem e avaliem as políticas públicas, propiciem o controle dessas políticas pelos cidadãos e captem as necessidades dos usuários para instaurar políticas públicas coerentes com sua realidade (Grau, 1998, p.216). Importa, então, rever o papel do Estado e suas relações com a sociedade civil. Nesse sentido, no Brasil, observamos mais nitidamente o aumento da importância da participação da sociedade civil na busca de melhores condições de vida e bem-estar, ao lado da valorização da eficiência na gestão pública e privada.

As teorias que buscam explicar a redefinição das funções do Estado vêm recorrendo, desde os anos 1990, à concepção de governança ou governação (*governance*). O termo pretende ampliar o conceito estritamente econômico de gestão pública, para alcançar uma visão mais abrangente e que envolva, interdisciplinarmente, as dimensões econômica, política e social, no sentido de aumentar a capacidade do governo.

A noção de *governance* vem associada à da *governabilidade* dos Estados nacionais. O debate sobre esse tema surgiu a partir da necessidade de uma redefinição da articulação entre Estado e mercado, isto é, a partir da crise do modelo do Estado-Providência dos anos 1980, no âmbito dos países da Organização para a Cooperação Econômica e Desenvolvimento (OCDE), e da crise do Estado-Desenvolvimentista na América Latina. O esgotamento desses modelos trouxe a exigência de se pensar em modelos alternativos de organização política que assegurassem a governabilidade desses Estados. O termo *governance* foi introduzido no debate público internacional em 1992, pelo BM.[3] O FMI passou a legitimar também suas orientações por esse conceito. A noção de boa governação (*good governance*), do BM, vem intrinsecamente associada à capacidade governativa, e passa a ser requisito indispensável para um desenvolvimento sustentável, conceito que incorpora ao crescimento econômico a equidade social e os direitos humanos (World Bank, 1992).

No âmbito das Nações Unidas, o Programa das Nações Unidas para o Desenvolvimento (PNUD) define *governance* como exercício de autoridade política, econômica e administrativa na gestão dos problemas coletivos nos diferentes níveis. A *governance* corresponderia ao conjunto complexo de mecanismos, processos e instituições, por meio dos quais cidadãos e movimentos sociais articulam seus interesses, exercem seus direitos e cumprem seus deveres, bem como solucionam as diferenças (United Nations Development Program/UNDP/PNUD, 1997). A boa governação (*sound governance*) deve ser participativa, transparente, eficaz, equitativa e fundada na lei. Segundo o PNUD, a *governance* engloba o Estado, a sociedade civil e o setor privado, devendo ser entendida em três perspectivas principais: a) *governação econômica* – que compreende processos de tomada de decisão que afetam

---

3 Para o BM, a definição de *governance* consiste "na maneira pela qual o poder é exercido na gestão dos recursos econômicos e sociais de um país com vistas ao desenvolvimento." (World Bank, "Governance and Development", 1992, p.1-3, tradução da autora.).

atividades econômicas nacionais e internacionais; b) *governação política* – que se refere à concepção e à implementação de políticas de desenvolvimento; c) *governação administrativa* – que inclui sistemas de gestão pública (UNDP, 1997). O PNUD, quando trata de *governação* democrática, se refere fundamentalmente à capacidade do governo e de outros atores políticos de gerir o objetivo sistêmico da democracia, do mercado e da equidade.

Para Boaventura de Sousa Santos (2005), a *governance* é um modo de regulação social pós-estatal, inserida na matriz neoliberal da globalização hegemônica, que ele denomina de *matriz de governação neoliberal*. Essa matriz é resultado de várias perspectivas quanto à crise do Estado. Na década de 1970, a compreensão da crise da legitimidade pautava-se na ideia de que a crise era derivada do descontentamento dos grupos excluídos e, portanto, a solução era transformar o Estado e aumentar a participação popular. Nos anos 1980, a crise da legitimidade foi convertida em crise da governabilidade, na medida em que o Estado aparece como sobrecarregado de demandas sociais. Essa visão liberal da crise da democracia gerou o receituário neoliberal, já demasiadamente conhecido: privatização, liberalização e mercadorização, que transformou serviços públicos em mercadorias.

A matriz neoliberal precisa responder às novas demandas sociais. A solução encontrada, aliada à retração do Estado, é a de que a participação popular deve ser tolerada somente quando envolver uma concepção individualista da sociedade civil. A participação popular deve ser "domesticada", não pode abalar as estruturas do capitalismo. Em certas circunstâncias, arranjos dessa *governance*[4] podem trazer benefícios quando o Estado utilizar a energia da sociedade civil como atributo do Estado nacional ou para a construção de instituições políticas supranacionais. É nesse ponto em que se abre uma expectativa de discussão das desigualdades de poder. Para que o Estado possa ser visto como um potencial aliado, será necessário que as lutas emancipatórias da sociedade civil sejam realizadas de maneira autônoma em relação ao Estado (Santos, 2005).

---

4 No Brasil, o termo *governance* foi traduzido por *governança* e, em Portugal, por *governação*. Portanto, encontraremos neste livro os três termos que significam a mesma coisa. O artigo de B.S. Santos (2005) foi originalmente escrito em inglês e emprega o termo *governance*; contudo, em outros trabalhos em português, o autor utiliza-se do termo *governação*.

1.4 Reforma do Estado e a estratégia da descentralização

Para o sociólogo catalão, Manuel Castells (2001, p.150), a crescente falta de operacionalidade do Estado, para resolver os problemas no contexto da globalização (fluxos globais de capital, de comércio, de gestão, de informação, da rede complexa do crime organizado, problemas ambientais, da insegurança cidadã), criou uma crise de confiança e legitimidade em boa parte da população em quase todos os países, desde os anos 1970. Com a crise da crise da legitimidade do Estado e de suas instituições, surgiu – nos anos 1990 – uma nova forma de Estado que Castells denomina de Estado-rede, sucedâneo ao Estado nacional em crise com problemas de administração pública e de gestão política. Apesar de ter perdido parte da soberania econômica nacional em razão da globalização financeira, o Estado não perdeu a sua capacidade de ação e de intervenção, como representante político e de agente da solidariedade. Os Estados nacionais continuam sendo também um agente importante na indução do desenvolvimento (Castells, p.151). O que se tornou inviável para o autor é o Estado soberano e produtor. Para que o Estado resgate sua legitimidade, ele precisa adaptar sua forma de regulação, pois – como afirma Castells – "a pior forma de descontrole é manter vigente o que não se pode aplicar" (2001, p.156).

Para dirimir esses problemas, a saída mais eficaz tem sido operar com a ideia da descentralização. Castells acredita que a capacidade de intervenção descentralizada do Estado é mais eficiente quando produzida por redes de conexão, e quando os diferentes níveis de Estado são convertidos em diferentes tipos de nós dessa rede, lançando o local no global. Apesar das experiências constatarem que o local é a instância em que se expressa mais a corrupção e o clientelismo, Castells afirma que o local – por ter a maior proximidade entre governo e cidadãos – permite um controle social mais transparente e reforça as oportunidades de participação política (2001, p.157). Há de se ter cuidado em relação à descentralização, pois o Estado, ao tentar recuperar sua operacionalidade – via descentralização local e regional – pode perder ainda mais seu poder. Para evitar isso, Castells propõe que o processo de redistribuição de atribuições e recursos deve ser acompanhado por mecanismos de coordenação das instituições. Assim, ele acredita que, a fórmula político-institucional do estado-rede acaba por não eliminar o Estado-Nação, mas por redefini-lo (Castells, 2001, p.163). Esta é uma nova lógica institucional que observamos em muitos países, e trata-se de uma nova forma política que permite a gestão entre o local e o global. Castells a define da seguinte forma:

> O Estado que denomino de Estado-rede se caracteriza por compartilhar a autoridade (ou seja, a capacidade institucional de impor uma decisão) através de uma série de instituições. Uma rede, por definição, não tem centro e sim nós, de diferentes dimensões e com relações internodais que são freqüentemente assimétricas. Mas, enfim, todos os nós são necessários para a existência da rede. Assim, o Estado-nação se articula cotidianamente na tomada de decisões com instituições supranacionais de distintos tipos e em distintos âmbitos [...] também funcionam em rede, nessa mesma rede, instituições regionais e locais [...] dela participam organizações não governamentais [...] que se conectam com esta rede interinstitucional, feita tanto de negociação como de decisão, de compromisso como de autoridade, de informação como de estratégia (Castells, 2001, p.164).

Contudo, conforme observa Castells, esta fórmula não está isenta de uma série de problemas, que seriam minimizados dentro de uma lógica de reforma de Estado que partisse de alguns princípios. Em primeiro lugar, a gestão administrativa deve situar-se para cada problema ou tarefa, de forma mais descentralizada possível, visando desempenhar-se de maneira mais eficaz. Os Estados devem assumir responsabilidades dentro de sua capacidade e, somente transferir poder quando for necessário. A responsabilidade maior do Estado é com a distribuição da riqueza e a correção gradual das desigualdades sociais estruturais. A organização administrativa deve ser flexível, negociadora e interventora, conforme surgirem as necessidades, estabelecendo mecanismos de cooperação com as administrações locais, regionais, nacionais e supranacionais de todas as instituições presentes na rede operada pelo Estado.

Quanto à participação cidadã, Castells acredita que são necessários novos meios de comunicação e informação, junto ao desenvolvimento de ONGs de base. A revitalização da participação social deve ser articulada com o Estado para assumirem juntos e debaterem as questões que os afeta diretamente. O novo Estado deve elaborar mecanismos de controle interno e externo que assegurem o mínimo nível de corrupção e nepotismo, tornando transparentes perante o cidadão a gestão, os meios de comunicação e a justiça. Para tanto, requer investimentos em equipamentos, profissionalização, remuneração justa, capacitação e conscientização dos recursos humanos administrativos, em relação ao projeto coletivo da sociedade.

Observamos que, no Brasil, o modelo de descentralização das políticas sociais aparece como estratégia inovadora na tentativa de revigorar o Estado e minimizar a crise de gestão quanto à ineficiência das políticas públicas. O Estado tem valorizado poderes locais e promove arranjos de participação social na gestão pública, notadamente nas áreas de saúde e educação. Para viabilizar o processo de descentralização, é necessário atender a requisitos prévios: a especialização organizacional; a criação de agências autônomas ou semiautônomas, para desempenhar funções da administração pública; modificações dos estatutos de hospitais e de escolas, para aumentar sua autonomia financeira e administrativa; a desregulação de certos setores do serviço público, até então monopolizados pelo Estado (Grau, 1998, p.220).

A reforma do Estado na direção da descentralização viabilizaria os ideais de equidade, justiça social, redução do clientelismo e o aumento do controle social sobre o Estado. Os 75 países considerados em via de desenvolvimento ou em economias de transição implementaram reformas, como por exemplo, o processo de transferência de poder político para os governos locais (Arretche, 1996, p.63). Formas descentralizadas de gestão de políticas sociais têm a finalidade de desonerar o Estado de certas obrigações sociais de difícil implementação. Há autores que defendem a tese de que a descentralização do poder central não significa necessariamente a expansão da democracia, nem tampouco o estabelecimento de uma relação necessária entre descentralização e redução de práticas clientelísticas (Arretche, 1996;

Tendler, 1998). Arretche (1996), ao analisar a experiência brasileira, defende que a concretização dos princípios democráticos nas instituições políticas, de cada nível de governo, é o que define seu caráter democrático, e não a escala ou o âmbito das decisões. O sucesso da descentralização – como redução do clientelismo e inclusão dos municípios mais vulneráveis e desprotegidos – requer um governo central fortalecido com instrumentos efetivos de intervenção que garantam a capacidade de controle dos cidadãos sobre as ações do governo (Arretche, 1996, p.56-7).

Ao estudar os programas implementados pelo governo do Ceará, no Brasil, no período de 1992 a 1996, Tendler (1998, p.210) constata que as explicações do bom desempenho do governo não tiveram relação com a descentralização, com o governo local ou com uma sociedade civil forte e preexistente (capital social). A autora concluiu que a intervenção forte e atuante do governo estadual do Ceará, realizando uma reforma administrativa, viabilizou a otimização do desempenho institucional em uma dinâmica tridirecional (governo local, governo central e comunidade cívica): "Se a sociedade civil local desempenhou um papel no surgimento do governo melhor, isto por vezes ocorreu porque o governo central tinha possibilitado a formação de alianças entre o governo e a sociedade civil".

Tanto Arretche quanto Tendler tratam do "paradoxo da descentralização", pois o sucesso das experiências evidencia que o cerne da questão está na habilidade do governo; no caso, o governo estadual, em formular, coordenar e implementar a descentralização (Arretche, 1996, p.58; Tendler, 1998, p.210).

Essa questão nos leva a tratar dos desafios da gestão descentralizada e do papel das lideranças políticas. A liderança política tem uma função importante na mediação entre as expectativas individuais e a construção do consenso coletivo. As opções das lideranças políticas nacionais, as suas coalizões e ações são aspectos decisivos na definição das políticas sociais implementadas, bem como na escolha da forma de inserção do país no sistema internacional: "Ignorar o peso dos fatores internos implica isentar os governantes de turno da sua responsabilidade pelas decisões tomadas e pelos seus resultados" (Diniz, 2004, p.2).

Para a autora:

> Ainda que os imperativos externos não possam ser ignorados, há sempre margem para escolhas dotadas de maior ou menor independência, maior ou menor criatividade, ou, ao contrário, maior conformismo e passividade. A opção por um ou outro caminho tem conseqüências não desprezíveis sobre o resultado final, que se refletirá, por sua vez na qualidade das mudanças executadas (Diniz, 2004, p.27).

Em suma, ao constatar que, na contemporaneidade, nem o mercado, o Estado ou a comunidade são capazes de garantir a regulação social em situação de tamanha volatilidade, Boaventura de Sousa Santos (1999a) acredita que estamos num impasse ético: a "microética liberal" não foi ainda substituída por uma "macroética" capaz de conceber a responsabilidade da humanidade pelas consequências das ações coletivas no nível da escala planetária. Se há a percepção de que não há saída para a situação social, há, pelo menos, a possibilidade realista de imaginar uma situação radicalmente nova. Ou seja, uma nova ideia de solidariedade, simultaneamente concreta e planetária:

> [...] eu penso que o que quer que falte concluir da modernidade não pode ser concluído em termos modernos sob pena de nos mantermos prisioneiros da mega-armadilha que a modernidade nos preparou: a transformação incessante das energias emancipatórias em energias regulatórias. Daí a necessidade de pensar em descontinuidades, em mudanças paradigmáticas e não meramente subparadigmáticas (Santos, 1999a, p.93).

Para Santos (1998), por três razões, a nova contratualidade das relações sociais tem pouco a ver com a que foi fundada na modernidade. A primeira é que o Estado, hoje, tem a intervenção mais reduzida, na medida em que se trata de uma contratualização liberal e individualista. Em segundo lugar, essa nova contratualização não tem estabilidade, podendo ser denunciada a qualquer momento por qualquer das partes. Em terceiro lugar, a contratualização liberal não reconhece o conflito e a luta como elementos estruturais do combate (p.22-3). Para Santos, a contratualização das relações sociais é:

[...] um falso contrato, uma mera aparência de compromisso constituído por condições impostas sem discussão ao parceiro mais fraco no contrato, condições tão onerosas quanto inescapáveis. Sob a aparência do contrato, a nova contratualização configura a reemergência do status [...]. O status é agora apenas o efeito da enorme desigualdade de poder econômico entre as partes do contrato individual e na capacidade que tal desigualdade dá à parte mais forte para impor sem discussão as condições que lhe são mais favoráveis (Santos, 1998, p.23).

Para Santos (1998) e Rosanvallon (1998), a crise do Estado-Providência é, na verdade, a crise da contratualização entre o Estado e a sociedade. Os autores defendem que, frente aos atuais desafios, seria necessário um novo contrato social em que o Estado fosse capaz de articular a emergência de um novo sindicalismo mais político e solidário com as reivindicações mais amplas da sociedade, além de regular eficazmente os mercados financeiros. Esse novo Estado deveria associar a democracia representativa à democracia participativa, abrindo espaço para a fiscalização participativa da sociedade em relação ao Estado. Na reengenharia do Estado, observamos a proposta de desmonte do projeto da atividade social estatal como ator central. Na reformulação da solidariedade e das responsabilidades no trato da "questão social", surge a ideia de uma coordenação nova e de parcerias como solução de problemas. Assim, espera-se a ausência e/ou silêncio de conflitos, e a negociação aparece como força motriz para a realização de objetivos e interesses comuns.

1.5 A descentralização em prática: o caso da saúde brasileira

O Complexo da Saúde no Brasil, como agente central e presença penetrante em todo o Território Nacional na área da saúde, é constituído pelo Estado, possuindo alto poder de regulação e de promoção do setor privado (lucrativo e não lucrativo). O Sistema Único de Saúde (SUS), instituído constitucionalmente em 1991, é resultado do processo de descentralização da saúde, iniciado, em especial, nos anos 1970, e tem por objetivo ser um atendimento universal; ou seja, não coloca distinções entre contribuintes da previdência social e os demais segmentos da população. Possui uma estrutura hierarquizada e descentralizada entre o nível federal, estadual e municipal, com a União coordenando, regulando e financiando o sistema. Mais de 5 mil municípios do país ligam-se ao SUS de maneira descentralizada. Os municípios mantêm a autonomia administrativa na área de sua abrangência, mas têm como contrapartida estabelecer planos, metas, compromissos e fluxos de informação com o governo federal, conforme estipulado em lei, que viabiliza grande parte do orçamento.

Cabe ao governo federal um elevado poder de indução sobre todo o complexo da saúde, no que tange ao conjunto de ações normativas, formulação de indicadores epidemiológicos e aos repasses condicionados de recursos para a rede estadual e municipal, da canalização de recursos para a aquisição de medicamentos, equipamentos, vacinas e outros. Esses repasses podem ser realizados diretamente ou via transferências financeiras para as unidades subnacionais.

A descentralização do Complexo de Saúde é operacionalizada pelo SUS a partir de propostas da distritalização ou territorialização da saúde; como, por exemplo, com a institucionalização das Unidades Básicas de Saúde da Família (UBS), os Postos e os Centros de Saúde, que prevê num conjunto de bairros, regiões de um município, um município, ou até num conjunto de municípios de uma região para a sua atuação sanitária. A questão do território é um elemento essencial para o planejamento e gestão dos serviços de saúde ofertados à população. Essa territorialização possui um caráter político-administrativo, que comporta uma população com características epidemiológicas e sociais próprias para identificar as necessidades e os recursos de saúde para atendê-la. O território passa a ser entendido como um espaço em permanente construção, produto de uma dinâmica social. Envolve a noção de corresponsabilidade da população e da unidade de saúde sobre as ações de promoção da saúde dentro desse território (Silva et al, 2001).

O grande desafio é tornar as informações obtidas desse território em instrumentos de trabalho para a construção de um novo modelo assistencial, que atenda às reais necessidades de saúde da comunidade e que garanta espaços de efetiva participação social para exercer o controle social.

Nesse Complexo da Saúde, também visualizamos o sistema médico-industrial privado e as empresas operadoras de planos e seguros de saúde, que fornecem serviços médico-hospitalares do setor privado da saúde, e que representam a assistência médica suplementar do sistema. É nesse âmbito que observamos um grande crescimento, envolvendo modalidades de autogestão (organização de planos próprios pelas empresas), de medicina de grupo (operadoras de planos de saúde), cooperativas médicas (como as Unimeds) e seguradoras de saúde. Todas estão reguladas pela Agência Nacional de Saúde (ANS).

Temos também, no setor privado, dois grandes grupos de conhecimentos científicos que formam a base cognitiva dos paradigmas tecnológicos de saúde: o químico/biológico, relacionado às indústrias farmacêuticas, de vacinas, hemoderivados e reagentes para diagnóstico, e o da física, associado às indústrias de equipamentos e materiais. Neste campo, o Estado tem atuado por meio de intervenções originais no campo da política industrial da saúde, como, por exemplo, na política de medicamentos genéricos, de desenvolvimento tecnológico de vacinas, propriedade industrial e autorização para importar medicamentos e equipamentos.

Em síntese, a prestação de serviços de saúde no Brasil é originária de dois setores: o público, que caracteriza-se por ser coercitivo, realizado principalmente por meio de impostos e cotizações obrigatórias à seguridade social; e o privado, que permite ao usuário da saúde exercer sua soberania, por pagamentos diretos a provedores de serviços e prêmios de seguros voluntários de assistência sanitária. Tradicionalmente, o setor privado é dividido em lucrativo e não lucrativo. O segmento não lucrativo é representado pelas instituições filantrópicas, especialmente as Santas Casas de Misericórdias, geralmente vinculadas ao SUS.

O setor privado não lucrativo tem sido considerado como *público não estatal*.[5] O Estado brasileiro vem, ao longo das últimas décadas, construindo

---

5 Sobre o conceito de *público não estatal*, ver Bresser Pereira e Nuria Grau (1999). Os autores apontam para o fato de que a crise do Estado e a globalização vão exigir novas modalidades mais eficientes de gestão, que incluem a emergência de um espaço onde as organizações ou formas de controle público estejam voltadas para o interesse geral – o espaço *público não estatal*. Assim, o conceito de espaço *público não estatal* proposto por Bresser e Grau surge para romper com os limites impostos ao espaço público tradicional, limitado ao

novas relações de contratualização, com o que poderíamos denominar de *quase-mercados* – instituições que se ligam a um conjunto de inovações organizacionais (criação de fundações de apoio, instituições filantrópicas, organizações sociais e OSCIPs, organizações de cooperativas de trabalhadores, associações, ONGs etc.). A prestação de serviços pelo setor público não estatal é terceirizada e o Estado passa a pressionar esses agentes a seguirem lógicas de obtenção de competitividade e de eficiência econômica em suas atividades, para que possam receber os recursos do SUS.[6] O setor público brasileiro financia o setor privado (lucrativo e sem fins lucrativos), por meio de sistema de convênios (compra de serviços), respaldado por mecanismo constitucional (art.199) de contrato de direito público.

É no âmbito do *público não estatal* que analisaremos, no capítulo 4, a concepção do investimento social privado na saúde, por meio da ideia da Responsabilidade Social das Empresas brasileiras privadas que *não* fazem parte do setor da saúde, mas realizam voluntariamente projetos sociais de saúde para comunidades de baixa renda. O SUS não tem vínculo oficial com essas empresas que se articulam com o poder público federal, estadual e municipal por meio de parcerias informais.

A seguir, poderemos visualizar um quadro do sistema de saúde no Brasil, denominando-o de Complexo da Saúde.

---

controle da esfera estatal. A responsabilidade social passa a ser compartilhada pela sociedade organizada: "O que é estatal é, em princípio, público. O que é público pode não ser estatal, se não faz parte do aparato do Estado" (Bresser e Grau, 1999, p.16-7).

6 Essa pluralização de instituições ligadas ao Estado também são denominadas de *Quangos* (quasi-autonomous non-governmental organisations), uma vez instauradas, podem vir a resultar numa melhor publicização ou, ao contrário, observa-se que essas novas institucionalidades estão estruturalmente desprovidas de qualquer forma de "accountability". Ver Ridley, F. F.; Wilson, David (Eds.), 1995.

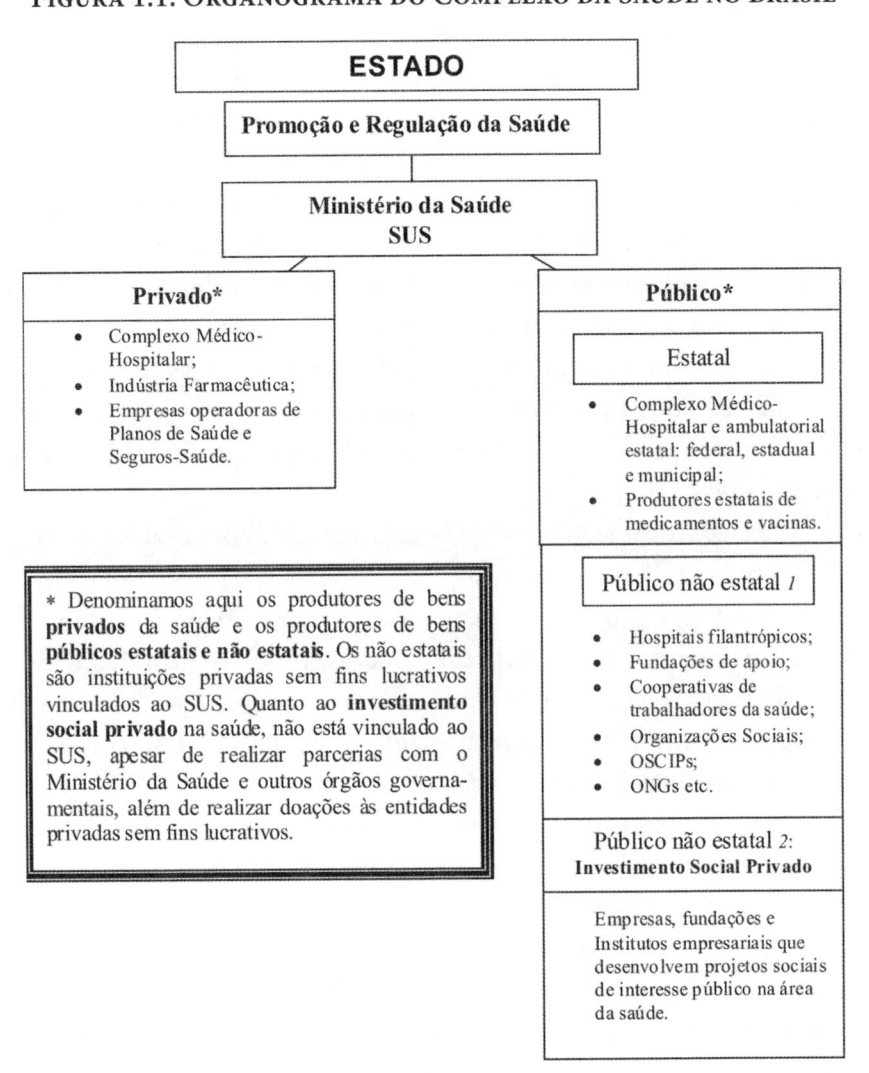

FIGURA 1.1: Organograma do Complexo da Saúde no Brasil

ESTADO
Promoção e Regulação da Saúde

Ministério da Saúde
SUS

Privado*
- Complexo Médico-Hospitalar;
- Indústria Farmacêutica;
- Empresas operadoras de Planos de Saúde e Seguros-Saúde.

Público*

Estatal
- Complexo Médico-Hospitalar e ambulatorial estatal: federal, estadual e municipal;
- Produtores estatais de medicamentos e vacinas.

Público não estatal 1
- Hospitais filantrópicos;
- Fundações de apoio;
- Cooperativas de trabalhadores da saúde;
- Organizações Sociais;
- OSCIPs;
- ONGs etc.

Público não estatal 2: Investimento Social Privado
- Empresas, fundações e Institutos empresariais que desenvolvem projetos sociais de interesse público na área da saúde.

* Denominamos aqui os produtores de bens **privados** da saúde e os produtores de bens **públicos estatais e não estatais**. Os não estatais são instituições privadas sem fins lucrativos vinculados ao SUS. Quanto ao **investimento social privado** na saúde, não está vinculado ao SUS, apesar de realizar parcerias com o Ministério da Saúde e outros órgãos governamentais, além de realizar doações às entidades privadas sem fins lucrativos.

Fonte: Organograma elaborado pela autora.

O organograma atual da saúde brasileira é resultado de uma série de correlações de forças, que levaram ao fim da ditadura militar e ao processo de redemocratização do Brasil. A crise do Estado e do sistema de saúde impulsionou um novo padrão de intervenção pública. A crise fiscal do Estado e a financeira da Previdência Social, ambas decorrentes da desaceleração da atividade econômica dos anos 1970-80, impactaram sobremaneira no sistema de saúde que, com pouca disponibilidade de recursos públicos, necessitou de contenção geral de gastos. Assim, impõe-se ao Estado, no primeiro momento, a contenção de despesas e; num segundo, a descentralização das políticas sociais (Costa, 2000).

Quanto à descentralização da saúde no Brasil, sua trajetória foi construída paulatinamente, pautada por meio de um relativo consenso. Diferentes forças políticas compartilharam argumentos semelhantes em relação à descentralização com o objetivo de realçar suas vantagens e os melhores atributos da esfera local, qualificados pelas seguintes expectativas: maior proximidade governante/governado; menor complexidade administrativa; menor grau de burocratização, maior capacidade para fiscalizar e promover os serviços de saúde.

A descentralização passa a ser evocada, no plano retórico e no da ação, como a melhor alternativa para produzir o necessário ajuste do Estado no setor, e promover a melhoria da racionalidade do sistema de saúde. A descentralização confunde-se com o processo de redemocratização instaurado no Brasil, que culmina com a promulgação da Constituição de 1988, concentrando-se, prioritariamente, na gestão descentralizada da saúde, da educação e assistência social.

As políticas orientadas para a descentralização na área da saúde atravessaram três fases distintas: em 1983, no último governo militar, foram criadas as Ações Integradas de Saúde (AIS); em 1987, durante o governo Sarney, criou-se o Sistema Unificado e Descentralizado de Saúde (SUDS); e, finalmente, após a Constituição de 1988, foi instituído o SUS. Em 1987, o BM, como parte das recomendações de ajuste econômico, propôs uma série de medidas, dentre elas: a ampliação dos serviços de saúde; o estímulo à utilização de planos privados de cobertura de riscos; e a utilização mais eficaz dos recursos dos governos (Costa, 2000).

O cenário internacional da reforma de Estado e a própria crise econômica no Brasil pareciam indicar que a implantação do SUS se faria acompanhar de novos mecanismos de descentralização, racionalização dos gastos e de uma nova forma de gestão para otimizar os recursos e possibilitar a participação e o controle da sociedade. Assim, a reforma do sistema de saúde passou a coadunar com os novos ideários da nova democracia e com a Reforma do Estado. O modelo centralizado no governo federal de política nacional de saúde, foi sendo substituído por um sistema em que os municípios passaram a assumir a gestão dos programas de saúde pública, além de abrirem esses serviços à participação democrática da comunidade.

Como observa Gerschman (2000), na operacionalização do SUS, convivem de maneira paralela e, às vezes, superposta, procedimentos técnicos com estratégias, arenas e interesses políticos, resultando numa construção errática das agendas de implementação do SUS. A autora aponta que a atuação política centrada na construção de alianças político-clientelísticas com as prefeituras e a procura de apoios de *lobbies* poderosos no setor, inclusive com associações filantrópicas, redundam em benefícios político-eleitorais para os governos estaduais, lógica extremamente difícil de se transformar. Ao mesmo tempo em que inviabiliza pactos cooperativos entre instâncias governamentais, quebra, fundamentalmente, a integralidade da atenção, a unicidade do sistema e a integração e hierarquização dos serviços de saúde (Gerschman, 2000, p.159). Assim, a autora conclui que o processo de descentralização, ainda com os avanços dos procedimentos técnicos de regulação, está fortemente influenciado por processos decisórios que comportam modalidades políticas clientelísticas e corporativas de intermediação de interesses (p.164).

Também em relação aos desafios enfrentados na questão da municipalização da saúde, Arretche e Marques (2000) mostram que a expansão do atendimento ambulatorial depende, fortemente, das estruturas colocadas para prefeitos e governadores e das capacidades de investimento municipal. Os autores observaram que parece não haver influência da capacidade de gasto em saúde ou da pujança econômica dos municípios e, ao que tudo indica, a capacidade de gestão sofre influência da filiação partidária do prefeito. A análise indicou que um conjunto de alternativas político-partidárias fisiológicas colocadas para os prefeitos pode influenciar, de maneira negativa, o desenvolvimento das capacidades de regulação da saúde. Embora a descentralização no sistema saúde faça emergir a participação de novos atores sociais ao lado de antigas práticas clientelísticas, impulsiona também a definição e a redefinição de novas linhas de intervenção e de gestão. Nesse cenário, observaremos a relação do Estado com o mercado segurador e com instituições não lucrativas do setor da saúde.

A Constituição Federal de 1988 dispôs em seu artigo 199 que a assistência à saúde está aberta à iniciativa privada, e as empresas de serviços de saúde poderão participar de forma complementar da prestação de serviços, mediante contrato de direito público ou convênio. Preferência seria dada às entidades filantrópicas e às sem fim lucrativos. A Lei n. 8.080 de 19 set. 1990 regulamenta o disposto na Constituição nos artigos 25 e 26 sobre a complementaridade do setor privado, dispondo que o SUS pode recorrer aos serviços de iniciativa privada, desde que comprovada a insuficiência de sua rede.

O segmento privado lucrativo é representado pelo subsistema da Atenção Médica Supletiva e, embora tido como autônomo em relação aos recursos públicos, esse segmento beneficia-se de várias formas desse recurso: na dedução do Imposto de Renda, na apuração dos balanços e lucros das empresas, nas isenções tributárias decorrentes de alegadas finalidades filantrópicas e, sobretudo, no uso corrente dos serviços públicos pelos seus beneficiários, especialmente em emergências e procedimentos de alto custo (Carvalho et al, 2001).

Da década de 1960 até os dias atuais, a atividade médico-assistencial privada se impôs como parte integrante do processo de desenvolvimento capitalista no Brasil. O processo de consolidação da medicina empresarial, desde o governo militar, deu-se graças à incorporação de lideranças desse setor na burocracia da Previdência Social, reduzindo expressivamente os investimentos na rede pública de saúde. Segundo Pereira Filho (1999 apud Carvalho et al, 2001), o aumento de 38% de pessoas filiadas ao sistema privado de saúde no período de 1987 a 1995 deve-se à precariedade dos serviços públicos de saúde. Dessa forma, instala-se um círculo vicioso, em que a insatisfação com os serviços públicos de saúde empurra mais pessoas para os planos de saúde, diminuindo, assim, o poder reivindicatório pela melhoria de serviços públicos.

Esse quadro foi responsável pelo que se convencionou denominar de "universalização excludente", em que a universalização da assistência à saúde veio acompanhada da exclusão de segmentos das camadas médias e do operariado qualificado que, ao demandar por melhor atendimento, contribuiu para o crescimento e consolidação do mercado de planos e seguros no Brasil nos anos 1990, cuja cobertura, em 1997, era de 41 milhões de brasileiros, correspondente a 25,6% da população (Carvalho et al, 2001). A modalidade de assistência privada à saúde ofertada pelo mercado, apesar de largamente difundida, não possuía regulamentação comum que definisse quais são as obrigações de um plano de saúde, ocorrendo, muitas vezes, fraude contra o consumidor. Este, frequentemente, acabava sendo atendido pelo subsistema público de saúde.

A partir de 1990, com a promulgação, pela Câmara, do Código de Defesa do Consumidor e do Programa de Defesa do Consumidor (PROCON),[7] ganharam força as pressões pela regulamentação de todas as empresas que operam com planos de saúde. Entraram em cena, nesse momento, as diversas entidades da sociedade civil que lutavam contra os preços abusivos praticados pela iniciativa privada contra as restrições estabelecidas nos contratos dos idosos e dos portadores de doenças, como o câncer, e as infecciosas, com alto custo de tratamento, como a Síndrome de Imuno-Deficiência Adquirida (AIDS) (Costa, 2000).

O programa de reformas do setor de seguros, adotado como parte da proposta de Reforma do Estado dos anos 1990, foi implementado pelo governo de Fernando Henrique Cardoso (1995-2002). Em maio de 1996, foi publicado no *Diário Oficial da União* um despacho presidencial que permitia a abertura do seguro-saúde ao capital estrangeiro. Conse-

---

7 O PROCON, criado pelo Decreto Estadual n. 9.953, de 22 maio 1987, se insere no contexto da Lei Federal n. 8.078, de 11 set. 1990, popularmente conhecida como Código de Defesa do Consumidor. Em 20 mar. 1997, surgiu o Decreto Federal n. 2.181, que dispôs sobre a organização do Sistema Nacional de Defesa do Consumidor – SINDEC, estabelecendo normas gerais de aplicações de sanções administrativas previstas na mencionada Lei n. 8.078. A partir desses dispositivos legais, criou-se o Departamento de Proteção e Defesa do Consumidor – DPDC, órgão normativo e definidor de políticas do Sistema, subordinado à Secretaria de Direito Econômico do Ministério da Justiça. Com a integração desses entes da Federação, atingindo praticamente a toda população brasileira, os Procons, estaduais ou municipais, ganharam em dimensão e importância, fazendo com que os fornecedores tivessem que se render às normas, e a Marca Procon passou a ser uma referência nacional no que tange ao atendimento das reclamações dos consumidores (sítio eletrônico: www.procon.gov.br).

quentemente, se abriu o caminho para um crescimento das seguradoras estrangeiras no setor da saúde privada (Costa, 2000).

No Brasil, a questão da regulamentação do mercado despertou um jogo de forças e uma luta pelo poder regulatório. Nesse embate de forças políticas, o modelo de regulação adotado inicialmente foi a Lei n. 9.656, promulgada em 3 jun. 1998, que sofreu diversas alterações desde a data em que entrou em vigor. Em 25 nov. 1999, por meio da Medida Provisória 1.928, reeditada duas vezes depois, até o fim do ano, foi criado o atual lócus regulatório da saúde suplementar: a Agência Nacional de Saúde Suplementar (ANS). O novo órgão tem por finalidade institucional supervisionar as questões referentes ao atendimento médico-hospitalar e aos planos e seguros de saúde, integrando as ações dos diversos órgãos de defesa do consumidor e dos órgãos vinculados ao Ministério da Saúde, bem como sujeitar as empresas, tanto à nova Lei, quanto ao Código de Defesa do Consumidor. A criação da ANS, bem como de outras agências, faz parte de uma nova ação regulatória do Estado e retrata o desenho das novas relações entre o Estado, o mercado e a sociedade, no processo de reformas econômicas do país.

A partir dos anos 1990 passou a existir uma mudança na atribuição de responsabilidade pela promoção da saúde no país. Para Costa (2002), o Estado não quer mais ser o único provedor dos serviços de saúde, mas também se opõe a garantir o "livre-mercado" para o setor privado, caracterizando, assim, um *sistema misto na saúde*. Segundo Elias (1997), as políticas de saúde implementadas pelo Estado brasileiro tendem a manter a histórica dualidade, apesar dos esforços de alguns governos. Resulta daí um sistema de saúde restrito, fragmentado, que privilegia as ações curativas e drena recursos do fundo público para a constituição de serviços privados de saúde, sobretudo para os hospitalares. Os preceitos constitucionais aprovados em 1988 ligados à universalidade do atendimento à saúde deixam de vigorar. No entanto, apesar do Estado transferir recursos para o setor privado (lucrativo e não lucrativo), não ocorre a substituição do Estado pelo mercado, uma vez que, para o seu financiamento, o setor privado depende direta ou indiretamente do Estado. O autor afirma que a caracterização do sistema misto implantado no Brasil compromete o princípio constitucional da universalização exigida na estruturação do SUS, e acrescenta:

> [...] nem o sistema público (SUS) comporta-se como universalista, dadas as enormes dificuldades que enfrenta quanto à cobertura e ao acesso aos serviços, nem o sistema privado (complementar/suplementar) comporta-se genuinamente como modalidade de seguro, dados os incentivos fiscais do Estado e os subsídios cruzados que recebe dos serviços públicos, sobretudo nos procedimentos assistenciais de alto custo (Elias, 1997, p.200).

Portanto, podemos sintetizar que o acesso à saúde no Brasil é fragmentada e segmentada: de um lado, os trabalhadores dos setores econômicos de ponta, e partícipes do processo de globalização econômica, ao lado das elites e dos setores dos estratos médios e altos da sociedade são cobertos pelo sistema privado de saúde; de outro, subjaz uma massa ampla de trabalhadores, vinculados aos setores economicamente atrasados, e às camadas dos estratos empobrecidos, ao lado dos socialmente excluídos – os desempregados e os subempregados –, dependentes de um sistema público de saúde cada vez mais deficitário quanto ao atendimento e ao acesso e, portanto, socialmente injusto (Elias, 1997, p.200).

Apesar da capacidade profissional e da eficiência da tecnoburocracia que vem se formando no interior da ANS, o alto grau de predação e desrespeito aos usuários do mercado de saúde exige intervenções das agência reguladoras mais efetivas, que garantam a transparência e a participação da sociedade civil no controle das atividades, visto que a saúde não é uma mercadoria ou negócio, mas uma necessidade básica e de conquista da cidadania.

A regulação pública envolve toda a problemática das relações entre Estado, economia e sociedade. Conforme Vital Moreira (1997, p.21), o termo "regulação" é essencialmente ambivalente: por um lado, designa um estado de equilíbrio e de regularidade de funcionamento de um sistema ou mecanismo; por outro, aponta para o estabelecimento de regras (regulamentos) a serem observadas num determinado comportamento ou situação, tendo precisamente como objetivo garantir ou repor o equilíbrio e/ou a regularidade do seu funcionamento. Para o autor, essas duas ideias definem o conceito operacional de regulação econômica: "o estabelecimento e a implementação de regras para a atividade econômica, destinadas a garantir o seu funcionamento equilibrado, de acordo com deteminados objetivos públicos" (Moreira, 1997, p.34).

A proposta de privatização neoliberal nos anos 1980 diminuiu a participação do Estado na atividade econômica. Conforme Moreira (1997), a "desregulação" veio para aliviar e restringir consideravelmente o peso da intervenção pública. Contudo, seria errôneo dizer que isso representa um retorno às origens de um Estado liberal, quanto ao seu afastamento em relação à economia. Para o autor, por mais que o Estado tenha reduzido a sua participação direta na atividade econômica como empresário, por meio de extensos programas de privatização do setor público, a verdade é que não diminuiu drasticamente o papel da regulação pública na economia. Implicando, sim, na constituição de uma rede normativa e de instâncias reguladoras específicas por meio de uma nova filosofia regulatória. Ou seja, a desregulação gerou uma "re-regulação" de diferente natureza (Moreira, 1997, p.43). Na verdade, atualmente, as economias capitalistas são mistas (Estado, mercado e associações) quanto ao modelo de coordenação econômica e, por mais liberal que sejam, não dispensam níveis de regulação mais ou menos intensos (Moreira, 1997, p.43-5).

Paralelo ao crescimento do segmento privado como provedor suplementar de assistência médica, não só o mercado lucrativo tem sido regulamentado no Brasil. As associações e entidades privadas não lucrativas, que oferecem serviços sociais e de saúde à população, também estão sendo regulamentadas pelo Estado. Assim, o Estado visa suprir as falhas do setor privado lucrativo e o do não lucrativo, construindo mecanismos jurídicos que possibilitem, ainda que seja num plano ideal, a equalização das atividades desses agentes.

A regulação das entidades filantrópicas surgiu no Brasil a partir da Lei Orgânica da Assistência Social (LOAS). A Lei n. 8.742, de 7 dez. 1993 (LOAS), revê a Política de Assistência Social nos planos jurídico-institucional e conceitual. A assistência social passou a se constituir como direito a ser garantido pelo Estado e articulado às demais políticas sociais. Deve desenvolver-se de forma descentralizada e com a participação da sociedade civil, que passa a ter assento obrigatório nos Conselhos de Assistência Social.[8] A LOAS/93 considera como entidades e organizações de assistência social aquelas que prestam, sem fins lucrativos, atendimentos e assessoramento aos beneficiários abrangidos por essa Lei, bem como as que atuam na defesa e garantia de seus direitos (Artigo 3º). Para uma entidade ser considerada filantrópica, é necessário, dentro de outras exigências, ter o Certificado de Entidade Beneficente de Assistência Social (CEBAS), documento fundamental para a obtenção das isenções e imunidades tributárias junto aos órgãos competentes.

A partir de 1996, intensificaram-se os debates e a movimentação de entidades sem fins lucrativos, liderados pelo Conselho da Comunidade Solidária,[9] criado pelo governo federal em 1995, e que atuou basicamente sob três formas distintas: fortalecimento da sociedade civil, interlocução política e realização de programas inovadores. Esse debate culminou com a aprovação de uma nova regulação para diferentes organizações sem fins lucrativos e de interesse público, também conhecida como novo "Marco

---
8 O Conselho Nacional de Assistência Social é o órgão do governo brasileiro, hoje vinculado ao Ministério do Desenvolvimento Social e Combate à Fome, reponsável pela coordenação da política nacional de assistência social. Criado pela LOAS, número 8.742, de 7 dez. 1993, tem como princípios: supremacia do atendimento às necessidades sociais sobre as exigências de rentabilidade econômica; universalização dos direitos sociais, a fim de tornar o destinatário da ação assistencial alcançável pelas demais políticas públicas; respeito à dignidade do cidadão, à sua autonomia e ao seu direito a benefícios e serviços de qualidade, bem como à convivência familiar e comunitária, vedando-se qualquer comprovação vexatória de necessidade; igualdade de direitos no acesso ao atendimento, sem discriminação de qualquer natureza, garantindo-se equivalência às populações urbanas e rurais; divulgação ampla dos benefícios, serviços, programas e projetos assistenciais, bem como dos recursos oferecidos pelo Poder Público e dos critérios para sua concessão. Ver o sítio eletrônico: http://www.mds.gov.br/cnas/
9 Esse Conselho pertenceu ao Programa Comunidade Solidária, criado em 1995, por Decreto do presidente da República do Brasil, Fernando Henrique Cardoso. Teve como objetivo atender, por meio de políticas sociais, os segmentos mais pobres do país. Sua proposta consistiu em atuar em parceria nos três níveis de governo (federal, estadual e municipal) e a participação da sociedade civil em suas diversas formas de organização e expressão. A parceria e a descentralização caracterizam a proposta do Programa Comunidade Solidária, introduzindo novas formas de gerenciar programas sociais. A atuação do Conselho é consultiva à Presidência da República, nomeado pelo presidente da República e vinculado à Casa Civil. Integrado por dez ministros de Estado, pela Secretaria Executiva do Programa Comunidade Solidária e por vinte e uma personalidades da sociedade civil. Ver: Peliano, Ana Maria T. Medeiros et al., 1995.

Legal do Terceiro Setor". Na trajetória do Estado para unir forças com a sociedade civil, editou em fevereiro de 1998 a Lei n. 9.608, que definiu o serviço voluntário e estabeleceu o termo de adesão entre o prestador de serviço e a organização, normatizando o não estabelecimento de vínculo empregatício e de obrigações trabalhistas quando da ocorrência do serviço voluntário.

Temos também como novo arranjo institucional a criação das *Organizações Sociais*, regularizadas por meio da Medida Provisória n. 1.591, que as instituiu, abrangendo diversos setores de atuação como saúde, cultura, ensino, pesquisa, entre outros. Em 15 maio 1998, essa medida foi transformada na Lei n. 9.637, que dispõe sobre a qualificação de entidades como organizações sociais. Tais organizações são entendidas como a união de pessoas privadas com fins públicos, sem finalidade lucrativa, constituídas voluntariamente por particulares e agindo como auxiliares do Estado na persecução de atividades de relevante interesse público. Segundo Tanaka e Melo (2002), a proposta das "organizações sociais" é uma "nova" forma de desenvolvimento de parceria entre o setor público e o privado, idealizada pelo governo federal, e já adotada em alguns estados da União, tendo sido o único mecanismo de publicização de hospitais públicos posto em prática pelo Estado.

Em março de 1999, foi sancionada a Lei n. 9.790 (Lei das Organização da Sociedade Civil de Interesse Público – OSCIPs), que destaca os seguintes pontos: os novos critérios de classificação das entidades sem fins lucrativos de caráter público, inclusive reconhecendo outras áreas de atuação social antes não contempladas legalmente; as novas possibilidades de articulação entre o direito privado e público; a possibilidade de remuneração dos dirigentes das instituições sem fins lucrativos. A entidade jurídica OSCIP foi criada por essa Lei para caracterizar as organizações com vínculo de cooperação com o Estado na execução de atividades de interesse público, por meio do "Termo de Parceria".

Em 2002, no campo das novas regulamentações, o Brasil passou a contar com um novo Código Civil. Nesse novo Código, regido pela Lei n. 10.406, de 11 jan. 2002, as Entidades Sem Fins Lucrativos passaram a corresponder a três figuras jurídicas: associações, fundações e organizações religiosas. Em seu Artigo 53, as associações se constituem pela união de pessoas que se organizam para fins não econômicos; e as fundações são criadas por um instituidor, mediante escritura pública ou testamento, a partir de uma dotação especial de bens livres, especificando o fim a que se destina, e declarando, se quiser, a maneira de administrá-la. As organizações religiosas foram consideradas como uma terceira categoria, a partir da Lei n. 10.824, de 22 dez. 2003, que estabeleceu como pessoa jurídica de direito privado as organizações religiosas, que anteriormente se enquadravam na figura jurídica de associações.

No bojo do surgimento de novas organizações sociais privadas voltadas para o interesse público, algumas empresas privadas, em particular as grandes, passaram a criar fundações e institutos empresariais com o objetivo de construir um "braço social empresarial", por meio do manto da Responsabilidade Social das Empresas, assunto que será mais detalhado no capítulo 3. Porém, aqui, vale assinalarmos a ambiguidade política dessas organizações sociais empresariais, destacando o dilema da regulamentação de suas atividades sociais. Ao mesmo tempo em que não querem ser controladas pelo Estado, querem obter as isenções fiscais referidas às entidades sociais sem fins lucrativos.

No caso de fundações e institutos empresariais que realizam ações de cunho social na saúde, o Estado não destina a elas recursos orçamentários da União, por meio do SUS. O investimento social privado dessas empresas por não estar vinculado juridicamente ao SUS pode vir a atuar como um *plus* em programas desenvolvidos pelo Ministério da Saúde. É uma ação social voluntária de empresas e não está regulada pelo Estado diretamente, apesar de o Ministério da Saúde normatizar e fiscalizar diretrizes técnicas de qualquer evento em saúde no país ou pelo estabelecimento de parcerias. Contudo, as empresas, por meio de seus "braços sociais", têm se mobilizado para manterem privilégios fiscais com a justificativa de que atuam de maneira semelhante às demais organizações da sociedade civil. Este é um debate acirrado, em curso no Brasil, sobre benesses de transferência de recursos públicos à essas organizações sociais empresariais.

Percebemos que as empresas, por meio da ideia da Responsabilidade Social, se expandem no Brasil sob o "guarda-chuva" do Terceiro Setor e se imbricam e se infliltram em movimentos sociais permeáveis aos paradigmas empresariais. O Brasil tem reunido uma vasta e recente construção de um sistema de regulação do setor filantrópico, com uma arquitetura institucional bastante abrangente e complexa. Contudo, a questão de envolver empresas que realizam ações sociais na mesma categoria das organizações sociais de base comunitária pode acarretar múltiplos equívocos operacionais. As empresas, valendo-se dos mesmos méritos dos movimentos da sociedade civil, passam a exigir também leis de incentivo para o repasse de dinheiro público, na medida em que observamos a tendência descentralizadora do Estado, que transfere recursos para atender às demandas sociais, fragmentando e fragilizando cada vez mais as políticas sociais, em particular, o sistema de saúde.

Portanto, estabelecer a diferença entre ONGs que lutam pela emancipação social, daquelas criadas e/ou controladas por empresas é uma importante decisão para a política pública. Se não for realizada essa distinção entre o papel das organizações de base comunitária e o das fundações empresariais, podemos contribuir para o entendimento de que as empresas, agindo de forma voluntária, por meio da Responsabilidade Social, não necessitam arcar com a carga tributária que convém a qualquer empresa privada com fins lucrativos; e, consequentemente, atuando por meio do discurso do "interesse público" promovem a "boa imagem" socialmente responsável de suas atividades econômicas com os recursos financeiros do Estado.

2. Responsabilidade e solidariedade na contemporaneidade

A sociedade acuada pelo desemprego, renda mal distribuída, precarização de setores populacionais urbanos e violência, vem criando um novo tipo de solidariedade, ao largo da ação estatal ou da caridade postulada pela Igreja. No movimento de retração estatal dos anos 1980, o poder, antes localizado no Estado, dá lugar a um poder difuso, que se estende por uma rede de relações e por campos setoriais, como grupos de mulheres, de jovens, de aposentados, étnicos, ambientalistas etc. Surgem as Organizações não governamentais (ONGs) como canais não oficiais, dando apoio internacional a microprojetos sociais e dirigidos para o nível local. Muitas vezes, o trabalho de uma ONG não se limita a uma definição territorial e nem mesmo funcional, como o ativismo dos movimentos sociais transnacionais. As iniciativas da sociedade civil apontam para o surgimento de uma nova cultura política no Brasil, uma vez que as práticas sociais são orientadas por um novo nível de condutas, normas e valores em relação ao interesse público (Avritzer, 1995).

No entanto, nem todos os movimentos da sociedade civil têm impactos positivos para a sociedade. Muitos deles têm relação negativa com o restante da sociedade e tendem a resistir a transformações. Muitos desses movimentos mostram um aspecto não cívico como os que acentuam o preconceito racial, os de caráter paramilitar, as famílias da Máfia, gangues de jovens (Reilly, 1999, p.425; Portes; Landolf, 1996) e o tráfico organizado de drogas. Castells (1999b) destaca os movimentos segregacionistas como movimentos que constroem uma identidade defensiva e reverte o julgamento de valores, ao mesmo tempo em que reforçam os limites de resistência (fundamentalistas religiosos, nacionalistas exaltados, movimentos contrários ao homossexualismo etc.).

Outras respostas vêm sendo construídas tanto pela ideologia neoliberal (hegemônicos) quanto por movimentos sociais de resistência contra-hegemônicos. Para Santos (2001a, p.88), esses movimentos sociais de contestação e resistência contra-hegemônicos ainda são bastante incipientes, mas podem ser divididos em dois tipos. O primeiro é o cosmopolitismo, formado por organizações transnacionais da resistência de Estados-Nações, regiões, classes ou grupos sociais vitimizados pelas trocas desiguais; que lutam contra a exclusão, a inclusão subalterna, a dependência e a desintegração. A resistência se expressa, por exemplo, por meio de movimentos e organizações no interior das periferias, da articulação entre trabalhadores e organizações operárias internacionais, de redes de solidariedade internacional e movimentos literários e artísticos em busca de valores culturais alternativos. O segundo tipo trata de lutas transnacionais pela proteção, preservação e desmercadorização dos patrimônios comuns da humanidade. Apesar de não serem de base classista, são coligações de interesses que visam à luta pela emancipação das classes dominadas por mecanismos de opressão e/ou exploração.

Para Santos (1999a, p.88), as práticas de classe deixaram de se traduzir em políticas de classe e os partidos de esquerda se veem forçados a atenuarem sua ideologia programática. Os movimentos sociais são orientados por reivindicações pós-materialistas (a ecologia, a postura antinuclear, o pacifismo, os direitos humanos). A descoberta de que o capitalismo produziu classes é complementada pela descoberta que também produz diferenças, como, por exemplo, as sexuais e raciais, o que gera os movimentos sexistas e o antirracismo.

O filósofo político brasileiro, Renato Janine Ribeiro (2000), afirma que, hoje, a ação social tem sido pulverizada por grupos sociais que foram perseguidos e querem ser compensados, e desenvolvem políticas sociais que tendem a atacar a desigualdade social, mediante a ideia da progressão dos mais pobres que tenham mérito. Com isso, acabam por pulverizar também a vida política, pois não pensam a sociedade como um todo, mas somente pela força relativa de cada grupo social. Para esse autor, não há apenas a perda do universal, mas do espaço público comum. O problema está no tipo de reivindicação desses grupos, que acentuam a homogeneidade de seus membros, até conceber que somente seja possível a relação social entre iguais.

Em relação aos novos movimentos sociais, Dupas (2003) afirma que suas reivindicações são centradas sobre uma problemática de identidade e afirmação, em busca de um reconhecimento de sua diferença e autonomia. Para o autor, o meio em que esses movimentos sociais evoluem não é mais o espaço político e institucional, mas aquele formado por organizações especializadas com estratégias autônomas, sem nenhum objetivo de elaborar uma nova concepção de sociedade com base em um projeto coletivo mais amplo.

Portanto, a solidariedade construída em torno desses movimentos sociais é uma resposta individualista que se tornou hegemônica diante das questões sociais. Deixa de ser uma resposta da responsabilidade privilegiada do Estado ou de todos que contribuem compulsoriamente para o seu financiamento. Agora, predomina o discurso *mainstream* da autorresponsabilidade de indivíduos, inclusive daqueles que possuem mais necessidade. Assim, as soluções para os problemas sociais deixam de ser um direito dos cidadãos para ser um trabalho voluntário de solidariedade. Ser responsável está na ordem do dia. Mas quem se responsabiliza pelo desemprego e pelas mazelas e catástrofes do mundo contemporâneo? O que significa, atualmente, ter responsabilidade e solidariedade? Existe algum sentido moral contido na estratégia da responsabilidade social das empresas?

2.1 Responsabilidade e coesão social

A responsabilidade é uma categoria com pouca visibilidade, seja no discurso social ou em argumentos teóricos. Não teve a centralidade comparável às outras categorias, tais como a liberdade, igualdade e solidariedade. Strydom, citado por Domingues (2002), sugeriu que o quadro cognitivo da responsabilidade estaria, no começo do século XXI, tomando o lugar da justiça.

O conceito de responsabilidade só surgiu no dicionário filosófico no século XVIII; proveniente do direito, continua a ser marcado por essa origem (Etchegoyen, 1993, p.42). Etimologicamente, a palavra "responsabilidade" deriva do latim, *respondere* (responder), que significa ser capaz de comprometer-se, mostrar-se digno ou à altura de algo. Do ponto de vista jurídico, o termo é delimitado ao campo da *responsabilidade civil* (a obrigação de reparar os danos ou prejuízos causados a outros) e da *responsabilidade penal* (a obrigação de sofrer a punição pelos delitos ou crimes praticados). Uma e outra são aplicadas de acordo com a lei estabelecida e pode-se ver o lugar atribuído à ideia de obrigação: de indenizar ou de sofrer a pena. Para Ricoeur (1995, p.41-2), isso é bastante claro no plano jurídico; contudo, é de causar estranheza o termo ser tão recente na tradição filosófica, na medida em que a proliferação e a dispersão do termo vão muito além dos limites assinalados pelo uso jurídico.

Conforme Ricoeur (1995, p.42), somos responsáveis pelas consequências de nossos atos, mas também pelos outros, na medida em que estão ao nosso cargo ou ao nosso cuidado e, eventualmente, muito além. Ou seja, temos obrigações para com tudo e por todos. Para o autor, é esse sentido que deve ser transbordado para a filosofia moral. Em seguida, questiona:

> Responsável de quê? Do que é frágil; hoje é isto que nos inclinamos a responder [...] numa época em que a vítima, o risco de acidentes, o prejuízo sofrido, ocupam o centro da problemática jurídica da responsabilidade, não é de estranhar que o vulnerável, o frágil sejam igualmente no plano moral, tidos como o verdadeiro objeto da responsabilidade, sejam tidos por aquilo de que se é responsável. [...] Esta deslocação do objeto da responsabilidade [...] promoveu o outro à condição de objeto de cuidado; [...] nos tornamos responsáveis pelo prejuízo porque, em primeiro lugar, somos responsáveis pelo outro (Ricoeur, 1995, p.63, tradução da autora).

Parece que, para compreendermos o atual conceito de responsabilidade, teremos que entendê-la por meio de sua ligação com a ideia de culpabilidade e do poder dos agentes na sua relação com o outro. A maior parte dos nossos atos tem efeitos em cadeia, que podem ser ínfimos ou perdurarem no tempo e, muitas vezes, não temos ideia da dimensão desses efeitos. Essa é a complexidade de nosso tempo. Do ponto de vista filosófico ou moral, a responsabilidade é a capacidade e a obrigação de assumirmos os nossos atos, isto é, considerá-los nossos atos e, portanto, responder por eles, arcando com suas consequências. Portanto, é sempre difícil e muito problemático sabermos onde começam e terminam os limites de nossa responsabilidade.

Desde o século XIX, o "erro" e o "risco" foram fundamentados pela responsabilidade civil: somos responsáveis pelos danos que causamos não apenas pelos nossos atos, mas também pela nossa negligência ou imprudência. Somos responsáveis também por aquele dano causado por pessoas por quem devemos responder ou por coisa que temos à nossa guarda. Conforme afirma Etchegoyen (1993), a crescente demanda de seguros contra os riscos é resultado da convicção de um sintoma decisivo que demarca as aceitações do direito civil e da moralidade: "quando a responsabilidade é de natureza moral, é impossível segurá-la" (p.46). Foram os novos acidentes (do trabalho e da circulação) que deram os argumentos para a tese do *risco*. Com o sistema de seguros, a preocupação passou a ser com a *indenização* das vítimas. Nesse sentido, a responsabilidade jurídica perde toda a dimensão moral, isto é, "o vencedor é aquele que tem o melhor advogado" (Etchegoyen, 1993, p.44). De acordo com esse autor, o desvio da dimensão moral da responsabilidade acentuou-se por meio da extensão da dimensão do fenômeno dos seguros em nossa sociedade, que nos fez esquecer a noção da responsabilidade moral, pois "o seguro apaga o erro e o risco nas dimensões de reparação" (p.45).

Segundo Ricoeur (1995), atualmente ocorre uma desmoralização das raízes da imputação, que chega a cancelar a obrigação, em seu sentido de constrangimento social, até do constrangimento social interiorizado. Atualmente, estaria ocorrendo uma reformulação jurídica da responsabilidade, em que a ideia do erro tem sido substituída pela de risco e perigo, de maneira que a penalização da responsabilidade civil não envolve a responsabilização e a culpa. Portanto, para Ricoeur, estaríamos vivendo uma responsabilidade sem erro, em que a vítima não mais procura exigir a reparação, mas passa a querer a indenização. Em outra medida, o autor aponta que existe também uma visão restrita de responsabilidade até uma visão mais ampla de responsabilidade ilimitada. Assim, a responsabilidade é de todos e acaba sendo de ninguém. De acordo com Capellin (2004, p.109-117), devemos encontrar uma justa medida dessa arbitragem: nem fugir da responsabilidade, nem tampouco inflacionar uma imagem de responsabilidade infinita.

Para o filósofo alemão Otto K. Apel (1991), não existe propriamente uma responsabilidade moral coletiva. O que existe é uma partilha individual de responsabilidades de várias pessoas envolvidas numa mesma responsabilidade; ou seja, uma corresponsabilidade ou uma responsabilidade solidária. Perante os avanços tecnocientíficos que ameaçam a espécie humana, só resta um caminho: o da responsabilidade solidária. Cada indivíduo, com seus argumentos, deve cooperar na fundamentação das normas morais e jurídicas suscetíveis de consenso. Essas normas, uma vez submetidas à crítica da opinião pública, serviriam como um horizonte normativo em que cada indivíduo poderia encontrar os critérios para decidir em que situações e casos há a obrigação moral de assumir essa responsabilidade solidária e, consequentemente, agir em conformidade com ela (Apel, 1991).

Sobre a distribuição da responsabilidade, Boaventura Santos (2000, p.104-6) tem algo a acrescentar. Ele afirma que toda a responsabilidade é corresponsabilidade e deve ser centrada na solidariedade com o futuro. O problema é saber como determinar a correspondência entre a cota-parte de responsabilidade partilhada e a cota-parte das consequências a partilhar. Para o autor, essas cotas raramente coincidem, na medida em que as consequências mais negativas tendem a atingir prioritariamente as populações e os grupos sociais com menor responsabilidade na concepção das ações que a provocaram.

A responsabilidade toma o sentido de dimensão moral quando o agente responsável (seja individual ou institucional) é confrontado com um olhar que ultrapassa os limites de seu próprio território. O outro, ou a imanência do outro, se volta para sua própria consciência, e por isso não existe moralidade possível sem a solicitação da consciência. Portanto, a responsabilidade não é definida em absoluto *a priori*, mas revela-se como fruto do próprio processo de relação mútua entre atores. É nessa interpelação que são colocadas as seguintes questões: quais relações de poder estão em jogo; como se negociam as tarefas; quais as regras em construção; que modalidades de comunicação são utilizadas; como evoluem as práticas ao longo do tempo; qual o peso da parte afetiva e do sentimento de obrigação? (Charbonneau; Estèbe, 2001, p.8).

Michel Métayer (2001, p.23-6) denomina esses processos de interdependência da responsabilidade de *práticas de mútua interpelação*, por se tratarem de sequências de trocas em que as funções de quem interpela (questiona ou pede) e de quem responde (pelos seus atos) se intercambiam. Em outras palavras, aquele que imputa uma responsabilidade a outro tem também, por sua vez, "contas a prestar" em função de compromissos que assumiu e, que se sente mais ou menos obrigado a cumprir. Ser responsável por si se constrói e se solidifica na articulação com outros, na resposta ao outro e às suas interpelações.

O conceito de *responsabilidade* possui inúmeras variações e projeções, as quais, durante a modernidade, contrapuseram o indivíduo e o Estado. De um lado, pela via liberal, a tendência é focalizar a *responsabilidade individual* como fator decisivo para o conforto material da sociedade. Nesse caso, enfatiza-se que a propensão para a resolução dos problemas sociais estaria a cargo dos indivíduos. Eles próprios assumiriam a responsabilidade para com suas próprias vidas. Portanto, se os indivíduos são incapazes e inábeis para cuidar de sua própria vida, não poderão cuidar do bem-estar de outros. No momento em que os indivíduos internalizam a responsabilidade pelo seu próprio bem-estar, pelo seu futuro e pelas consequências de suas ações, terão, então, capacidade de aceitar a responsabilidade pelo outro. A responsabilidade individual internalizada tomará forma coletiva, quando os membros do grupo estiverem aptos e dispostos a ter responsabilidade para consigo e para com seus dependentes, como um grupo (Schmidtz, 1998).

Como a responsabilidade moral não pode ser imposta, nem delegada ou estabelecida arbitrariamente por legislação, acaba por sugerir que ela é uma iniciativa individual, ou seja, de "foro íntimo". Somos moralmente responsáveis quando, conscientemente, nos reconhecemos autores de nossos atos; cabendo a nós respondermos por eles, perante o "tribunal" interior de nossa consciência. Essa consciência dependerá da habilidade cultural de cada sociedade e da capacidade de suas instituições de inculcar expectativas e valores de responsabilidade individual. Logo, algumas sociedades possuem uma história que possibilita que as pessoas tenham responsabilidade para consigo próprias, como um grupo, e outras, não (Schmidtz, 1998, p.23). Assim, as preocupações com a vida social acabam recaindo sobre a responsabilidade dos cidadãos – como indivíduos.

Outra vertente teórica dirige sua atenção para a *responsabilidade coletiva* visando o bem-estar social (Goodin, 1998). Aqui, não se nega a importância da responsabilidade individual para com a coletividade; porém, a diferença está na ênfase dada à coletivização da responsabilidade moral individual e no efeito que isso causa para a criação de políticas de bem-estar social. Goodin aponta que, pelo fato de a sociedade não ser uma entidade metafísica, mas um agregado de indivíduos interagindo entre si (por exemplo, a família), o bem-estar será derivado das interações e inter-relações entre esses indivíduos. Assim, a consciência moral da responsabilidade sobre cada um é a coletivização moral para com o bem-estar dos outros. A responsabilidade individual é apenas um instrumento, não sendo um fim em si mesmo, mas um meio de se alcançar o senso de responsabilidade moral coletiva, na medida em que não existe responsabilidade individual sem a responsabilidade coletiva compartilhada moralmente.

A questão é o que devemos fazer coletivamente, não individualmente, ou seja, políticas públicas devem ser elaboradas quando os indivíduos falham em promover a responsabilidade. A individualização da responsabilidade coletiva tem limite, logo, a responsabilidade coletiva nesse caso é aquela distribuída para cada um dos membros do grupo de indivíduos que a compartilham: a mesma responsabilidade cai sobre cada um deles (Goodin, 1998, p.147).

Para o economista Amartya Sen (1999b), qualquer afirmação de que a responsabilidade social deve substituir a responsabilidade individual é contraproducente. Para o autor, não existe substituto para a responsabilidade individual, na medida em que uma divisão de responsabilidades que ponha o fardo de cuidar do interesse de uma pessoa sobre os ombros de outra pode acarretar a perda de vários aspectos importantes, como motivação, envolvimento e autoconhecimento. Se um indivíduo não possui as liberdades substantivas,[1] estará privado não só de seu bem-estar, mas do potencial

---

[1] Para Amartya Sen, as liberdades substantivas referem-se às capacidades básicas e de igualdade de oportunidades sociais, como educação, terra, incentivo a pequenos empreendedores, saúde, garantia dos direitos

para levar uma vida responsável, pois esta depende do gozo das liberdades básicas. Em suma, responsabilidade requer liberdade (Sen, 1999, p.322). A liberdade está diretamente ligada à responsabilidade, caso contrário, uma maneira individualista radical pode vir a conduzir à falta geral de responsabilidade, inclusive à negação da responsabilidade.

Assim, o argumento do apoio para expandir a liberdade das pessoas pode ser considerado a favor da responsabilidade individual e não contra. Logo, o caminho entre liberdade e responsabilidade é de mão dupla. Sem a liberdade substantiva e a capacidade para realizar alguma coisa, a pessoa não pode ser responsável por fazê-la. A liberdade é necessária e suficiente para a responsabilidade.

Para Amartya Sen, o comprometimento social com a liberdade individual, além do Estado, deve envolver também outras instituições: organizações políticas e sociais, disposições de base comunitária, instituições não governamentais de vários tipos, *mídia* e outros meios de comunicação e entendimento público. Ou seja, a visão arbitrariamente restrita de responsabilidade individual deve ser ampliada, reconhecendo-se não meramente o papel do Estado, mas também as funções de outras instituições e agentes (1999b, p.323).

Diante do quadro de mudança de referencial, encontramos também outro enfoque para a responsabilidade, voltado para uma ética comprometida com os destinos do planeta, para uma ética solidária e fraterna, baseada na visão ampla do *sujeito responsável* (Morin, 1998). Sendo a responsabilidade um problema complexo, Edgar Morin prevê que a parcela de nossa responsabilidade parte do pressuposto de estarmos, todos, no mesmo destino planetário. O que está em jogo refere-se à concretude de nossas relações, àquelas que nos ligam, efetivamente, uns aos outros.

A ideia do *sujeito responsável* está atrelada à perspectiva da generosidade, na medida em que percebo e compreendo o outro e sua diferença em relação a mim: somente "a compreensão permite conhecer o outro como sujeito e tende sempre a reumanizar o conhecimento político [...] tornando

---

humanos, proteção à infância etc. Para o autor, se existe privação dessas capacidades, não há liberdade, pois esta vai além da ausência de restrições; consiste nas capacidades, qualificações, prerrogativas de se deslocar, de participar, de estabelecer relações humanas que enriqueçam a sua existência.

as relações menos imbecis e ignóbeis" (Morin, 1998, p.73). Pressupõe-se, aqui, uma relação de alteridade e magnanimidade, na qual o outro é tão sagrado quanto eu. O ser responsável é o sujeito que comporta uma ética política baseada na ideia de que todo ser humano é dotado de dignidade pelo simples fato de ser vivo. Não só o ser humano está em questão, mas o planeta, senão o universo, por meio do que Morin chama de "ecologia da ação", a qual deve nos conduzir a uma luta para modificar nossas ações empreendidas, que acabaram por sacrificar princípios e vidas.

Para Talcott Parsons (1971), as expectativas morais intimariam a um "senso de responsabilidade" e criaria uma solidariedade entre aqueles orientados para "valores comuns", conformando, assim, uma coletividade (apud Domingues, 2002, p.254). De acordo com Domingues, a abordagem funcionalista de Parsons sobre responsabilidade – apesar de abrangente e preliminar – é decisiva para compreendermos a relação entre o Estado de Bem-Estar Social e a responsabilidade na teoria sociológica. Ao discutir responsabilidade, Parsons tem em mente a dupla tarefa do Estado frente ao bem-estar dos cidadãos. A primeira diz respeito à responsabilidade do Estado em manter a integridade da sociedade contra ameaças generalizadas. A segunda é o papel do Estado em responder ao interesse público, incluindo a defesa do território e a manutenção da ordem pública. Nesses dois sentidos, a liderança efetiva e responsável não poderia operar sem autoridade e sem "uma considerável concentração de poder" (Domingues, 2002, p.255).

Diante da atual complexidade social, quando a liberdade é envolvida por uma pluralidade de valores e o Estado parece impossibilitado de atender a todos os riscos sociais, fica difícil adotarmos a concepção centralizadora da ordem pelo Estado, ainda que tenhamos em mente que um Estado democrático deva zelar pela paz e responder adequadamente os deveres que lhe cabem.

Claus Offe (2000) afirma que nosso atual problema não pode ser colocado nos termos da famosa frase de Lênin: "O que fazer?". A questão que impõe é "quem" pode fazer, isto é, qual configuração de agentes pode ser capaz de fazer o "que precisa ser feito". Offe busca uma nova configuração institucional que pode vir a dar conta da responsabilidade sobre os desígnios de nossas vidas. As antigas opções de desenho institucional que garantam a ordem social e a coesão social estão obsoletas. A provisão da ordem e da estabilidade não pode mais se basear em soluções únicas vindas do Estado, ou do mercado, ou da comunidade. Qualquer desenho institucional monístico, ou que seja síntese mercado-Estado, Estado-comunidade, ou comunidade-mercado, tende a ignorar e destruir as contribuições que os outros (ou o outro) têm a dar (Offe, 2000, p.131).

Offe afirma que cada um dos três componentes (Estado, mercado e comunidade), geram padrões correspondentes de ordem social, na medida em que cada um deles tem papéis variáveis que não se limitam em si mesmo:

> Esse valor é a igualdade de status legal, compreendendo direitos e deveres no caso dos Estados; a liberdade de escolha no caso dos mercados; e a identidade e sua preservação (através de compromissos, solidariedade e lealdade) no caso das comunidades (Offe, 2000, p.129).

Offe conclui que nem o Estado, o mercado ou a comunidade podem ser dispensáveis, tornando-se evidente a necessidade de autolimitação de cada uma dessas esferas e de uma sintonia fina e processual, crítica e flexível entre os três componentes. Para ele, esse processo pode ser conduzido pelo capital social disponível no interior da sociedade, como uma fonte de energia que faz a democracia funcionar.

No cenário atual, importa concebermos uma nova forma de pensar a responsabilidade, que supere a polarização entre responsabilidade individual e a coletiva capturada pelo stado, típica do pensamento moderno. Para Domingues (2002), essa nova forma de responsabilidade, de tradução coletiva, só poderá ser alcançada a partir de mudanças hermenêuticas e institucionais abrangentes para a promoção da igualdade e da liberdade, na direção de relações mais democráticas, isto é, nem manipulativas, nem hierárquicas.

O desafio está em encontrar um consenso entre as diferentes visões de responsabilidade aqui apontadas, ou seja, a perspectiva ligada à motivação individual para uma ética solidária; a da *responsividade* do Estado e das empresas face aos cidadãos, criando oportunidades de escolha e decisões substantivas para as pessoas, num ambiente que potencialize as forças associativas voltadas à responsabilidade com o bem comum.

2.2 Crise e solidariedade no mundo contemporâneo

Tomassini (2000) frisa que atualmente não vivemos em uma época de mudanças, mas em uma "mudança de época", no sentido de que está em curso uma mudança de valores e uma ruptura de paradigma com relação à modernidade. Essa mudança impacta sobre as instituições, as atitudes e o comportamento da sociedade. As soluções, que antes pareciam eficazes para diagnosticar e resolver os dilemas da ação coletiva, hoje parecem frágeis e reclamam por um novo *ethos*, uma nova compreensão do mundo e do ser humano. Isso significa que o esforço de pensar um novo modelo de convivência e coesão social é um desafio e uma necessidade, sendo necessário levarmos em conta as transformações no cenário sociopolítico que se traduzem, principalmente, na emergência da globalização, dos ajustes econômicos, da financeirização e da revolução tecnológica, que produzem alterações das condições sob as quais se organizavam e se desenvolviam as atividades dos indivíduos e das coletividades. Como salienta Tomassini:

> [...] a globalização compreende fundamentalmente a difusão de um novo paradigma tecnológico, ao mesmo tempo em que a dos processos produtivos, dos movimentos financeiros, das mudanças nos mercados de trabalho, dos desenhos organizativos, das formas de gestão, da educação e das habilidades das pessoas, dos sistemas de informação e das comunicações; das formas de vida urbana e familiar, dos padrões de consumo, publicidade e mercado, dos conhecimentos, valores e preferências da cidadania e, por fim, das maneiras de fazer política e das formas de vida das sociedades e das pessoas (Tomassini, 2000, p.98, tradução da autora).

Há os que sustentam, como Rouanet (1987, p.269), a ideia de que o novo paradigma não representa nenhuma ruptura. Continuamos vivendo em uma sociedade com o modo de produção capitalista, com base na apropriação privada do excedente, e que, na verdade, a ideia de que estamos transitando para um novo paradigma é apenas o reflexo de nossas experiências traumáticas de duas guerras mundiais, da explosão da bomba atômica, dos fanatismos religiosos e políticos e da degradação dos ecossistemas. Esses fatos nos levariam, assim, a um desejo de ruptura com a modernidade envelhecida e não propriamente a convicção de que essa ruptura já ocorreu, ou está em vias de ocorrer.

Para Fredric Jameson (1997), existe, sim, uma ruptura; e ela não ocorre entre a sociedade pós-industrial e a sociedade industrial, mas dentro do próprio capitalismo. Não se trata agora, como antes, de transformação de infraestrutura, mas é a cultura que deixa de ser uma expressão relativamente autônoma da organização social e se torna a lógica de todo o capitalismo multinacional. Para esse autor, a dissolução da esfera autônoma da cultura significa a expansão da cultura por todo o domínio do social – do valor econômico e do poder do Estado às práticas e à própria estrutura inconsciente. A mudança dialética do capitalismo se volta para o visual, para a cultura da imagem da ética e da estética (como pastiche) e sua enorme difusão em todo o campo social (2001, p.103).

Diante de tantos problemas, a humanidade sente-se em crise. Usamos a palavra "crise" para expressar um novo tipo de ansiedade, não em relação ao nosso estado de indecisão, "mas o de impossibilidade de decisão" (Bauman, 1999). Para o autor, a abundância de valores concorrentes *não* denota sinal de *crise*. Ao contrário, pode sinalizar uma atmosfera que se oponha à ideia de que a conduta responsável do sujeito moral é definida pela conformidade à norma anteriormente estabelecida, e instigue os indivíduos a assumirem responsabilidade:

> Se a multiplicidade de valores que requerem julgamento e escolha é sinal de 'crise de valores', então precisamos aceitar que tal crise é o lugar natural da moralidade: só nesse lugar a liberdade, a autonomia, a responsabilidade e o juízo – que se destacam entre as características indispensáveis do eu moral – podem crescer e amadurecer. A multiplicidade de valores não garante por si só que os eus morais irão de fato crescer e amadurecer. Mas sem ela tem pouca chance de fazê-lo (Bauman, 1999, p.153-4).

Não existe ainda um consenso capaz de definir adequadamente a época em que vivemos. Estamos diante de uma transição histórica do capitalismo, em que as incertezas dos processos da globalização criam uma tensão nas relações entre Estado e sociedade. Múltiplas percepções se traduzem em modo diferente de entender a estrutura do mundo, das relações pessoais e interpessoais. Surge uma grande pressão para mudar a "visão de mundo", a cultura política e a ética. Com o abalo do contrato social, estabelecido pela sociedade securitária e regulado pelo Estado, uma *nova questão social* surge e, com ela, emerge a questão da solidariedade.

Contudo, o tema não é novidade para a nossa época. As reflexões sobre solidariedade tiveram como marco as ideias de Durkheim no século XIX, caracterizadas pela instabilidade política e por guerras civis (Terceira República Francesa – 1870/1904). A sociedade europeia mostrava-se pouco integrada e cheia de contradições aos olhos de Durkheim. A família e a religião acusavam sinais de enfraquecimento de suas antigas funções. As ideias e valores da velha ordem social foram destruídos pelo vendaval revolucionário de 1789, e, portanto, era necessário criar um novo sistema científico e moral que se harmonizasse com a ordem industrial emergente. Quando, em uma sociedade, as relações sociais não estão regulamentadas ou as relações são precárias e as regras que as equilibram são indefinidas e vagas, torna-se difícil ou impossível chegar a situações de equilíbrio. É o que Durkheim denominou de sociedade em estado de *anomia* (Durkheim, 1967, p.313). Quando a sociedade é perturbada por uma crise, ela se torna momentaneamente incapacitada de exercer sobre seus membros o papel de freio moral, de uma consciência superior à dos indivíduos. Estes deixam, então, de ser solidários, e a própria coesão social se vê ameaçada:

> [...] as tréguas impostas pela violência são provisórias e não pacificam os espíritos. As paixões humanas não se detêm senão diante de um poder moral que respeitem. Se toda autoridade desse tipo faz falta, é a lei do mais forte que reina e, latente ou agudo, o estado de guerra é necessariamente crônico (Durkheim, 1967, p.8).

Durkheim diz que solidariedade é um conceito abstrato, uma essência, um princípio que não existe; o que existe são formas concretas de solidariedade. Como são da mesma ordem, solidariedade pode ser classificada em *mecânica* e *orgânica*. Quando os vínculos que ligam o indivíduo à sociedade têm como base a similitude, no alto grau de homogeneidade interna de dada sociedade, a solidariedade é *mecânica*. Quando ocorre o aumento da densidade material (demográfica e das vias de comunicação e transmissão rápidas) e, consequentemente, do aumento da densidade moral, surge o problema da coesão social, na medida em que aumenta a competitividade entre os membros da sociedade. Para diminuir a competição, ocorre a divisão do trabalho. Ela surge para repor a solidariedade e aumentá-la, na medida em que a divisão social aumenta a interdependência. A função da divisão do trabalho é, enfim, integrar o corpo social, assegurar-lhe unidade. Portanto, é uma condição de existência da sociedade organizada, uma necessidade (solidariedade orgânica). A integração social se realiza por meio da aceitação de um conjunto de normas e regras, expressas como condicionantes do comportamento do indivíduo em sociedade. Ser parte da sociedade implica necessariamente aceitar e cumprir essas normas sacralizadas na sociedade.

Para Durkheim, o grupo profissional ou a corporação, por ser mais próximo da sociedade, é mais competente para "conhecer bem seu funcionamento, para sentir todas as suas necessidades e seguir todas as suas variações" (Durkheim, 1967, p.10). Enfim, o mundo do trabalho seria capaz de exercer sobre os membros de um grupo profissional uma regulamentação moral capaz de refrear certos impulsos e encerrar os estados *anômicos*, quando eles se manifestassem.

Na perspectiva da Teoria marxista, os trabalhadores criariam uma nova forma de solidariedade a partir da revolução proposta por Marx e Engels (1978), que se fundamenta na análise científica do capitalismo e nela encontra as maneiras pelas quais os trabalhadores, conscientes e organizados, realizariam sua própria emancipação. A Teoria marxista não pode ser confundida com as teorias utópicas e libertárias, porque não se baseia na miséria, na infelicidade e na injustiça em que estão submetidos os trabalhadores. No *Manifesto Comunista*, Marx e Engels conclamam os proletários do mundo todo a se unirem e a se organizarem para a longa luta contra o capitalismo. Na tradição socialista, a solidariedade provém do interesse comum de classe que imprime em cada um de seus membros a obrigação moral de responsabilizar-se pelo destino do outro. Este é o sentido em que o termo solidariedade foi empregado nas lutas dos trabalhadores, em que o destino do outro é decorrência do pertencimento comum de classe.

Conforme Robert Castel (1998), nos anos 1970 e 1980, era plausível o controle de zonas de precariedade social. Atualmente, a vulnerabilidade expandiu-se devido à *desfiliação* dos indivíduos do mercado de trabalho produzindo o esgarçamento dos laços de reciprocidade intracomunal. Os esforços têm sido direcionados para a construção e/ou reconstrução da sociabilidade, pois existe a expectativa de que relações de cooperação entre os membros da sociedade contribuem na organização de ações coletivas capazes de promover o desenvolvimento social. Contudo, para Castel, não há saída, pois as tentativas de inserção são frágeis; e a integração e inserção poderão ser exequíveis somente com a inclusão de todos em uma sociedade de trabalho renovada.

No enfrentamento das questões sociais que surgem ao lado da *marginalidade avançada*, Wacquant (2001) prevê três alternativas para o Estado-nação. A primeira consiste em *remendar* os programas existentes do Estado-Providência, como resposta retificadora à dilaceração causada pela polarização urbana. Porém, em vez de enfrentar a marginalidade, essa alternativa acaba por perpetuá-la, "na medida em que alimenta a cacofonia e a ineficiência burocrática". A segunda alternativa consiste em criminalizar a pobreza por meio do confinamento punitivo dos pobres em bairros cada vez mais isolados e estigmatizados, por um lado, e em cadeias e penitenciárias, por outro. Disso resultará uma convergência "ascendente" no campo penal e uma nova explosão de inflação carcerária. A terceira, que Wacquant considera progressista, "aponta para uma fundamental reconstrução do Estado de bem-estar", como a única resposta viável ao desafio que a marginalidade avançada representa para as sociedades democráticas (Wacquant, 2001, p.194-5).

Rosanvallon (1997) vê o verdadeiro desafio na busca de um novo contrato social entre indivíduos, grupos e classes, que produza maior densidade da sociedade civil e que desenvolva espaços de troca e de solidariedade voluntária. A perda da clareza sobre as finalidades do Estado gerou uma crise no sistema de solidariedade social, antes desenvolvido com a intermediação do Estado. As relações sociais tornaram-se opacas, não conduzindo a uma "solidariedade completa, mas a uma situação de guerra de todos contra todos" (Rosanvallon, 1997, p.34). Para superar as alternativas estatistas e de mercado, Rosanvallon propõe reinserir a solidariedade na sociedade. Assim, a sociedade tornar-se-á mais densa, voltada para si mesma, com indivíduos inseridos voluntariamente em "redes de solidariedade direta" (Rosanvallon,1997, p.90).

Para Domingues (2002), a atual complexidade e a pluralidade das relações sociais tornam a questão da integração social menos previsível. Segundo o autor, a reflexão contemporânea não deve se limitar ao debate restrito do papel do Estado ou do mercado como entes na produção de solidariedade. Importa, agora, empreendermos uma discussão sobre a relação entre solidariedade e coordenação social. Atualmente, a sociedade está caracterizada pela presença de uma pluralidade de atores sociais disputando, convergindo e divergindo quanto à produção do bem-estar social. Sofremos as influências globalizantes e, diante do multiculturalismo, convivemos com uma multiplicação de diferentes estilos de vida. A solidariedade centrada no Estado passou a ser mais diluída, e este se tornou mais fluido. Seu poder, compartilhado com o mercado e comunidades, tornou essas relações mais flexíveis e plurais.

Para Ulrich Beck (1998), a sociedade atual não é apenas pós-moderna, globalizada e individualizada, mas também uma "sociedade do risco". O autor afirma que a incerteza e a precariedade se instalaram no seio da ordem social e na vida de cada um de nós. As mudanças profundas ocorridas nas instituições basilares da solidariedade tornaram os resultados das decisões individuais, em certos domínios da vida cotidiana, e aumentaram a noção de risco. Anteriormente, os riscos e os acidentes eram sensorialmente evidentes; hoje, são globais, impessoais e escapam à percepção humana. Para Beck, a "sociedade do risco" é uma sociedade catastrófica (p.30). Enquanto, nas sociedades de classe, a solidariedade era realizada para rechaçar a miséria, o movimento que se põe em marcha na sociedade do risco é a da *solidariedade do medo*, que acaba por se converter em força política. Quanto a este aspecto, o autor acrescenta, questionando:

> Segue sem estar nada claro como opera a força decisiva do medo. Até que ponto podem resistir as comunidades do medo? Que motivações e energias de atuação as põem em movimento? Como se comporta esta nova comunidade solidária dos medrosos? Fará saltar a força social do medo o cálculo individual do benefício? Até que ponto as comunidades ameaçadas pelo medo estão dispostas ao compromisso? Em que formas de atuação se organizam? Impulsa o medo ao irracionalismo, ao extremismo, ao fanatismo? O medo não havia sido até agora uma base de atuação racional. Tampouco já vale esta suposição? Será o medo, ao invés da miséria material, uma base muito instável para os movimentos políticos? Poderá ser dividida a comunidade do medo pela fina corrente de ar das contrainformações? (Beck, 1998, p.56, tradução da autora).

Entendemos solidariedade como um sentido moral que vincula o indivíduo à vida, aos interesses de um grupo social, de uma nação ou da humanidade. Além de um preceito moral, solidariedade é uma palavra de ordem, significando que o ônus de cada um deve ser redistribuído entre os membros da comunidade solidária; lembrando o velho ditado popular: "um por todos e todos por um". Ser solidário significa colocar-se conscientemente no lugar do outro, identificar-se com o destino do outro. Nesse sentido, solidariedade é a relação de responsabilidade entre pessoas unidas por interesses comuns, de maneira que cada elemento do grupo sinta a obrigação moral de apoiar os outros. Contudo, não é suficiente que a solidariedade se apresente, unicamente, como consciência moral. É preciso institucionalizar a solidariedade em reais possibilidades de comportamento, na medida em que ela é um produto da cultura política e fruto do processo civilizatório. Solidariedade significa, assim, a responsabilização coletiva pela garantia de uma vida digna e, para tanto, precisa ser operacionalizada institucionalmente.

2.3 Redes estratégicas de solidariedade

A institucionalização da solidariedade, via segurança social estatal, nos países pobres, nunca atingiu seu ápice. No Brasil, pelo fato do Estado-

Providência ser limitado e excludente, criou-se para várias situações um estado de natureza no sentido hobbesiano, em que cada um administra seus problemas por conta própria.

A limitação da providência estatal, em alguma medida, tem sido sublimada pela existência de solidariedades primárias geridas, exatamente para compensar a insuficiência do Estado-Providência. São relações e práticas sociais que, por via de trocas não mercantis de bens e serviços, asseguraram o bem-estar e a proteção social que, em sociedades mais desenvolvidas, foram asseguradas pelo Estado-Providência. Essa solidariedade vinda da família, dos vizinhos, da Igreja católica, dos laços de proximidade e de comunidades afetadas pela falta da providência estatal é definida por Boaventura de Sousa Santos como sociedade-providência, que significa:

> [...] redes de relações de interconhecimento, de reconhecimento mútuo e de entreajuda baseadas em laços de parentesco e de vizinhança, através das quais pequenos grupos sociais trocam bens e serviços numa base não mercantil e com uma lógica de reciprocidade semelhante à da relação de dom estudada por Marcel Mauss (Santos, 1995, p.46).

Para Santos (1993,1995), a sociedade-providência, em vez de solidariedade abstrata, como a do Estado, apresenta uma solidariedade concreta, baseada em relações comunitárias, de proximidade e de reciprocidade. Em vez do cálculo distributivo da ideia de cidadania, a sociedade-providência baseia-se no investimento emocional, em compromissos e cumplicidade que não fazem parte da arena da obrigatoriedade e, sim, da disponibilidade dos membros em ajudar. No entanto, não são apenas resíduos das solidariedades primárias pré-modernas – apesar de terem sido fundadas a partir dessas –, mas sociabilidades modernas desenvolvidas, exatamente, a partir da relação entre Estado e comunidade, encontradas tanto em comunidades rurais como em comunidades urbanas. A sociedade-providência aparece, então, como uma alternativa complementar de proteção em situações de risco e de vulnerabilidade social.

Santos (1995) observa que a sociedade-providência se desenvolve mais em países onde o Estado-Providência nunca atingiu seu pleno desenvolvimento e se trata de um conceito parcial, que necessita de seu par complementar: o Estado-Providência. Cada país desenvolve um modo de produção de providência particular a partir dessa relação e, devido à fraqueza do Estado-Providência, a sociedade-providência se fortalece. O déficit do Estado-Providência não gera turbulências de ruptura social e política, exatamente, pelo fato de que essa sociedade compensa com outros modos de produção de providência. Contudo, Santos (1993, p.48-9) enuncia várias limitações da sociedade-providência na provisão do bem comum, na medida em que ela não carrega os atributos progressistas da cidadania social. Ela é apenas um arranjo provisório e compensatório, ao passo que:

1. Os recursos materiais, científicos e técnicos à disposição das comunidades são quantitativa e qualitativamente diferentes dos acionados pelo Estado e não permitem formas de intervenção comparáveis;
2. Os princípios da universalidade e da igualdade dos cidadãos não são respeitados pela solidariedade própria da sociedade-providência que, com base em relações sociais construídas em torno da reciprocidade, move-se por uma lógica particularista;
3. A proteção da sociedade-providência não pode ser exigida como um direito, não existindo mecanismos que garantam a proteção em casos em que o costume já consagrou essa prática;
4. As situações de dependência e de controle social que a cidadania pretendeu eliminar são visíveis no predomínio do modelo de sociedade-providência, pelo fato de que a necessidade de ajuda reforça as formas locais de clientelismo;
5. A relação espacial e territorial da dimensão da sociedade-providência é de relevância puramente local e as suas redes de ajuda mútua tendem a gerar rígidas distinções espaciais;
6. A sociedade-providência distribui as obrigações e os encargos de sua proteção social de maneira desigual, patriarcal e clientelística, penalizando as mulheres e os mais dependentes.

A retração da centralidade do Estado na proteção social trouxe não só a expectativa de novas formas de solidariedade, como também essas novas formas são a expressão concreta da crise desse Estado e da própria crise da sociedade-providência. Santos lembra que, em vista da crise do Estado-Providência, alguns autores passaram a apoiar a ideia de se potencializar a solidariedade da sociedade-providência. Conforme o autor, Rosanvallon (1988, p.539) propõe "uma forma mais descentralizada e mais diversificada de produção de bem-estar social que, em vários aspectos, se assemelhe à flexibilidade que caracterizava a família" e sugere a re-expansão da política social com base em "grupos incentivados pelos poderes públicos, mas de organização privada (como as instituições de beneficência), e na própria família tradicional".

Podemos ilustrar a regulação social, tal como discutido anteriormente, por meio do seguinte diagrama:

FIGURA 2.1: DIAGRAMA TRIANGULAR DA REGULAÇÃO SOCIAL DA SOCIEDADE

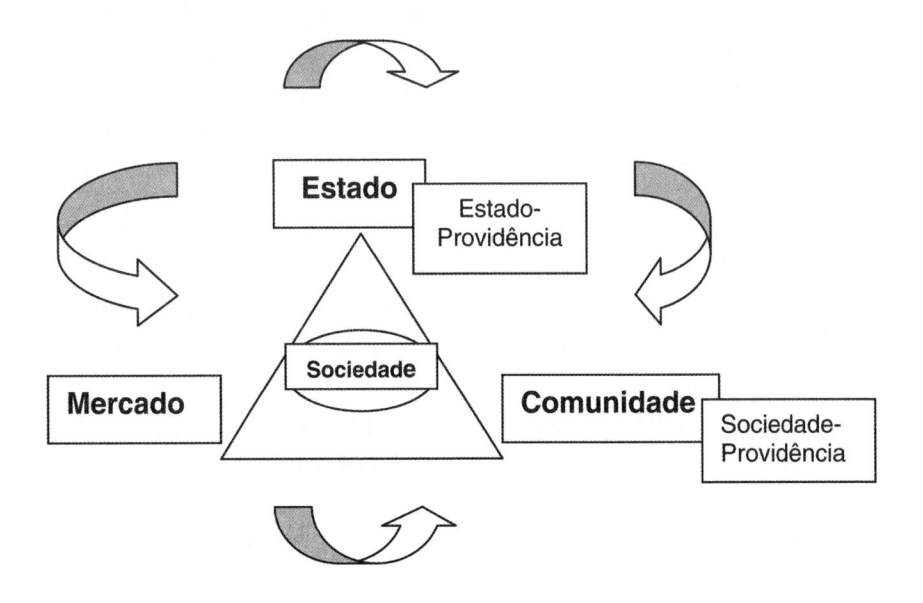

Fonte: Diagrama elaborado pela autora.

Para Santos, os movimentos sociais que emergiram nos anos 1980 parecem ser outras formas de sociedade-providência, ainda que não mercantis, mais formais e abstratas na regulação social. A preocupação do autor é saber se essa forma de solidariedade que emerge da sociedade-providência se configurará em uma sociedade civil estranha ou íntima do Estado, no sentido de fortalecê-lo ou enfraquecê-lo. Para o autor, com a crise do Estado-Providência, surge um novo paradigma que se assenta na emergência de novas políticas sociais compensatórias, que não mais detêm a ideia da garantia efetiva dos direitos (1995). Ao mesmo tempo em que se observa o regresso de algumas formas de solidariedade pré-estatal surgem, concomitantemente, novos espaços públicos não estatais e o envolvimento de novos atores sociais na produção do bem-estar social, por meio da ideia de redes sociais. Nesse ponto, podemos entender a emergência da ideia da governação (*governance*) das políticas sociais, em que o Estado passa a ser mediador em vez de contratualizador.

Apesar de não querer sugerir que as redes se tornaram a principal forma de coordenação das relações sociais sob o capitalismo, Domingues (2002) acredita que elas tendem a responder à atual complexidade, como meio de tecer a solidariedade entre os membros da sociedade;"solidariedade significa estar aberto ao outro, atingir alguém, engajar-se com outras pessoas, com outras coletividades, ao menos em certo grau em seus próprios termos" (p.240). Por essa razão, podemos acreditar que a coordenação por redes pode gerar bons frutos, quando induzir relações colaborativas, democráticas e emancipatórias.

A rede social envolve também a reflexão sobre o "paradigma da dádiva". A dádiva é um fenômeno total que implica a criação de vínculos sociais não só no plano das relações interpessoais (amigos, vizinhos, família). A teoria da dádiva formulada por Marcel Mauss (1988), em 1924, no *Ensaio sobre a Dádiva*, demonstrou que os fenômenos do Estado e do mercado não são universais, não havendo evidências de sua presença nas sociedades tradicionais, mas apenas em sociedades mais complexas, como as modernas. Porém, em todas as sociedades existe um sistema de reciprocidades conhecido como dom ou dádiva e aparece necessariamente como um fenômeno total que atravessa a totalidade da vida social por meio da tríplice obrigação coletiva de dar, receber e devolver bens simbólicos e materiais. A partir desse sistema de reciprocidades, cria-se o vínculo social. A teoria da dádiva foi resgatada por intelectuais franceses que criaram, em 1981, o Movimento Antiutilitarista nas Ciências Sociais (MAUSS), que faz uma crítica antiutilitarista demonstrando ser um equívoco a ambição do pensamento utilitarista e econômico definir o mercado como variável central na construção da vida social. Na discussão sobre os novos modos de regulação na sociedade contemporânea, a teoria da dádiva contribui no sentido em que abarca o debate sobre a emergência das novas possibilidades de solidariedade associativas, de uma nova relação de sociabilidades que não envolve a centralidade do modelo dicotômico típico da modernidade (Estado e mercado) (Martins, 2004).

Um dos aspectos destacados pelos intelectuais do movimento MAUSS é o *princípio do paradoxo* da teoria da dádiva, subjacente à teoria das redes sociais, que permite superar a construção dicotômica entre obrigação/liberdade e interesse/desinteresse, na medida em que esses valores estão intrinsecamente desenvolvidos na ação coletiva, especialmente por meio das redes sociais. Para a teoria da dádiva, esses valores não são contraditórios, mas elementos de um paradoxo existente no círculo da troca de bens simbólicos e materiais. São expressões polares da realidade social complexa e elementos constituintes do movimento incessante e ambivalente de trocas (Martins, 2004b, p.21-48). Conforme argumenta Caillé (2002) (apud Martins, 2004b), rede "é o conjunto de pessoas com as quais o ato de manter relações de amizade ou de camaradagem permite conservar e esperar confiança e fidelidade". São alianças criadas na aposta da dádiva e da confiança.

A confiança gerada nas redes sociais pressupõe obrigações de reciprocidade. Quando os atores sociais se aliam, acabam por se submeter às leis simbólicas que as redes criam, e por elas são postas em circulação. Esse exercício de reciprocidade pressupõe um risco, próprio da teoria da dádiva, que não pode ser calculado, pois está aberto às incertezas. De acordo com Anne-Marie Fixot (1994) (apud Caillé, 2003, p.43-4), "há um risco inerente ao dom/dádiva pelo fato de não haver certeza de que o receptor vai receber a ação ou vai retribuí-la. Tudo é possível".

As redes podem ser compreendidas como um complexo de organizações conectadas umas às outras, por recursos dependentes e distintos uns dos outros. As redes podem ter diferentes estruturas e, pelo fato de envolverem uma conexão de interesses interdependentes, possibilita que as comunidades entrem em sinergia. Além disso, o trabalho em redes tanto possibilita a adequação dos planos de desenvolvimento – do Estado e de agências de fomento e financiamento, quanto beneficia as empresas, que podem reduzir os custos das transações por meio de laços cooperativos e de confiança entre agências públicas e privadas.

Em relação às atuais redes promovidas por empresas, Rainer Randolph (1993) observa que elas se desenvolvem na esfera privada no processo de transformações capitalistas e são consideradas *redes estratégicas*, ao passo que representam um pacote de medidas de "flexibilização" e "emagrecimento" particularmente da grande corporação, que engloba uma gama heterogênea de novas relações entre formas de "empreendimentos econômicos". O autor diferencia outro tipo de rede: as *redes de solidariedade*, que acontecem na esfera pública, na qual ocorrem modificações relativas ao relacionamento entre Estado e sociedade, caracterizadas igualmente por uma grande diversidade de relações. Essas redes ganharam visibilidade e notoriedade maior com a proliferação das chamadas ONGs, a partir da crise do Estado de Bem-Estar Social e da proliferação de propostas políticas neoliberais (Randolph, 1993, p.4-5).

Granovetter (1981) afirmou a importância das redes para a inclusão social. Redes de laços fortes parecem estar ligadas tanto à insegurança econômica diante da falta de serviços sociais e estas podem se fortalecer quando os riscos de desemprego, de pobreza e de inacessibilidade aos equipamentos sociais. Dessa forma, é possível esperar um aumento nos laços sociais e de redes que buscam a solução para os problemas (p.107). Os arranjos de sociabilidade para a construção de solidariedade por meio de redes sociais são analisados também do ponto de vista da teoria das redes. Os analistas de redes descrevem esses padrões e compreendem como as estruturas de redes influenciam o comportamento social e produzem mudança. Fazem descrições baseadas em conceitos de laços (*ties*), conectando nódulos (*nodes*) em um sistema social – laços que conectam pessoas, grupos e organizações. Assim, as redes sociais de solidariedade se organizam para buscar o enfrentamento da insegurança econômica e da ineficiência dos serviços públicos (Wellman, 1991).

Outra perspectiva acredita que a coordenação social por redes é uma alternativa fundamental para os países em desenvolvimento formularem políticas sociais inclusivas. Para Norbert Lechner (1997), as redes são um novo conceito, crucial para a compreensão de gestão pública descentralizada. Ele chamou de coordenação social por redes (1997, p.12) um arranjo organizacional composto por vários indivíduos ou instituições vinculados em torno de um projeto específico. A coordenação dos interesses individuais e coletivos, em rede, requer contínuas negociações, que não se limitam a uma troca de benefícios entre os participantes, e retoma a ideia de arena permeada de conflitos, negociações e consenso, na qual deve haver um certo grau de equilíbrio entre sociedade e estado. Assim, passam a coexistir duas tendências: "de um lado, a diversidade e o fortalecimento da sociedade e, de outro, o redimensionamento da ação do Estado, gerando mudanças de longo alcance na política".

Para Lechner (1997), a coordenação via redes opera como uma espécie de "seguro mútuo". As redes disciplinam a competência, inibindo suas dinâmicas destrutivas e canalizando as expectativas recíprocas. As redes podem operar nos níveis nacional, regional e local e referir-se à resolução de muitos problemas. É por meio de redes que se pode negociar a privatização de áreas tecnologicamente complexas (energia e telecomunicações), planos de desenvolvimento regional ou de reformas setoriais como o meio ambiente, sistema de saúde e educação. Nesses casos, uma rede facilita não somente a articulação de diferentes atores, às vezes antagônicos, mas também a execução efetiva das decisões tomadas. Essa corresponsabilidade na execução das medidas acordadas é de particular relevância, dada a debilidade das capacidades estatais de regulação. Lechner acredita que a coordenação via redes parece resolver o aspecto da regulação social. Entretanto, não parece eficiente para realizar as exigências da representatividade. Não se pode generalizar que a coordenação por redes assegura o processo democrático, pois a população não organizada não tem acesso às redes, e os próprios representantes do Estado, em vez de fazer valer os "interesses gerais", podem não se dispor a propor uma deliberação democrática prévia acerca do bem comum. Em suma, não existe uma vinculação intrínseca entre a coordenação mediante redes e as instituições democráticas. Pelo contrário, a representação funcional por redes e a representação territorial típica das instituições democráticas podem chegar a ser canais paralelos, quando não contraditórios.

Prevendo tais riscos, Messner (apud Lechner, 1997) propõe que a coordenação por redes se sustente a partir da composição do triângulo habermasiano, ou seja: do poder comunicativo (eleições, parlamento e opinião pública); do poder social (interesses organizados); e do poder administrativo (governo, tribunais de justiça e administração pública). Segundo Habermas (1987, p.112), com o esgotamento das energias utópicas de uma sociedade do trabalho, a proteção contra os imperativos do sistema exige uma "nova partilha do poder" dentre os três recursos: o dinheiro, o poder [administrativo] e a solidariedade. A última tem o "poder de integração social", que deveria ser capaz de resistir às "forças" dos outros dois recursos". O autor considera a existência de três arenas políticas – a primeira, no âmbito estatal; a segunda, no nível de atores anônimos e coletivos; a terceira, localizada no mundo da vida, no qual não se luta diretamente por dinheiro ou poder, mas por definições". Interagindo comunicativamente, "todo projeto que quiser redirecionar forças em favor do exercício solidário do governo tem de mobilizar a arena inferior ante as duas de cima" (Habermas, 1987, p.113).

Na concepção habermasiana, a solidariedade social desenvolve-se com base em amplos espaços públicos autônomos e em procedimentos de formação democrática de opinião e vontades políticas, institucionalizadas em termos de Estado de Direito. Ela deve ser capaz de, por meio do Direito, afirmar-se também contra os poderes econômico e administrativo. Para Habermas, a instância geradora de poder legítimo é a esfera pública: dimensão da sociedade em que se dá o intercâmbio discursivo, espaço de debate público, visto como arena de discurso autônoma, na qual se realiza a interação intersubjetiva de cidadãos conscientes, solidários e participativos. A autonomia do espaço público revaloriza o primado da comunidade e da solidariedade, possibilitando a libertação da sociedade civil dos imperativos sistêmicos, isto é, dos controles burocráticos do Estado e das imposições econômicas do mercado.

Segundo Scherer-Warren (1993), as redes trazem importantes mudanças na sociabilidade e na espacialidade, criando territórios de ação coletiva, um novo imaginário social, uma comunidade virtual. Entretanto, se ampliada a possibilidade de comunicação, há também um aspecto de exclusão, pois nem todos têm acesso a todas as informações para se comunicar.

Boltanski e Chiapello (2002) também atentaram para o perigo das redes. Para os autores, o individualismo e a exploração de posições vantajosas dentro das redes é resultado de assimetrias de informação e de capital social e, portanto, deve-se ter cuidado no investimento de tempo e energia nessas redes. Desenvolver relações distantes, colocar-se em pontos de conexão e construir uma reputação são meios pelos quais se pode lucrar individualmente, seja de forma utilitária ou oportunista, com o pertencimento a uma rede (Boltanski; Chiapello, 2000, p.414).

Lechner (1997) também afirma que a coordenação via redes não corresponde a uma forma de integração social. Não existe relação entre a coordenação via redes e a coesão cotidiana que oferecem as regras de civilidade. Para Lechner, o funcionamento de redes pressupõe a existência de capital social, isto é, elas funcionam graças a recursos integrativos como confiança, respeito, tolerância, reciprocidade, sensibilidade, sentido comunitário, cooperação e preocupação com os negócios públicos, com o bem comum. A coordenação social realizada via Estado ou via mercado, ou por redes, não elimina a forma anterior de regulação social. No novo coexistem combinações antigas com novas formas de intervir no social. Contudo, a possibilidade do novo é um bom sinal para revermos a Reforma do Estado em relação ao tema da coordenação social. Lechner acredita que somente o Estado – diga-se, democrático – parece estar em condições de assegurar a dimensão representativa da coordenação social e executar a condução política da sociedade.

Esse modelo de atuação pressupõe, sinteticamente, que não se substitua a sociedade civil nem o mercado, mas que o Estado atue em conjunto com ambos, como um elemento de apoio, entendido assim como um Estado fomentador de iniciativas de ação coletiva.

2.4 Redes e capital social

A presente discussão sobre redes de solidariedade, como fundamento da coesão social, abre a possibilidade de se refletir sobre a importância de laços de confiança, cooperação e reciprocidade como cimento que agrega e possibilita a integração social e implica no revigoramento da democracia, por meio do conceito de *capital social*. Esse capital refere-se aos laços de confiança, de compromisso, de vínculos de reciprocidade, cooperação e solidariedade, capazes de estimular normas, contatos sociais e iniciativas de pessoas para a potencialização do desenvolvimento humano e econômico. O capital social será mais forte, quanto mais ele permitir a ampliação do círculo de relações sociais em que vivem aqueles que participam de sua construção.

O capital social tem sido identificado como um componente integral do desenvolvimento econômico e social, que molda a quantidade e qualidade das interações sociais de uma sociedade. Reconhecendo o potencial desse conceito, o Banco Mundial o utiliza para investigar e analisar como e de que forma o capital social habilita os pobres a participarem ativamente e a se beneficiarem do processo de desenvolvimento. O termo capital social foi definido inicialmente por Pierre Bourdieu e por James Coleman, nos anos 1980, como laços sociais que possibilitam vantagens e oportunidades a indivíduos e comunidades. A análise de Bourdieu (1986) focaliza os benefícios que resultam da virtude da participação dos indivíduos em grupos, e no papel que a sociabilidade pode trazer a eles. O sociólogo definiu capital social como "o agregado de recursos reais ou potenciais ligados ao domínio de uma rede permanente de conexões institucionais de habilidades ou reconhecimento mútuos". (Bourdieu, 1986, tradução da autora)

Coleman[2] também usou o termo para descrever os recursos dos indivíduos que emergem de seus laços sociais. Usou como exemplo os comerciantes judeus de diamantes de Nova York para ilustrar o conceito. Eles podiam comercializar por meio de suas redes locais baseadas na confiança mútua, sem a necessidade de recorrer a contratos comerciais caros (Portes; Landolf, 1996). Para Coleman, o capital social é criado por indivíduos

---

2 Ver Coleman, J. Social Capital in the Creation of Human Capital. *American Journal of Sociology*, 94 (supplement), 1988. Coleman definiu capital social por sua função como: "uma variedade de entidades com dois elementos em comum: todas elas consistem em algum aspecto das estruturas sociais e facilitam certas ações dos atores - sejam pessoas ou atores corporativos - dentro da estruturação". (tradução da autora)

racionais, que atuam livremente, para construir o capital social que maximizará suas oportunidades sociais e econômicas. O componente-chave da definição de Coleman é a confiança entre os indivíduos, que fazem parte do mesmo círculo estreito de relações. Essa confiança reduz os custos das transações entre eles (Coleman, 1987). A partir da definição de Coleman, outros importantes teóricos da década de 1990 descreveram a importância que o capital social pode ter para o avanço democrático.

Para Robert Putnam (1996), capital social refere-se ao conjunto de normas de confiança mútua, às redes de cooperação, aos mecanismos de sanção e às regras de comportamento que podem melhorar a eficácia da sociedade na solução de problemas que exigem a ação coletiva. O capital social seria, pois, um bem público, um verdadeiro subproduto de outras atividades sociais, fundado em redes horizontais e nas relações de confiança.

Segundo Portes e Landolf (1996), a situação de pobreza de alguns grupos urbanos não é resultado da falta de capital social, ou da ausência de civismo,[3] mas da escassez de recursos econômicos concretos. O cientista político Peter Evans (1996), procurando representar uma alternativa neoinstitucionalista à visão "culturalista" do capital social de Putnam, enfatiza o papel decisivo da burocracia estatal na formação de capital social, no sentido de que a função do Estado passaria da ação reguladora da interação social para a de indutor e mobilizador do capital social, ligando cidadãos e mobilizando as agências públicas a aumentarem a eficiência governamental, a partir de uma sinergia entre o Estado e a sociedade civil, como um conjunto de relações que ultrapassa a divisão público/privado.

Evans questiona a possibilidade de essa sinergia depender primariamente de dotes socioculturais preexistentes e com origens históricas. Se assim fosse, muitas culturas estariam sendo deixadas de lado e experiências satisfatórias têm mostrado que o importante é a interação entre iniciativas de políticas sociais do Estado e a mobilização social, a partir do patrocínio de um Estado reformista.

---

3 Portes e Landolf (1996) criticam os argumentos de Putnam por considerá-los sustentados por um raciocínio tautológico quando explica que o fracasso ou o sucesso de uma comunidade é identificado com a presença ou ausência de capital social, isto é: "O próprio conceito de cidadania é atrofiado aqui. Se você é cívico, faz coisas cívicas. Se não é cívico, faz coisas incívicas". (tradução da autora)

Para o autor, a sinergia fracassa quando não é forte o engajamento das instituições públicas. Nesse sentido, a sinergia entre Estado e sociedade pode criar um círculo virtuoso de mudança institucional.

Em síntese, capital social não é simplesmente um atributo cultural cujas raízes só podem ser fincadas ao longo de muitas gerações. Ele pode ser criado, desde que haja organizações suficientemente fortes, para sinalizar aos indivíduos alternativas aos comportamentos políticos convencionais. Essas instituições podem estar no interior do Estado ou na sociedade civil. Assim, veremos nos estudos de caso, apresentados neste livro, a formação de capital social para a elaboração dos projetos de saúde em parceria, envolvendo governo e empresas dispostas a investir socialmente.

Trabalhar com o conceito de capital social é desafiador porque engloba outros conceitos, tais como "confiança", "solidariedade" e "redes". O desafio aumenta, pois a questão de medir não está apenas na quantidade, mas também na qualidade de capital social em variadas escalas.

O conceito de *capital social* aqui proposto pressupõe que: 1) Relações horizontais de participação, cooperação, confiança e solidariedade contribuem para a criação e/ou o fortalecimento do estoque de capital social da sociedade facilitam o desenvolvimento do bem-estar da coletividade; 2) A participação coletiva é elemento fundamental do capital social de uma sociedade, sendo de vital importância a existência de regimes políticos democráticos capazes de dotar o Estado de uma cultura democrática, que crie instrumentos favoráveis ao acesso às informações sobre os negócios públicos e o controle da sociedade; 3) O legado do autoritarismo contribui para tornar as relações sociais de reciprocidade e confiança silenciosas e/ou invisíveis. Cabe então ao Estado democrático promover ações criativas que induzam à otimização dessas relações, por meio da sinergia entre governo, comunidade e mercado. Assim, o capital social será potencializado e poderá contribuir para a autonomia da sociedade na garantia de seu bem-estar social; 4) Entendemos que o capital social não é o quesito único e máximo para o desenvolvimento de uma sociedade. O bem-estar econômico e social é resultado da combinação de indicadores de condições naturais e ambientais; das condições de acesso à saúde e conhecimento; acesso a recursos monetários; e às condições de acesso ao trabalho. Logo, a interação do capital social com as demais formas de capital (natural, humano e financeiro), e com o ativismo do Estado, pode impactar positivamente no desenvolvimento amplo da sociedade.

Portanto, entendemos que devemos ter cuidado ao tratarmos da ideia de capital social, na medida em que sua supervalorização pode sobrecarregar os cidadãos ao tentar assumir responsabilidades que são do Estado. O capital social também pode restringir oportunidades para aqueles que não são associados, em face de um não acesso às informações. Assim, devemos ter cautela para não culpabilizar comunidades de não serem saudáveis por não serem coesas, pois outros fatores estão em jogo.

2.5 A sociedade-providência na saúde do Brasil

Sabemos que existem formas tradicionais de prestação de cuidados de caráter doméstico e popular que buscam resolver muitos problemas de saúde, sem a intervenção das instituições oficiais. Essas ações situam-se não só no bojo da família, mas envolvem também os vínculos de parentesco, de amizade e vizinhança. Apesar de serem caracterizadas como relações sociais e de mapas cognitivos produzidos com maior visibilidade no meio rural, nas favelas e nas periferias dos centros urbanos, também são encontradas em toda a sociedade. Essas redes de solidariedade de cuidados médicos são centradas no que é socialmente representado como doença e saúde e que se traduzem em prestação e consumo de bens e serviços, pelo menos parcialmente desmercadorizados e fornecidos à margem do mercado capitalista estatal ou privado. Conforme Santos, tais prestações assumem diversas formas:

> [...] o auto-consumo ou auto-terapia (ir apanhar ervas e fazer chá); trocas não monetárias de bens e serviços naturais e sobrenaturais (o vizinho que empresta o álcool ou faz de enfermeiro); a promessa ao Santo milagreiro em ação pessoal do promitente ou de outrem); tranferências monetárias sem mercado (esmolas, promessas em dinheiro); serviços gratuitos fornecidos por prestadores especializados (o curandeiro ou a mulher de virtude que atende

gratuitamente); bens e serviços de produção mercantil simples ou artesanal obtidos fora do mercado médico oficial (pagamento ao curandeiro, compra de ervas (Santos, 1992, p.250).

Essas ações da sociedade-providência, conforme o autor, fazem parte da vertente naturalista ou da vertente mágico-religiosa, ainda que seja difícil a sua distinção em face dos vínculos recíprocos do material e do simbólico. Portanto, as deficiências da produção estatal de saúde e segurança social são em parte compensadas pela sociedade-providência, funcionando como mecanismo compensatório dessas deficiências da medicina estatal ou da inacessibilidade da medicina privada (Santos, 1992, p.214).

Nos anos 1950, emergiu no Brasil, a proposta de "desenvolvimento de comunidade", criada por instituições norte-americanas envolvidas com a política de ajuda e sedução a países subdesenvolvidos, no contexto da Guerra Fria. Surgiram, então, os programas de desenvolvimento econômico e social para os quais era proposta a participação comunitária e ensaiava a introdução de tecnologias voltadas à melhoria da qualidade de vida (Carvalho, 1995). A base do referencial teórico dessas propostas de participação comunitária é a categoria comunidade, definida como um agrupamento social e cultural homogêneo, portanto, com identidade própria e predisposição ao trabalho solidário e voluntário. O combate à pobreza e à doença ocorreria em função da capacidade da comunidade se unir, se organizar e, conforme Carvalho, a participação era fetichizada como passaporte para as melhorias sociais (p.17).

No contexto brasileiro de crise social, e também do sistema de saúde, associado ao fim da ditadura militar, surgiu outra forma de participação da sociedade na saúde pública: a participação popular. Os movimentos e organizações populares se multiplicaram na área da saúde no fim dos anos 1970 e início dos anos 1980, alguns ligados à Igreja, em particular, às Comunidades Eclesiais de Base;[4] outros, a associações ou a sindicatos, mas todos com o objetivo comum de transformação política das práticas sanitárias e do conjunto do sistema de saúde. Tem sentido de luta e contestação a partir

---

4 As Comunidades Eclesiais de Base (CEB) são comunidades ligadas à Igreja Católica que, incentivadas pelo Concílio Vaticano II (1962-65), se espalharam principalmente nos anos 1970 e 80 no Brasil, durante a luta contra a ditadura militar, tendo tido como objetivo a redemocratização do país. Ver: Betto (1981).

da ideia de que, as melhorias sociais são obtidas por meio das conquistas por pressão, e o mau funcionamento é, portanto, debitado antes na política do que em questões de ordem técnica (Carvalho, 1995).

Em 1978, com a Declaração de Alma-Ata,[5] foi delineado o direito à saúde e a importância da participação social. A saúde passou a ser compreendida como um completo estado de bem-estar físico, mental e social, e não meramente a ausência de doença e de enfermidade. É um direito humano fundamental e sua realização no mais elevado nível possível é o mais importante objetivo universal, cuja realização requer ações de outros setores sociais e econômicos, além do setor da saúde. A partir desse encontro internacional, amadureceu no Brasil a ideia de que a participação dos cidadãos é considerada vital para a saúde dos indivíduos, da comunidade e da sociedade como um todo. Inerente ao modelo dos direitos humanos e saúde, está o reconhecimento de que a universalização e a equidade de oportunidades, na maior parte das vezes, dependem da habilidade das pessoas em participar dos espaços sociais e políticos.

Pouco a pouco, a ideia de participação social vai dando lugar a propostas de gestões colegiadas e representativas, que passam a reconhecer e legitimar as organizações da sociedade civil. Em 1985, foram implantadas as Ações Integradas de Saúde (AIS). Além de ser um movimento pela descentralização da saúde e pela universalização do atendimento, foi uma proposta de institucionalização das parcelas mais organizadas da população na gestão das ações de saúde. Foram instituídos órgãos colegiados, denominados de Comissões Interinstitucionais de Saúde, organizados em nível estadual (CIS), regional (CRIS) e municipal (CIMS). Elas contavam com a participação de gestores governamentais, prestadores de serviços de saúde públicos e privados e representantes da população, na maioria das vezes, de sindicatos ou de associações de moradores (Carvalho et al, 2001).

As propostas da VIII Conferência Nacional de Saúde Pública de 1986 impactaram no deslocamento da dimensão técnica para a dimensão política da saúde, dirigindo sua atenção para a participação popular, como uma importante instância no conhecimento do processo saúde-doença.

---
5 Declaração resultante da Conferência Internacional sobre Cuidados Primários de Saúde, realizada em setembro de 1978, em Alma-Ata, na antiga União Soviética (URSS).

A participação popular na gestão das políticas de saúde foi estimulada com o objetivo de se compreender melhor a realidade e atacar a problemática socioambiental que afeta a saúde e a qualidade de vida, integrando o conhecimento de técnicos e da comunidade. Dessa maneira, a participação social passou a ser vista como direito de cidadania, e sua relação com o Estado visava o seu controle, para impedi-lo de transgredir (Carvalho, 1995).

Portanto, na década de 1980, a participação social foi tida como direito de cidadania relacionada à ideia de democratização na saúde. Sua relação com o Estado visava o controle social. Carvalho (1995, p.28) acredita que esse controle é resultado de duas visões: "a dura realidade da exclusão social e o caráter secularmente clientelista e privatizado do Estado brasileiro". O autor afirma que o controle social tem um forte sentido fiscalizatório significando "impedir o Estado de transgredir". Nesse caso, o Estado é visto como *inimigo* da sociedade e essa visão ele se esforçou para mudar nos anos 1990.

Com o objetivo de se otimizar a promoção da saúde em comunidades pobres, em 1991 foi criado o Programa de Agentes Comunitários de Saúde (PACS). A estratégia consiste em que esses agentes levem informações básicas de higiene, atendimento materno-infantil e controle sanitário e encaminhamento da população às unidades de saúde. Em 1994, o programa foi ampliado por meio da criação do Programa de Saúde da Família (PSF) com a proposta de privilegiar a atenção básica à família; os agentes comunitários foram incorporados às equipes de saúde, compostas por um médico da família, um enfermeiro e outros profissionais de saúde. O agente comunitário de saúde (ACS), integrante das equipes vinculadas ao PSF, deve, obrigatoriamente, residir na área de atuação da equipe e exercer a função de elo de ligação entre a equipe e a comunidade. Essa relação é resultado do entendimento de que, como morador da comunidade, o agente vive o cotidiano com maior intensidade que os outros membros da equipe. A existência de laços de confiança mútua com os moradores determinaria um impacto positivo na saúde, aprimorando o padrão de coesão social e, consequentemente, da saúde comunitária.

Resta ressaltar que a relação laboral da maioria desses agentes comunitários é de subcontratação. O Ministério da Saúde destina verbas para as prefeituras e elas repassam para associações comunitárias, inexistindo aí vínculos diretos com o Estado. Como são terceirizados, os agentes recebem o salário mensal sem obrigações sociais e sem os direitos vinculados ao contrato formal (Costa, 2002).

A Comunidade Solidária, que durou até o fim do governo Fernando Henrique Cardoso, é exemplo de que, nos anos 1990, a energia solidária mobilizada a partir dos anos 1970 foi capturada pelo Estado como um novo modo de enfrentar os problemas sociais, buscando a participação da sociedade.

Portanto, no Brasil, observamos que desde os anos 1970, a sociedade-providência tem se formalizado e se tornado mais complexa. Ultrapassou os modelos comunitários oriundos dos laços afetivos de parentesco ou vizinhança e suas reivindicações tornaram-se mais abstratas e ligadas à ampliação da participação social. Ela criou movimentos sociais associados à luta pela cidadania, para pressionar o Estado no desenvolvimento efetivo de políticas sociais e melhorias nas condições de vida da população. Foi um movimento com força nítida no espaço social urbano, em que laços de identidade em torno das condições de vida precárias conjugaram com as ideias de liberdade e justiça social. Nessa trajetória, a relação entre Estado/sociedade sofre alterações. Nas décadas de 1970 e 1980, o Estado era visto como "inimigo"; nos anos 1990, passou-se à compreensão de que ambos são *responsáveis e parceiros* no enfrentamento da problemática da doença em direção à saúde.

Temos também como exemplo da participação social na saúde, a adoção no Brasil dos Conselhos de Saúde. Os Conselhos estaduais e municipais de saúde, bem como as Conferências de Saúde, foram instituídos no Brasil pela Lei n. 8.142, de 1990, como instrumentos do controle social. Os Conselhos são órgãos permanentes deliberativos do governo, por meio dos quais deve acontecer a participação dos profissionais de saúde, dos prestadores de serviço e usuários. Atuam na formulação de estratégias e no controle da execução da saúde, inclusive nos aspectos econômicos e financeiros. Em geral, os usuários podem ser representados por membros das associações comunitárias, organizações sociais, associações de portadores de problemas de saúde, organizações religiosas e outras; e por prestadores de serviço, representados pelos trabalhadores da área de saúde (geralmente indicados por associações profissionais ou sindicais da área), representantes dos proprietários ou administradores de serviço de saúde privada (clínicas, laboratórios e hospitais), e os gestores do sistema de saúde do respectivo nível de governo (representantes do sistema público de saúde). Os Conselhos estão diretamente vinculados às secretarias de governo municipal e estadual.

No entanto, ao analisar os Conselhos Municipais de Saúde de cinco municípios do estado do Rio de Janeiro, Gerschman (2004) constatou que, atualmente, existe uma clara tensão entre significados da participação das comunidades populares e a noção de que a política apenas tem a ver com interesses particulares. Os Conselhos se transformaram em um espaço burocrático e de legitimação de um discurso governamental que prega a participação e a cidadania. Os conselheiros estão desprovidos de um sentido político que contribua para ultrapassar os interesses particulares que os cercam. Para Gerschman, "o movimento popular em saúde quase que desapareceu da cena política e os movimentos sociais em geral perderam visibilidade na sociedade e na política brasileira", e acrescenta:

> [...] os projetos sociais compartilhados com o Estado tornaram-se confluência perversa entre um projeto participatório construído, a partir dos anos 80, ao redor da extensão da cidadania e do aprofundamento da democracia, e o projeto de um Estado mínimo que se isenta progressivamente do seu papel de garantidor de direitos sociais". Dagnino acrescenta que, "apontando para direções opostas e até antagônicas, ambos os projetos requerem uma sociedade civil ativa e propositiva (Gerschman, 2004).

Eli Diniz (2004) traz à lembrança a distinção da efervecência social dos anos 1980 para os anos 1990. A autora afirma, segundo estudos dos cientistas políticos Wanderley Guilherme dos Santos (1985) e Renato Boschi (1987), que o impacto do avanço da globalização e da revolução tecnológica, associado à redução do crescimento econômico, revelará, nos anos 1990, um retraimento dos movimentos populares e o refluxo do movimento sindical:

Efetivamente, a década neoliberal implicou o esvaziamento da capacidade de ação e mobilização dos trabalhadores organizados, como resultado do aumento do desemprego, da expansão da informalidade e da retração dos direitos sociais (Diniz, 2004, p.5).

A participação cidadã serviu como referencial para garantir o fortalecimento dos mecanismos democráticos do processo de redemocratização; e, nos anos 1990, para garantir a execução eficiente de programas governamentais de compensação social, propostos e financiados pelas agências multilaterais de desenvolvimento, face ao contexto de ajuste estrutural, liberalização da economia e privatização do patrimônio do Estado. A mobilização social dos anos 1990 impulsionou a capacidade artificial da sociedade se mobilizar em função de uma proposta de participação "domesticada" pelo Estado. Conforme Santos:

> É inegável que a "reemergência da sociedade civil" tem um núcleo genuíno que se traduz na reafirmação dos valores do autogoverno, da expansão da subjetividade, do comunitarismo e da organização autônoma dos interesses e dos modos de vida. Mas esse núcleo tende a ser omitido no discurso dominante ou apenas subscrito na medida em que corresponde às exigências do novo autoritarismo (Santos, 1999a, p.124).

Para Eli Diniz (2004), a despeito da alternância entre democracia e autoritarismo no Brasil, o modelo corporativista e as relações sociais entre o público e o privado, desde o período de 1930 até o final do governo militar, revelam a existência de um alto grau de continuidade institucional. Para a autora, essa continuidade está representada pela tradição centralista e intervencionista do Estado, em especial do governo federal, pelas formas dominantes de articulação do Estado-sociedade, pelo padrão de incorporação de atores estratégicos ao sistema político, mediante a instauração do corporativismo estatal e, finalmente, pelo modelo de presidencialismo que se implantou, fortemente concentrador de prerrogativas no Executivo.

Além de questionarmos a mudança propositiva da participação social ou de sua efetividade na luta por melhores condições de vida, devemos também estar atentos à proliferação de instituições privadas sem fins lucrativos que ocorreram no Brasil nos anos 1990. O Instituto Brasileiro de Geografia e Estatística (IBGE) e o Instituto de Pesquisa Econômica Aplicada (IPEA), em parceria com a Associação Brasileira de Organizações Não Governamentais (ABONG) e o Grupo de Institutos, Fundações e Empresas (GIFE), realizaram a pesquisa *As Fundações Privadas e Associações Sem Fins Lucrativos no Brasil 2002* (FASFIL), publicada em 2004.

O estudo teve como universo de análise as seguintes entidades sem fins lucrativos: as organizações sociais, as organizações da sociedade civil de interesse público, fundações mantidas com recursos privados e outras formas de associação.[6] Todas consideradas nesta pesquisa como FASFIL deveriam se enquadrar, simultaneamente, nos seguintes critérios: 1) privadas, não integrantes, portanto, do aparelho do Estado; 2) sem fins lucrativos, isto é, organizações que não distribuem eventuais excedentes entre os proprietários ou diretores e que não possuem como razão primeira de existência a geração de lucros – podem até gerá-los, desde que aplicados nas atividades fins; 3) institucionalizadas, isto é, legalmente constituídas; 4) autoadministradas ou capazes de gerenciar suas próprias atividades; 5) voluntárias, na medida em que podem ser constituídas livremente por qualquer grupo de pessoas, isto é, a atividade de associação ou de fundação da entidade é livremente decidida pelos sócios ou fundadores.

Apresentamos a seguir, a Tabela 2.1, com o número dessas FASFIL.

---

6 Estudo realizado a partir do Cadastro Central de Empresas do IBGE, para o ano de 2002, em que cobre o universo das organizações inscritas no Cadastro Nacional de Pessoa Jurídica (CNPJ), do Ministério da Fazenda, que, em 2002, declararam ao Ministério do Trabalho e Emprego, exercer atividade econômica no Território Nacional. O cadastro abrange tanto entidades empresariais como órgãos da administração pública e instituições privadas sem fins lucrativos. De acordo com o conceito apresentado neste livro, essas instituições fazem parte do universo de instituições que pertencem ao *espaço público não estatal*.

Tabela 2.1 - Número das FASFIL por regiões brasileiras, 2002.

Classificação das FASFIL	Norte	Nordeste	Sudeste	Sul	Centro-Oeste	Brasil
SAÚDE	138	583	1.836	1.042	199	3.798
Assistência social	897	4.718	14.386	10.235	2.013	32.249
Educação e pesquisa	705	3.747	8.269	3.476	1.296	17.493
Cultura	968	4.614	16.628	13.438	1.891	37.539
Religião	2.985	9.167	41.195	11.426	5.673	70.446
Desenvolvimento e defesa de direitos	1.416	17.637	14.934	9.345	1.829	45.161
Meio ambiente e proteção animal	101	190	807	365	128	1.591
Habitação	4	98	121	86	13	322
Associações patronais e profissionais	3.618	16.547	11.766	9.225	3.425	44.581
Outras fundações privadas e associações sem fins lucrativos não especificadas anteriormente	883	3.994	11.233	4.924	1.681	22.715
TOTAL	11.715	61.295	121.175	63.562	18.148	275.895

Fonte: IBGE, Diretoria de Pesquisas, Cadastro Central de Empresas, 2002.

Desse total de, aproximadamente, 276 mil FASFIL no Brasil, a maior parte concentra-se na região Sudeste (44%), sendo 21% em São Paulo, 13% em Minas Gerais e 8% no Rio de Janeiro. A pesquisa ressaltou que tais percentuais guardam semelhança com a distribuição da população. Nas regiões Nordeste e Sul, encontramos o mesmo percentual de 23%, ressaltando que, comparativamente à distribuição da população brasileira, na região Sul, proporcionalmente, concentram-se mais entidades. No Centro-Oeste, estão 7% e no Norte, 4%.

Tabela 2.2 – As FASFIL por data de criação, 2002

Classificação das FASFIL	Até 1970	De 1971 a 1980	De 1981 a 1990	De 1991 a 2000	De 2001 a 2002	Variação percentual do crescimento de 1996 a 2002 (%)
SAÚDE	892	648	662	1.265	331	55,8 %
Assistência social	1.870	4.151	8.038	15.371	2.819	131,1 %
Educação e pesquisa	1.468	2.226	3.237	8.839	1.723	114,0 %
Cultura	1.916	6.642	10.792	14.992	3.197	115,5 %
Religião	3.120	13.675	17.502	29.676	6.473	119,9 %
Desenvolvimento e defesa de direitos	228	1.035	9.735	28.413	5.750	302,7 %
Meio ambiente e proteção animal	17	66	226	968	314	309,0 %
Habitação	5	9	176	121	11	123,6 %
Associações patronais e profissionais	661	2.452	7.422	27.364	6.682	252,1 %
Outras fundações privadas e associações sem fins lucrativos não especificadas anteriormente	821	1.954	4.180	12.178	3.582	155,1 %
TOTAL	10.998	32.858	61.970	139.187	30.882	157,0 %

Fonte: IBGE, Diretoria de Pesquisas, Cadastro Central de Empresas, 2002.

No geral, as FASFIL são relativamente novas, pois cerca de dois terços delas (62%) foram criados a partir da década de 1990, com um ritmo de crescimento acelerado desde então. As que surgiram nos anos 1980 são 88% mais numerosas que as surgidas nos anos de 1970; esse percentual é de 124% para as que foram criadas na década de 1990 em relação à década anterior. De acordo com a pesquisa, foi expressivo o crescimento das FASFIL entre os anos 1996 e 2002, em que o número quase dobrou, passando de 105 mil para 276 mil, correspondendo um aumento de 157%. Apesar de esse crescimento ter sido verificado em todas as áreas de atuação, merecem destaque as associações ligadas ao meio ambiente e defesa de direitos humanos, que quadriplicaram o número de entidades (309% e 303%, respectivamente), e as associações patronais e profissionais mais que duplicaram (252%).

Em razão da pesquisa ser quantitativa, ela não responde sobre o caráter qualitativo ou de envolvimento político dessas organizações nos anos de maior expansão. Como já afirmado anteriormente, foram nos anos 1970 e 1980 que amplos setores da sociedade expressaram sua luta pelos direitos de educação, habitação, saneamento e saúde. Esses movimentos tiveram fundamental importância no processo de democratização e na formulação das políticas sociais, marcando fortemente os princípios da Constituição de 1988 – a chamada Constituição Cidadã. Apesar de a pesquisa ter tido como parceira uma instituição voltada para a área social empresarial – a GIFE –, não podemos distinguir as organizações que têm origem como base comunitária das criadas como "braços sociais" de empresas, por meio da ideia da responsabilidade social empresarial ou do investimento social privado.

Em consequência dessa proliferação da participação social que reflete-se pelo aumento do número de ONGs, encontramos, nos anos 1990, algumas empresas privadas se mobilizando na criação de fundações destinadas à elaboração e ao desenvolvimento de projetos sociais para comunidades de baixa renda. Podemos assim considerar como polo de ação da sociedade-providência: o do investimento social privado na saúde, sob o manto da responsabilidade social das empresas. Na agenda de reformas do Estado, muitos empresários passaram a divulgar o discurso de desenvolvimento e justiça social além das fronteiras limitadas pelo poder público, por meio da concepção da responsabilidade social das empresas, e alguns deles reconhecem os problemas sociais como uma dificuldade para o desenvolvimento econômico. A saúde é um dos campos de atuação em que as empresas menos investem socialmente. Alguns representantes de empresas afirmam que a dificuldade de se enveredar no campo da saúde se justifica devido aos altos custos e alta complexidade dos cuidados de saúde; além disso, acreditam que associar a ideia de doença à empresa não é um bom negócio, pois "arranha" a imagem de seu sucesso.

A primeira pesquisa realizada pelo IPEA sobre a ação social das empresas (2001) constatou essa percepção por meio do gráfico:

GRÁFICO 2.1: AÇÃO SOCIAL DAS EMPRESAS/ÁREAS DOS INVESTIMENTOS

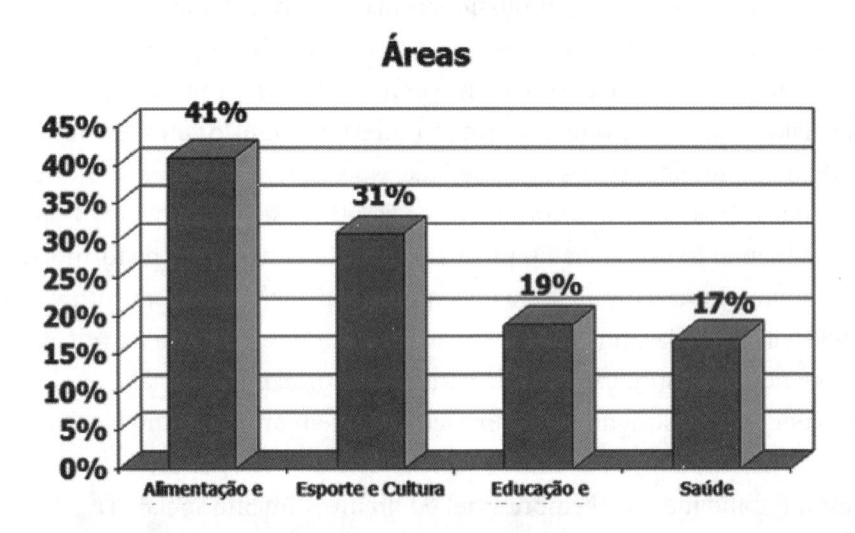

Áreas

- Alimentação e: 41%
- Esporte e Cultura: 31%
- Educação e: 19%
- Saúde: 17%

Fonte: IPEA, Pesquisa Ação Social das Empresas, 2000.

As atividades de assistência social e alimentação foram as mais realizadas pelos empresários, seguidas por ações na área de esporte e cultura. Das 462 mil empresas que atenderam comunidades pobres, 41% realizaram ou apoiaram ações assistenciais. A pesquisa do IPEA ressaltou que nessa área a prioridade do investimento são as crianças. A área da saúde é a menos expressiva em todo o país: 17% das empresas com um ou mais empregados declararam promover ações sociais nessa área (IPEA, 2001).

Para Francisco Tancredi (2003),[7] o investimento social privado na área da saúde tende a se concentrar no atendimento a necessidades especiais de portadores de câncer ou doenças crônicas, nem sempre cobertos pelo sistema público. As empresas investem em ações pontuais e de cobertura relativamente pequena; contudo, elas "têm o mérito de apontar para alternativas de excelência no atendimento dessas necessidades". Para ele, as empresas investem socialmente menos na saúde por duas razões: o sistema público brasileiro vem oferecendo melhores serviços, e as condições de saúde, em geral, estão mudando. Com frequência, as empresas preferem investir em ações para jovens e meio ambiente em face da maior visibilidade.

Um exemplo de investimento social privado na saúde é o Projeto Saúde da Mangueira. Implantado, em 1988, para atender aos atletas do Projeto Vila Olímpica, em um posto médico sob a administração da empresa de seguro-saúde Golden Cross.[8] Em 1999, essa empresa se desligou da Mangueira, alegando problemas financeiros. As lideranças da Escola de Samba mobilizaram-se para captar novos parceiros para o Projeto. Foi nesse momento que, por intermédio da Secretaria Municipal de Saúde, a Prefeitura da Cidade do Rio de Janeiro se agregou ao Projeto.

No entanto, depois de um ano patrocinando o Projeto Saúde, a Secretaria Municipal de Saúde avaliou que não haviam ocorrido modificações na lógica assistencial da saúde na comunidade. Não ocorrera a ampliação da assistência prevista pela Secretaria Municipal de Saúde, e o atendimento se dava da mesma forma que em um consultório privado, ou seja, sem nenhuma proposta de política de saúde para a comunidade em geral. Nessa época, havia um movimento de adesão da Prefeitura às diretrizes do Ministério de Saúde, que consistia na implantação do Programa de Agentes Comunitários e o Programa de Saúde da Família. A Prefeitura elegeu algumas comunidades,

---

7 Entrevista fornecida por Francisco Tancredi, diretor regional para a América Latina e o Caribe da Fundação W.K.Kellogg, com escritório em São Paulo, Brasil, como responsável pela coordenação e gestão de programas relacionados com a saúde dentro da região, incluindo as profissões da saúde educação, promoção da saúde, saúde e sistemas de gestão. Publicada pela rede GIFE *on-line* em 23 jun. 2003.
8 Este Projeto se desenvolve na cidade do Rio de Janeiro, Brasil, na favela da Mangueira, como parte do Programa Social da Mangueira, coordenado pela Escola de Samba da Mangueira. programa analisado pela autora em sua dissertação de mestrado em ciência política, intitulada *Samba e Solidariedade: capital social e parcerias coordenando as políticas sociais da Mangueira, RJ*, pelo Programa de Pós-Graduação em Ciência Política da Universidade Federal Fluminense (PPGCP/UFF), em 2002.

inclusive a Mangueira – que já possuía uma unidade referencial de saúde em parceria com a comunidade – para a implantação do projeto ministerial de agentes comunitários (PACS).

Um novo convênio foi estabelecido em fevereiro de 2000, ampliando a responsabilidade da Secretaria Municipal de Saúde que deixou de ser mera repassadora de verbas para pagamento de funcionários e fornecimento de medicamentos. A Secretaria Municipal de Saúde passou a ter a responsabilidade por todas as diretrizes técnicas do PACS, da manutenção predial, da capacitação dos recursos humanos e da formulação dos indicadores sociais de saúde da comunidade. No final de 2001, a Prefeitura passou a adotar as estratégias do Programa da Saúde da Família (PSF). Em contrapartida, a Escola de Samba da Mangueira além de realizar a contratação e pagamento dos profissionais e prestar contas mensalmente à Prefeitura, ficou incumbida da atenção à saúde a toda a comunidade, com a colaboração de quinze agentes comunitários.

Observamos que a empresa Golden Cross, ao sair da comunidade, gerou uma necessidade que mobilizou suas lideranças para ampliar o atendimento à comunidade, sem procurar outra empresa, buscou a assistência do poder público municipal. Assim, o governo municipal representou a ampliação dos direitos de saúde para a comunidade da Mangueira. Atestamos aqui a força do capital social da favela da Mangueira que, por meio de sua Escola de Samba,mobilizou o poder público a partir de suas redes sociais.

Em resumo, estamos diante de uma nova configuração do sistema de saúde que envolve uma pluralidade de atores sociais, tornando a coordenação e a articulação dessas ações. Esas redes de instituições privadas de solidariedade social, analisadas como o outro da *sociedade-providência*, se articulam com o poder público na prestação de serviços de saúde. O Estado, ao engendrar esse *mix* público/privado na estruturação da saúde, tenta garantir minimamente parte das necessidades da população. Então podemos nos perguntar: ssas redes sociais de solidariedade contribuem como provedoras de serviços de saúde; e, além disso, vetores importantes e necessários para a mobilização da cidadania e controle social? Ou a expansão dessas redes contribui para enfraquecer o papel do Estado na universalização dos serviços públicos?

De maneira mais pessimista, podemos acreditar que essas instituições privadas vivem às custas de isenções de impostos e subvenções estatais e contribuem para que a ação do Estado na área da saúde seja menos universal e menos responsável. Esa é uma questão ainda aberta, que necessita uma discussão aprofundada e articulada entre o poder público e a sociedade, na medida em que é o financiamento público dos contribuintes que está em jogo.

O recuo do Estado como produtor exclusivo na construção da proteção social, surgiu um espaço a ser ocupado por outros agentes sociais. Esse novo Estado passa a ser fomentador da responsabilidade e alguns setores da sociedade organizam-se e passam a criar ações alternativas para minimizar a violência, os riscos e os conflitos sociais, no intuito de garantir a coesão social. Como consequência, a dimensão do direito universal do cidadão pode vir a se esvaziar em relação ao efetivo acesso e qualidade das políticas sociais estatais.

Em suma, diante da enormidade dos problemas sociais e ambientais, os cidadãos e a sociedade são conclamados a compartilharem responsabilidades na resolução desses problemas. Nese contexto, encontramos algumas empresas privadas com o discurso de que também possuem *responsabilidade social* para com as comunidades.

3. A responsabilidade social do mundo empresarial

3.1 Um novo conceito de empresa

As mudanças na economia capitalista alteraram a estrutura produtiva e geraram um desemprego estrutural e uma população urbana inserida, que vive de forma precária nas metrópoles. A fábrica deixou de ser o catalizador das revoltas e as condições de vida urbanas, não mais as condições de trabalho, tornaram-se uma das principais arenas de expansão ou contração da cidadania. Dessa forma, quando as empresas atuam socialmente, mudam o foco. As inúmeras mudanças observadas no mundo da empresa têm motivado estudos que tratam da introdução de novas tecnologias e do aparecimento de novas formas de organização do trabalho. Vários trabalhos vêm sendo feitos sobre o envolvimento das empresas com as comunidades.

Nos últimos anos, alguns cientistas sociais – como Philippe Bernoux (1995) e Sainsaulieu (1997) – passaram a observar a empresa como objeto sociológico, buscando interpretar essas mudanças. Esse novo olhar possibilitou definir a empresa como um fato social, com dimensão própria, que ultrapassa a ideia de lócus central do capitalismo e, portanto, de conflito social e de exploração do trabalhador. A nova proposta – a sociologia da empresa – busca explicar a empresa como uma microssociedade, com autonomia e capacidade de influenciar representações e estruturas sociais.

O sociólogo Philippe Bernoux (1995) descreve a evolução do conceito de empresa, de um espaço em que se reproduzem tensões e conflitos sociais para uma empresa vista como um *constructo social*, com atores sociais autônomos. O autor explica três perspectivas sobre a empresa: a sociologia do trabalho, a sociologia das organizações e, por fim, a sociologia das empresas. Essa última considera a empresa capaz de fundamentar um modelo de racionalidade em que o importante não é o jogo dos atores sociais, mas a ligação social entre eles, *fora do qual não há grupo* (Bernoux, 1995, p.166).

Segundo a visão da economia institucionalista de Hodgson (1994), que se afina com a sociologia da empresa, a empresa não existe apenas por meio de suas relações de mercado, mas faz parte de uma rede vital de laços contratuais criada por ela. Nesse sentido, o autor aponta a confiança e a cooperação como valores importantes na sua eficiência. A empresa é, portanto, um lócus em que as relações humanas estão em constante desenvolvimento, pois ela é uma instituição social. Isso não quer dizer que as empresas capitalistas sejam instituições de beneficência e filantropia. O que ele afirma é que alguns elementos extracontratuais, como a lealdade e a confiança (mesmo que pequena) são essenciais ao funcionamento da empresa, pois propiciam estabilidade interna para conviver em ambiente de incerteza e riscos inquantificáveis (1994, p.212).

Através dessas perspectivas é que analisamos o investimento social e a responsabilidade social de empresas no espaço público. Importa vermos a empresa como parte constitutiva do território e elemento produtor de sociabilidade e identidade específicas, e que apresenta formas de se representar no mundo.

A estratégia da *responsabilidade social empresarial* para com comunidades de baixa renda vem sendo adotada por alguns empresários. A ameaça dos riscos sociais tem mudado a atitude de algumas empresas que passam a incluir o discurso de altruísmo em relação à pobreza. Muitos alegam que os custos gerados pela insegurança não compensam. A maioria dos trabalhos que analisa o movimento da Responsabilidade Social das Empresas (RSE) se divide entre duas perspectivas opostas: de um lado, estão aqueles que reproduzem e defendem os discursos e as iniciativas empresariais; do outro, há os que apontam esses esforços sociais de empresas como um simples simulacro da ideia de benevolência, que distrai a atenção dos problemas da ética nos negócios e dos problemas das populações mais pobres. Não pretendemos afirmar que uma ou outra perspectiva esteja correta. Ambas são pertinentes em contexto de ampla complexidade e ambiguidade. Entretanto, pelo fato de entendermos que não há consenso na ideia de responsabilidade social empresarial, precisamos compreendê-la dentro do contexto dinâmico das relações sociais e de interação entre o Estado, empresas e comunidade, em interface com as mudanças econômicas, políticas e sociais em curso.

Nosso objetivo é compreender o envolvimento de empresas em projetos sociais implementados em parceria com o Estado e instituições da sociedade civil, em particular, na área da saúde. Buscamos analisar em que medida essas ações de *investimento social de empresas* podem apontar para a emergência de uma nova forma de solidariedade social para com comunidades de baixa renda, no contexto da atual e complexa regulação social.

3.2 As ciências sociais e a empresa

Os grandes teóricos das ciências sociais que sustentaram as análises sobre a organização do trabalho foram Émile Durkheim, Karl Marx e Max Weber. Durkheim, com sua obra *A divisão do Trabalho Social* (1893), apontou para o fato de que a função da divisão do trabalho não é só a de aumentar o rendimento das tarefas divididas, mas também torná-las mais solidárias, integradas à sociedade. Nesse sentido, para Durkheim, a divisão social do trabalho vai além do econômico, pois se inscreve nos modos de coesão social. Portanto, também é o campo da moral que se manifesta em consequências jurídicas correspondentes a dois tipos fundamentais de solidariedade: a *mecânica* e a *orgânica*. A última, fruto do incremento da divisão do trabalho e do aumento da complexidade, própria das sociedades modernas, tem sua manifestação extrema no fordismo.

Weber, já no início do século XX, havia relacionado em sua obra, *A ética protestante e o espírito do capitalismo* (1905), os valores do protestantismo e o surgimento do capitalismo moderno. Weber fez uma conexão entre um tipo particular de protestantismo (a predestinação calvinista) e um tipo particular de capitalismo, que ele denominou de "capitalismo racional". Ele mostrou que o capitalismo racional moderno estava constantemente se expandindo. Ao contrário da lógica dos mercadores medievais e do Oriente, a lógica do capitalismo racional estava vivendo uma busca efervescente de novas invenções, novos métodos de produção e novos produtos para serem consumidos. Assim, o moderno capitalismo tinha uma dinâmica diferente. Weber capta e relaciona essa lógica com a ética protestante. É uma lógica que acopla o trabalho incessante, com novidades e que supõe atitude de honestidade. Sem dúvida, a motivação era puramente religiosa: "honestidade é a melhor política".

A presença significativa de protestantes entre os empresários e os trabalhadores qualificados nos países capitalistas, mais industrializados, sugeriu a Weber a possibilidade da existência de algum tipo de afinidade particular entre valores presentes na época do surgimento do capitalismo moderno e a ética calvinista. Ao relacionar a ética à economia, Weber mostrou que o capitalismo possui estruturas de motivação mais complexas do que a mera maximização do lucro, ou seja, a racionalidade econômica sozinha não pode definir instituições sociais.

No campo de análise das relações sociais de produção, a sociologia do trabalho nasceu com o objetivo de tratar das atividades de produção e das relações de trabalho no sistema produtivo. Quase não se tratava da empresa nesses trabalhos, a preocupação era muito mais com a evolução tecnológica que levava às mudanças nas relações sociais, sobretudo, na própria relação de produção. O objetivo era apresentar uma posição crítica em relação ao modo de produção capitalista, com apoio nas teorias de Karl Marx. A inspiração concentrava-se nas ideias de que o proletariado, por ser classe majoritária, estaria destinado a converter-se em "sujeito universal" e teria por missão libertar a humanidade das mazelas do trabalho assalariado e da exploração do homem pelo homem. Preconizava-se o estabelecimento de uma sociedade em que prevaleceria o princípio distributivo. Foi significativa também a contribuição de Max Weber à sociologia do trabalho, analisando a transformação das oficinas de produção em nível comunitário e doméstico e a organização racional do trabalho da grande indústria. A crítica ao sistema capitalista, eixo explícito da teoria marxista, dava aporte à sociologia do trabalho no sentido de denunciar a manutenção das condições alienantes do trabalho e a exploração econômica dos operários, ao mesmo tempo em que explicitava a dinâmica dos conflitos e das relações profissionais emergentes (Sainsaulieu, 1997, p.292).

Para Bernoux (2001), a sociologia do trabalho vê a empresa sob o ponto de vista das relações laborais e do conflito de classes. A visão recorrente sustenta que a evolução da técnica determinava as relações de trabalho e a autonomia dos atores ocupava apenas um lugar reduzido nos sistemas de produção: "Afirmava-se a sobredeterminação das relações sociais concretas pelas relações globais de produção que condicionariam também as superestruturas dos sistemas sociopolíticos" (p. 23). Para o autor, a análise marxista deixa pouco espaço para o ator e sua autonomia, pontos que se tornariam o paradigma central da sociologia das organizações. A sociologia do trabalho domina o pensamento da sociologia nos anos 1950-60, período de significativo crescimento econômico. Os sociólogos do trabalho tinham como objetivo desmistificar a reprodução das forças reacionárias dos empresários (Sainsaulieu, 1997, p.291-5). No entanto, a partir do movimento cultural de maio de 1968, na França, as primeiras gerações do pós-guerra passaram a criticar o modelo de sociedade criada pelo crescimento econômico e idealizaram a construção de alternativas comunitárias. Entretanto, a contestação da ordem burguesa não visava à vitória das forças proletárias para mudar a sociedade. A ideia era criar uma sociedade mais fraterna, criativa e comunitária. Dessa forma, as ciências sociais passaram a apoiar uma alternativa participativa à organização taylorista, mais coletiva e apoiada por uma nova sociologia do movimento social.

O segundo modelo, o da sociologia das organizações, foi possível, segundo Bernoux (1995), em virtude da mudança provocada pela crise do final da década de 1970 e início dos anos 1980, que colocou em questão o fim do sistema produtivo taylorista-fordista. Conjugada à crise, adveio a evolução tecnológica, marcando o surgimento de novos métodos de produção e de gestão. Se antes a empresa era vista como o lócus da exploração de classes, a partir de então, bastante motivada pelo declínio do taylorismo, a sociologia incorporou a questão da coordenação entre as diversas etapas de produção, tanto em sua relação com outras empresas como também em seu próprio seio organizacional. O eixo central de análise dessa sociologia passou a ser o ator e sua autonomia. Desconsidera-se a análise com o foco nas relações do mundo do trabalho, na subordinação e nas lutas de classe, e passa-se a ver o indivíduo, os atores, o poder, a estratégia e o sistema.

A empresa passou a ser percebida como uma unidade de construção social, em que os indivíduos exercem jogos de poder e se lançam a estratégias de interação. De acordo com Kirschner (1998), a sociologia das organizações foi bem sucedida devido aos seguintes fatores:

a. os instrumentos da sociologia da organização se revelaram eficazes para a compreensão dos comportamentos e das ações dos atores nas empresas;
b. os atores das empresas perceberam a importância da organização sobre o funcionamento e sobre os resultados das empresas;
c. a distância entre pesquisadores e responsáveis nas empresas diminuiu muito, pois o avanço deste conhecimento só foi possível graças a profundos 'mergulhos' de acadêmicos em empresas. A consequência foi uma modificação do olhar do sociólogo e dos atores envolvidos com a firma (Kirschner, 1998, p.21).

Sainsaulieu (1997) afirma que, na Europa, os anos de crescimento (1950-60) foram marcados por ambas as concepções: sociologia do trabalho e a das organizações. A sociologia das organizações, inspirada na escola funcionalista americana, compreende que a legitimidade da racionalidade econômica e técnica é resultado dos jogos de atores em torno da regulamentação do trabalho e das funções da produção; ou seja, a legitimidade é resultado das relações de poder entre os atores. O ponto comum é que a sociologia do trabalho e das organizações reconhecem que as relações de força intervêm na definição dos objetivos legítimos de crescimento e descartam a visão puramente econômica do *management* e das virtudes de uma racionalidade técnico-organizacional formalizada (Sainsaulieu, 1997, p.327-333).

No final da década de 1960, houve também o reconhecimento político dos sindicatos e das virtudes do modelo social democrático escandinavo, que levou os sociólogos dos anos 1970 a introduzirem duas novas concepções sobre o mundo do trabalho. A atenção voltou-se para os processos de socialização do trabalho, visando organizações mais participativas; e, é fortalecida a ideia do desenvolvimento das negociações coletivas entre sindicatos e dirigentes (Sainsaulieu, 1997, p.328). Conforme Sainsaulieu, para os sociólogos dos anos 1970, a empresa estava numa encruzilhada entre várias concepções teóricas da mudança de sociedade: pela luta e negociações sindicais e pela compreensão de sistemas de ação concretos, mas igualmente influenciados pela invenção de microssociedades no seio do trabalho. Não se esperava mais eficácia econômica, mas viver melhor em conjunto com as condições de trabalho e uma atenção mais justa aos esforços individuais de criatividade (Sainsaulieu, 1997, p.293).

A evolução da análise sobre as organizações do mundo do trabalho levou em conta a estreita relação entre desenvolvimento social das empresas e suas diferentes conjunturas. Kirschner (2002) explica que até os anos 1970, o grande marco teórico era o da sociologia do desenvolvimento, que, influenciada pela perspectiva funcionalista, se voltava para os problemas macrossociais do desenvolvimento. As questões da marginalidade e da exclusão social eram analisadas como consequências estruturais do capitalismo retardatário e dependente. A cultura nacional, as práticas clientelistas e o populismo eram considerados entraves ao processo de racionalização e da introdução da ciência e da tecnologia na produção.

A partir da década de 1970, período de grande desempenho econômico no Brasil, caracterizado por uma política industrial fortemente nacionalista, a sociologia brasileira começou a se aproximar das empresas (Kirschner, 2002). Os sociólogos do trabalho estavam perplexos diante dos processos simultâneos de crescimento acelerado e do aumento da pobreza. Este período de repressão política coincide com análises preponderantemente marxistas sobre as relações e condições de trabalho, que apontam não só as relações sociais extremamente repressivas, mas também a deterioração salarial, as altas taxas de rotatividade no emprego, os altos índices de acidentes de trabalho, doenças profissionais e a intensificação da jornada de trabalho. Segundo Kirschner, os empresários eram pouco analisados e considerados como "exploradores da classe operária". As fábricas eram vistas como o lugar privilegiado do conflito de classe. Nos anos 1980, com a crise econômica e a desaceleração industrial, a sociologia brasileira passou a ampliar seu escopo de análise.

3.3 A emergência da sociologia da empresa

Os países que contavam com a forte mão do Estado no desenvolvimento econômico tinham suas empresas protegidas por taxas alfandegárias abrigando-se em mercados confinados não concorrenciais. A maioria das empresas e de indústrias nacionais vivia quase que exclusivamente preocupada com os próprios produtos e com as disputas internas. No entanto, na virada dos anos 1980, o aumento dos fluxos de mercadorias, capitais e informações atravessou as fronteiras nacionais e criou-se um espaço mundial de transações. O Estado abandonou uma série de funções que tinha assumido e se reorganizou para lidar com a economia globalizada. Tecnologias foram rapidamente superadas e tornaram-se obsoletas. O sucesso empresarial passou a depender da adoção de tecnologias em um padrão ditado pelo mercado internacional e o ritmo acelerado da substituição tecnológica gerou uma competição acirrada. Consequentemente, o modelo de empresa competitiva passou a exigir força de trabalho qualificada e a aprendizagem contínua tornou-se parte integrante do trabalho. Para acompanhar os avanços tecnológicos e adaptar-se às circunstâncias, as empresas tenderam a converter-se em laboratórios de ideias e métodos.

Conforme Sainsaulieu (1997), atualmente, muitas organizações não mais ocupam prédios específicos e tendem a tornar-se virtuais, passando a funcionar como atividade, porque é mais fácil e mais barato transportar a informação do que as pessoas, por meio de tecnologias do processamento e da computação. Num mundo econômico aberto, o futuro das empresas depende das capacidades de reação do conjunto do seu sistema produtivo, pelo que são necessárias forças de mudança particulares para acompanhar as dinâmicas de desenvolvimento social das empresas (1997, p.468). A revolução tecnológica e as indústrias de ponta anunciaram o esgotamento do fordismo. O sistema industrial baseado na utilização de linha de montagem que controlava o ritmo de produção, a padronização e a produção em série para mercados em massa foi impactado pela presença de micocomputadores que permitem que se ultrapasse a barreira da resistência física e assegurem a conformidade aos padrões de qualidade. As atividades que anteriormente eram fragmentadas em tarefas simples, rotineiras e estereotipadas, passaram a ser agregadas em processos. Os trabalhos foram reunidos de acordo com equipes multifuncionais responsáveis por processos inteiros ou por funções gerenciais. No entanto, essas transformações globais estão longe de serem generalizadas na prática, em especial nos países pobres.

Nos anos 1990, foi profundamente questionada a capacidade das ciências sociais definirem uma nova sociologia, assente na articulação explícita das dinâmicas sociais e de produção com as lógicas comerciais e financeiras da concorrência internacional (Sainsaulieu, 1997, p.295). É nesse contexto que se funda a sociologia da empresa. Conforme Sainsaulieu (1997), a empresa vive realidades específicas e diferentes que faz com que elas necessitem compreender melhor para apreender o motor do desenvolvimento apropriado que as tornem eficazes. Após analisar inúmeras firmas (Franfort; Sainsaulieu, 1995 apud Sainsaulieu, 1997), distinguiu-se cinco mundos sociais de empresas em que o sucesso econômico depende de dinâmicas de relações sociais muito diferentes: o mundo social da *empresa comunidade*, característica de pequenas e médias empresas; a *empresa em modernização* (siderurgia, mecânica, automóvel, setor agroalimentar e de serviços); a *empresa em crise*; a *empresa burocrática*, que inclui o setor terciário público e privado; a *empresa dual*, que vive a mudança sob a forma de adaptação ao meio ambiente e/ou da crise de regulação. Após análise desses mundos empresariais, Sainsaulieu concluiu que as diferentes empresas apresentam desempenho econômico variado e dependem de um conjunto de fatores organizacionais, culturais e sociopolíticos para ter êxito. Assim, quanto mais a contingência do mercado pesa sobre a vida das empresas, mais as suas performances dependerão de uma capacidade de integração específica com a sociedade (1997, p.297-302).

Portanto, a empresa é um sistema social, além de ser um sistema econômico e técnico. Quanto à visão de que a empresa é uma sociedade de produção confrontada com um universo de contingências múltiplas, o autor afirma:

> Trata-se de conceber a empresa como uma verdadeira sociedade de atores envolvidos num mesmo esforço coletivo de produção na encruzilhada de uma tripla exigência de socialização pelo trabalho, de estratégias de poder e de lógicas de ação coletiva, e em face de

uma pressão diversificada dos seus variados ambientes econômicos, culturais e políticos (Sainsaulieu, 1999, p.302).

Na mesma linha de compreensão, Bernoux (1995) acredita que as pressões externas para as mudanças existem, mas são mediatizadas pelos atores e pelos sentidos que eles próprios atribuem à ação. Portanto, não há um modelo de comportamento único, fundado em uma suposta natureza humana, pois o sentido da ação depende dos indivíduos (atores) em uma dada situação. As mudanças nas atitudes e no comportamento dos atores são compreensíveis por meio do sentido que estes lhe conferem.

Essa perspectiva elimina a dicotomia entre a empresa e a sociedade, pois a empresa passa a ser vista como elemento interconectado à sociedade. Em uma organização a coerência de um conjunto é relativa e a mudança organizacional é explicada como transformação das regras e das relações, sejam internas ou externas às empresas. Para Bernoux (1995), a empresa não pode ser entendida apenas pela lógica do mercado, pois ela é "um sistema contingente de regras e relações entre atores". Seus resultados "são fruto de relações criadas nessa empresa e fora dela, da sua estruturação, da sua continuidade, em suma, de um constructo social" (Bernoux, 1995, p.104).

Bernoux (1995) considera que as relações entre empresa e sociedade não podem se limitar às relações econômicas. Os novos estudos exigem olhar a empresa como uma instituição como outra qualquer, com seus desdobramentos, relações sociais e influências culturais. Em uma organização, a coerência de um conjunto é relativa e a mudança organizacional é explicada como transformação das regras e das relações, tanto internas quanto externas às empresas. As mudanças nas empresas pressupõem capacidades relacionais e comunicacionais expressas com clareza na sociedade, conforme Bernoux explicita:

> Em 1960, trabalha-se para o produto. Visa-se produtos de massa. O serviço de produção domina na empresa. O cliente compra aquilo que lhe oferecem.
> Em 1980, trabalha-se para o cliente. A preocupação reside em oferecer-lhe produtos e serviços que correspondem às suas necessidades e

expectativas, estudadas com atenção pelos serviços de *marketing*. Em 2000, trabalha-se com o cliente. Com ele são construídos os produtos e serviços [que o cliente] necessita ou deseja. Ajuda-se a emergência de suas necessidades e esperanças; com a participação do cliente, estes produtos são colocados no ponto certo, cabendo ao próprio cliente verificar a qualidade destes novos produtos ou serviços (Bernoux, 2001, p.88-9).

Acreditamos que o impacto das profundas mudanças sociais, políticas e econômicas é internalizado pelas empresas a partir da dinâmica das relações entre sujeitos que as põem em movimento e a sociedade. A construção de normas e regras e a determinação de valores são resultado das relações sociais que ultrapassam os objetivos econômicos, na medida em que a empresa é um espaço ao tanto socializador quanto socializado, em contínua interação com a sociedade. Cabe acrescentar que nessa dinâmica de interação entre empresa e sociedade, a cultura é uma importante categoria de análise, pois a tomada de decisão é intercambiada pela cultura. Para Sainsaulieu (1987), o conceito de cultura de empresa ultrapassa o conceito de cultura organizacional, devendo pautar-se pela

> [...] vontade de empreender projetos coletivos de produção, o conhecimento de uma mesma história, um sentimento de pertencer a um mesmo conjunto humano, a uma mesma sociedade humana, dispondo de uma cultura transmitida e compartilhada entre todos os membros do pessoal e da direção (Sainsaulieu, 1987, p.17).

Existe um jogo de interações estratégicas que agrega os valores culturais e os valores sociais, que põe em evidência os processos de identidade e de reconhecimento dos grupos humanos envolvidos em uma empresa. A cultura da empresa refere-se a um universo de relações sociais e as especificidades culturais podem funcionar tanto no sentido de adaptação como de rejeição de culturas organizacionais estrangeiras; pois, para se organizarem no trabalho, homens e mulheres não podem abstrair da sua cultura (Sainsaulieu, 1997, p.191).

O olhar sociológico sobre a empresa permite vê-la como entidade que se tornou autônoma por não limitar a sua eficiência ao lucro econômico: ela produz emprego, tecnologia, solidariedades, modos de vida e cultura. É assim que a empresa entra no palco das instituições da sociedade, porque ela contribui, como a escola, o exército, a justiça, as famílias e mesmo as Igrejas para moldar grupos sociais, identidades coletivas e regulações portadoras de futuros (Sainsaulieu, 1997, p.468).

A realidade das empresas refere-se a uma construção social subjacente da sociabilidade coletiva, produz comunidades específicas no curso das relações de trabalho e está enraizada de especificidades sociais e culturais de uma região ou de um meio ambiente local. Sainsaulieu acrescenta:

> Estas comunidades fundam a interdependência empresa-sociedade sobre um conjunto de representações coletivas de valores e de símbolos referidos a um ator social completo, é certo que trabalhador, mas igualmente habitante, cidadão, pai, consumidor e animador da vida social (1997, p.208-9).

A economia não é só aplicação do cálculo da eficiência, mas também contém em si princípios de justiça, porque é um fenômeno social como outro qualquer, com funções políticas e sociais (Amartya Sen, 1999a). Na medida em que a economia não possui uma dinâmica independente, pois depende da ação de homens e mulheres, os movimentos da economia não são automáticos; portanto, as decisões tomadas na esfera econômica de um país ou de uma empresa vêm da cultura. A cultura é, portanto, o terreno em que as escolhas subjetivas se fortalecem ou se enfraquecem. Logo, é um campo de batalha político decisivo tanto na sociedade como nas empresas. A política e o Direito podem acelerar as transformações institucionais, mas as mudanças mais profundas, que necessitam de mais tempo e dependem de embasamento e da consciência das pessoas, acontece no campo da cultura, matriz geradora de uma multiplicidade de leituras e avaliações sobre o social. As mudanças são empreendidas pela forma como se traduz a realidade e se implementam as ações. Cabe à cultura dar solidez às convicções. Pelo fato da cultura e da economia estarem ligadas entre si, mudanças numa delas afetarão a outra.

Enfim, o foco da sociologia das empresas revela-se fundamental na discussão acerca do desenvolvimento social da empresa. A solidariedade e as relações interpessoais são elementos essenciais na consciência de pertencimento a um grupo.

> A empresa está inserida numa dinâmica social com representações sociais, herdadas do passado, sob a forma de culturas e em processo de aprendizagem ou de transformação para uma outra concepção de projeto a partir do momento em que o futuro perdeu as certezas de crescimento de uma outra época (Sainsaulieu, 1997, p.303).

Kirschner (1998), na mesma linha de pensamento de Sainsaulieu, afirma que a empresa é uma microssociedade e, nesse sentido, a sociologia da empresa vai além de modelos delimitados pelo espaço empresarial ou fabril, como, por exemplo, as lutas de classes. A empresa é uma instituição com uma função na sociedade, pois estabelece um conjunto de relações sociais e culturais com a sociedade, com o Estado e com a Nação. Para esta autora, a sociologia da empresa vem romper com os modelos tradicionais, na medida em que foge da análise de relações de poder estritas, e busca compreender a empresa como parte da teia social em seu sentido mais amplo.

3.4 A sociologia da empresa no Brasil

O Brasil enfrentou nas décadas de 1970 e 1980 a crise do petróleo e, a partir de 1982, a crise da dívida externa, que se traduziu pela violenta alta de juros e perda de competitividade da indústria. Assim como o setor industrial foi severamente afetado por constrangimentos externos, houve também aumento do desemprego, precarização das condições de vida da população e aumento da pobreza.

As altas taxas de inflação levaram os empresários brasileiros a privilegiar o investimento financeiro ao produtivo. Consequentemente houve, nos anos 1980, pequeno interesse em relação à adoção de inovações tecnológicas, na medida em que exigiam grandes investimentos, ao contrário da aplicação do capital no mercado financeiro, que gerava lucros. Nesse momento, um setor mais dinâmico do empresariado brasileiro buscou alternativas para elevar a produtividade. Não só houve demissões maciças de trabalhadores, mas também se buscaram novas formas de reorganização da produção e da flexibilização do trabalho (Kirschner, 2002).

No período de transição política do governo ditatorial militar, ao final da década de 1970, houve um crescimento do movimento sindical. O cenário político em transformação favoreceu o questionamento de formas autoritárias vigentes no interior das empresas, ainda que o diálogo entre trabalhadores e empresários continuasse tenso. O empresariado alegava que os sindicalistas não estavam interessados em discutir sobre modernização tecnológica e que decisões empresariais eram estratégicas e confidenciais.

A análise das ciências sociais, nesse período, foi direcionada aos temas ligados à flexibilização da produção e do trabalho, à introdução de novas tecnologias e ao sindicalismo emergente do ABC paulista.[1] A modernização foi tratada por dois ângulos: aqueles que a identificavam como uma adequação necessária ao paradigma pós-fordista e outros que passaram a relativizar as transformações, na medida em que era admitida a existência de estilos distintos de modernização tecnológica que não colocava em causa os preceitos legítimos das lutas trabalhistas (Kirschner, 2002).

Na segunda metade dos anos 1980, ocorreu um pequeno reaquecimento na economia, caracterizado por uma difusão significativa de equipamentos de base microeletrônica. Análises acadêmicas buscaram compreender como os trabalhadores interpretavam a inovação tecnológica. Alguns estudos se voltaram para a vertente multidisciplinar, que buscava a interconexão tanto da antropologia, da sociologia e da economia como da visão dos administradores de empresas, engenheiros de produção e psicólogos.

A modernização nas empresas também foi impulsionada pela abertura ao capital estrangeiro de setores industriais, comerciais e financeiros, que provocou uma rápida internacionalização da economia brasileira. Em poucos anos, a participação das empresas estrangeiras na economia brasileira

---

1 ABC Paulista, Região do Grande ABC, ou ABC, parte da Região Metropolitana de São Paulo, porém com identidade própria, é uma região tradicionalmente industrial do estado de São Paulo. A sigla vem das três principais cidades da região: Santo André (A), São Bernardo do Campo (B) e São Caetano do Sul (C). Ocasionalmente, a região também é referida como "ABCD", pois o município de Diadema, contíguo a São Bernardo do Campo, é também um populoso e importante centro industrial.

cresceu de 28%, em 1990, a 44% em 2000 (Kirschner, 2002). Com o governo Collor (1990-92), teve início o processo de abertura comercial aos produtos importados. A disponibilidade desses produtos no mercado brasileiro, com preço e qualidade competitivos, levou a uma mudança no comportamento dos consumidores, que passaram a fazer escolhas pelo preço inferior. A indústria nacional passou a enfrentar o desafio de se tornar competitiva em nível internacional ou desaparecer. Empresários e gerentes estavam frente a um novo ambiente econômico, muito mais dinâmico e competitivo. Os padrões assentados há quase meio século foram radicalmente alterados.

Nesse período, ocorreu uma aceleração dos programas de melhoria de produtividade e qualidade, visando reduzir custos das empresas locais. Em 1990, foi lançado o Programa Brasileiro de Qualidade e Produtividade (PBQP) como uma ação do governo federal para apoiar o esforço de modernização da indústria brasileira, por meio da promoção da qualidade e produtividade, com vista a aumentar a competitividade de bens e serviços produzidos no país (Costa, 2002). As discussões sobre a relação entre o papel do Estado e os interesses do capital emergiram e não se limitaram à área econômica. Conforme Boschi (2002 apud Kirschner, 2002), as reformas orientadas para o mercado não reduziram a capacidade de intervenção do Estado. A reforma do Estado, atravessada pela lógica do mercado, acabou por se interpor entre as relações com a sociedade civil, que luta por melhores condições de vida. A partir da observação do descompasso entre crescimento econômico, concentração de renda e pobreza, muitos estudos retomaram a discussão da sociologia do desenvolvimento dos anos 1960 e 1970, porém retificando que a industrialização e o crescimento econômico não são suficientes para combater a pobreza.

No final dos anos 1990, observamos alguns trabalhos no escopo da sociologia da empresa, realizados por professores da Universidade Federal do Rio de Janeiro (UFRJ) e da Universidade Federal Fluminense (UFF), como os cientistas sociais Ana Maria Kirschner, Eduardo Gomes, Mario Giuliani, Maria Antonieta Leopoldi, Paola Cappellin, entre outros. A contribuição da sociologia da empresa, em especial o trabalho desenvolvido por Sainsaulieu, em sua obra *Sociologie de l'organizacion et de l'entreprise* (1987), tornou-se referência, na medida em que trouxe uma proposta inovadora para os estudos sobre a empresa. Como marco, esse grupo de professores reuniu-se no *Workshop: empresa, empresários e sociedade no Brasil*, em 1999, buscando estabelecer um diálogo entre contribuições de várias disciplinas das ciências sociais acerca de um dos elementos centrais da ordem liberal – as empresas – dada a ausência de preocupações sociológicas nesse sentido no caso brasileiro. A sociologia da empresa a percebe como um sistema social com dimensões que ultrapassam os objetivos econômicos e está em contínua interação com a sociedade. Ela possui uma ética interconectada com a vida política e social de uma sociedade. É compreendendo a empresa, além da sua dimensão econômica, que buscamos analisar neste livro o fenômeno da responsabilidade social empresarial e, em particular, do chamado investimento social privado.

3.5 Uma visão panorâmica da responsabilidade social empresarial[2]

Ações coletivas que visam à caridade, envolvendo o Estado e a burguesia, já apareceram no século XVIII e XIX (De Swaan, 1992). Na busca de desarmar potenciais antagonismos decorrentes da pobreza, a intervenção social empresarial, nessa época, expressava-se pela caridade pontual de empresários beneméritos como forma de governar a miséria (Beghin, 2003).

Como observou Bronislaw Geremek (1986), tanto o discurso filantrópico, presente desde o século XIX na Europa, quanto a Igreja Católica encarava o problema da pobreza como algo degradante, o que levou a atitudes de piedade e caridade. Nesse período, a filantropia fundamentava-se na beneficência individual e na ideia de que a ajuda aos pobres deveria vir da iniciativa particular, inspirada por motivações mais elevadas que as que movem a assistência estatal. Conforme o autor, tratava-se da *laicização do mandamento do amor ao próximo*. E acrescenta: [...] a atividade filantrópica, traduzindo o desejo humanitário de socorrer outrem, permite que o benfeitor mostre a sua riqueza e afirme publicamente o seu prestígio social (Geremek,1986, p.16).

---

[2] Inúmeras expressões designam as ações sociais hoje desenvolvidas pelas empresas. Optamos pela expressão responsabilidade social empresarial, na medida em que, no Brasil, a maioria dos trabalhos acadêmicos traduziu a expressão "corporate social responsibility", utilizada pelas empresas, para *responsabilidade social empresarial*. Contudo, mais recentemente os países vem utilizando a expressão responsabilidade social corporativa ou responsabilidade social das organizações, para incluir todas as empresas, sejam elas privadas ou públicas.

No início do século XX, a ideologia econômica predominante era o liberalismo e a visão clássica da responsabilidade social empresarial incorporava esses princípios, influenciando a forma de atuação social das empresas e definindo suas principais responsabilidades em relação aos agentes econômicos. Como argumentou Galbraith (1982), nesse período, a empresa era formada por empresários em mercado de concorrência quase perfeita. O patrimônio da companhia se confundia com o patrimônio do dono e a maximização dos lucros era o objetivo maior e expressava a vontade dos acionistas, sendo essa a principal contribuição social da empresa.

Nos Estados Unidos, ocorreu um episódio emblemático quanto à responsabilidade social das empresas: o julgamento na justiça americana do caso Dodge *versus* Ford, em 1916. Henry Ford, presidente e acionista majoritário, recusou-se a distribuir parte dos dividendos da empresa, revertendo-os para a realização de objetivos sociais, como aumento de salários e aplicação em um fundo de reserva para enfrentar uma eventual redução nos preços de carros. Ford agiu contrariando interesses de um grupo de acionistas, como John e Horace Dodge, que foram à Justiça. A Suprema Corte de Michigan se posicionou a favor dos Dodges, justificando que a corporação existe para o benefício de seus acionistas e que diretores corporativos têm livre arbítrio, apenas quanto aos meios para se alcançar tal fim, não podendo usar os lucros para outros fins (Ashley et al, 2000). Desse modo, a prática de ações sociais pelas empresas não era estimulada, sendo até condenada. A responsabilidade social empresarial limitava-se apenas ao ato filantrópico,[3] isto é, uma ação de natureza assistencialista, caridosa e predominantemente temporária, de caráter pessoal, representada por doações de empresários ou pela criação de fundações americanas, como a Rockfeller (criada em 1913), a Guggenheim (em 1922) e a Ford (em 1936).

Com os efeitos da Grande Depressão nos EUA, a noção de que a empresa devia responder apenas aos acionistas sofreu ataques. A temática da responsabilidade se impôs às empresas para que o Estado pudesse controlar política e socialmente seu poder, na medida em que, no decorrer dos anos 1930, o desenvolvimento das grandes corporações detinha tamanho poder,

---

3 A origem etimológica do termo filantropia é "amor ao homem ou à humanidade", pressupondo uma ação altruísta e desprendida relacionada à caridade como virtude cristã.

até mesmo de interferir nacionalmente na esfera política (Cappelin, 2004, p.105). No entanto, foi somente a partir dos anos 1940, em parte da Europa, que se registrou o apoio empresarial – em especial do setor industrial – à necessidade das corporações atuarem com responsabilidade em relação aos seus funcionários e contribuírem de forma efetiva para o bem-estar da sociedade (Duarte, 1986, p.187).

Posteriormente, nos EUA, a filantropia empresarial, enraizada no legado puritano, possibilitou a conversão de recursos privados em fundos comuns para promover interesses coletivos no atendimento aos menos favorecidos. Em 1944, foram aplicados cerca de 130 milhões de dólares em práticas filantrópicas, o que representava, aproximadamente, 2% do produto nacional bruto (Hunter, 1999, p.44). Com as pressões da sociedade e do Estado, a ação filantrópica passou a ser promovida pela própria empresa, simbolizando o início da incorporação da temática social na gestão empresarial. Apesar das iniciativas, até a década de 1950, a responsabilidade social empresarial assumiu dimensão estritamente econômica e foi entendida como a capacidade empresarial de geração de lucros, criação de empregos, pagamento de impostos e cumprimento das obrigações legais. Essa era a representação clássica da ideia de responsabilidade social empresarial.

Depois da Segunda Guerra Mundial, o entendimento dos empresários em relação aos problemas sociais começou a se modificar. Nos EUA, diversas decisões nas Cortes Americanas foram favoráveis às ações filantrópicas de empresas. Em 1953, a justiça americana posicionou-se favorável à doação de recursos filantrópicos para a Universidade de Princeton, contrariamente aos interesses de um grupo de acionistas de uma empresa americana. A Justiça determinou, então, que as corporações podiam buscar o desenvolvimento social, estabelecendo a Lei da Filantropia Corporativa de 1953 (Ashley et al, 2000).

O contrato social entre os agentes econômicos e o Estado na provisão de bens comuns representa um exemplo de responsabilidade social da empresa. O fortalecimento do Estado (o Estado-Providência) fundou-se na aceitação da lógica do lucro pelos trabalhadores e na concorrência dos empresários com as políticas redistributivas do Estado. No estudo sobre a emergência de políticas nacionais de bem-estar na Europa, De Swaan (1992) tratou a percepção das elites econômicas sobre os problemas sociais como uma dimensão central da emergência do Estado-Providência. Em seu ponto de vista, o poder público se tornou agente natural na provisão de "bens de cidadania", como educação, saúde e previdência, somente quando as elites econômicas viram vantagens na coletivização de soluções para os problemas sociais. Ou seja, tanto para os grandes empresários como para os trabalhadores, a seguridade social passou de uma questão de custos e controles para um tema de negociação (De Swaan, 1992, p.254).

No Brasil, os empresários brasileiros redigiram duas cartas à Nação em 1945 (Carta Econômica de Teresópolis e Carta da Paz Social), divulgadas pela Confederação Nacional da Indústria e do Comércio. Ali afirmavam a ideia de harmonia e cooperação entre capital e trabalho, no momento crucial para a definição do papel que deveriam desempenhar as classes produtoras na nova ordem que se anunciava no pós-guerra. Além disso, industriais e comerciantes temiam a influência dos comunistas sobre os trabalhadores em face da insatisfação operária com as condições de trabalho e com os salários (Delgado, 1999).

Os empresários brasileiros estavam dispostos a aceitar aumentar suas contribuições ao Estado, com o intuito de ampliar sua ação social. Entretanto, esse consenso era relativo. Conforme, Barbara Weinstein assinala:

> O que os industriais propunham não era um Estado do Bem-Estar Social do tipo que estava sendo criado em países capitalistas mais desenvolvidos, mas antes uma espécie de capitalismo de bem estar: a atuação direta do capital no fornecimento de produtos mais baratos e serviços sociais para combater a "pobreza" [...] (Weinstein, 2000, p.162).

Com o movimento cultural dos anos 1960, as primeiras gerações do pós-guerra passaram a criticar o modelo de sociedade criado pelo crescimento econômico dos anos 1950 e passaram a imaginar a construção de alternativas comunitárias. A ideia era criar uma sociedade fraterna, criativa e comunitária. Nos Estados Unidos e em parte da Europa, teve lugar a cobrança do Estado por um comportamento socialmente responsável no âmbito empresarial. As empresas passaram a ser forçadas por lei a não causar danos ao meio ambiente e à saúde dos consumidores.

O repúdio à Guerra do Vietnã deu início a um movimento de boicote à aquisição dos produtos e das ações na bolsa de valores das empresas ligadas ao conflito bélico na Ásia. Diversas instituições passaram a exigir uma postura ética e um novo tipo de ação empresarial em relação às questões sociais e ambientais.

A partir de meados da década de 1970, as incertezas passaram a dar conta do cenário internacional. A crise do petróleo, aliada a um novo sistema mundial de cunho competitivo, expresso pelo processo de globalização econômica, à retração do Estado e à emergência da sociedade civil na luta pelos direitos humanos e sociais, impulsionaram uma reestruturação no mundo empresarial. Nessa crise, o contrato social entre empresários e o Estado foi abalado.

A crise econômica e social nos anos 1980 passou a ser captada, interpretada e direcionada contra o Estado, gerando um abalo na confiança em relação a sua operacionalidade. Constata-se que a crise fiscal do Estado acabou impactando sobre sua credibilidade pública, enfraquecendo a percepção de sua finalidade diante da ineficiente administração dos problemas.

Quanto ao desempenho das atividades sociais pelas empresas, Alvin Toffler (1995) escreveu:

> Os novos valores pós-econômicos são também evidentes na crescente insistência pública de que as corporações se preocupem também com o desempenho social e não apenas com o econômico, assim como nas tentativas iniciais de criar medidas quantitativas de desempenho social. O movimento dos consumidores e a reivindicação de minorias éticas e subculturais por representação nos conselhos de administração das corporações também estão ligados à idéia de que as corporações não devem mais se empenhar em um único propósito (o econômico), mas sim em tornarem organizações de "múltiplos objetivos", ajustando-se ao meio social e ecológico (Toffler, 1995, p.123).

Na década de 1990, observamos a disseminação da ideia de responsabilidade social empresarial frente aos desafios da globalização, do acirramento da concorrência internacional, da crise do Estado e da mobilização social. Atento a esse processo, em 1996, o presidente norte-americano Bill Clinton promoveu uma conferência reunindo empresários, líderes trabalhistas e estudantes para discutir, disseminar e incentivar práticas de empresas socialmente responsáveis (Ashley et al, 2000).

Os movimentos sociais, em especial dos ambientalistas, conquistaram uma posição de destaque nessa nova configuração empresarial. Muitas empresas de grande porte, inclusive as responsáveis pela emissão de poluentes, passaram a incluir em sua agenda a questão ecológica. Considera-se uma empresa ambientalmente responsável aquela que age para a manutenção e melhoria das condições ambientais, minimizando ações próprias potencialmente agressivas ao meio ambiente e disseminando em outras empresas as práticas e conhecimentos adquiridos nesse sentido.

Nessa trajetória, tenta-se delinear um novo modelo de responsabilidade social empresarial diferenciado da filantropia, na medida em que compartilha projetos comunitários com todas as partes interessadas (*stakeholders*)[4] da empresa (acionistas, clientes, concorrentes, fornecedores e funcionários) e da sociedade (comunidades, governo etc.). Enquanto a filantropia limitava-se à doação de recursos à comunidade dos trabalhadores, e estava relacionada à caridade de doações efetuadas por empresários ou por fundações criadas por eles, a atual responsabilidade social empresarial prevê processos de avaliação e monitoramento de ações e investimentos sociais na comunidade e na empresa.

A responsabilidade social empresarial amplia-se em relação à filantropia na medida em que essa estratégia passa a fazer parte de seu gerenciamento operacional, com planejamento definido e departamentos específicos dentro da empresa para desenvolver os projetos, implementá-los e controlar os resultados. Trata-se do que os americanos já batizaram de *strategic giving* ou doação estratégica. Nesse sentido, existem indicadores de avaliação para verificar o nível de envolvimento com questões sociais, tais como: o Balanço Social ou as certificações de responsabilidade social, para informar a sociedade sobre o seu comportamento socialmente responsável.

Assim, nos anos 1990, muitas empresas passaram a desenvolver um laboratório de ideias sobre a responsabilidade social empresarial interna e

---

4 Utilizando-se dos mecanismos da análise sistêmica, significa a ação de interdependência de todas as partes interessadas e parceiros no funcionamento de uma empresa ou organização (acionistas, investidores, governos, comunidades, fornecedores, sindicatos, ONGs, trabalhadores, sociedade, meio ambiente, etc.) Em outras palavras, qualquer grupo e indivíduo que afeta ou é afetado pela realização dos objetivos de uma empresa. Para mais ver: Freeman, 1984; Donaldson; Preston, 1995.

externa. Entretanto, como explicam Cheibub e Locke (2002), não faz sentido denominar de responsabilidade social empresarial o cumprimento da lei. A responsabilidade social empresarial contém em seu cerne ir "além da lei", de maneira voluntária:

> Da mesma forma, não podemos chamar de responsabilidade social as ações, programas, benefícios, etc. que foram adotados pelas empresas como resultado de negociação trabalhista (acordo, convenção, etc.). Neste caso, estamos diante de uma questão de poder, barganha política, e não de responsabilidade social (Cheibub; Locke, 2002, p.280).

Voltada ao público interno de uma empresa, a responsabilidade social empresarial pressupõe um modelo de gestão participativa e de reconhecimento dos empregados no intuito de motivá-los a um ótimo desempenho que aumente a produtividade corporativa. Envolve, por exemplo, projeto de qualidade de vida; busca de condições favoráveis no ambiente de trabalho; fornecimento de cesta básica de alimentos; criação de condições de segurança; planos de saúde; plano de cargos e salários; qualificação profissional etc. Além disso, a responsabilidade social das empresas tem aparecido por meio de programas de voluntariado, nos quais participam seus empregados, fornecedores e demais parceiros.

A responsabilidade social empresarial externa às empresas destina-se a programas e projetos comunitários desenvolvidos pelas empresas através de parcerias com o governo, com Organizações não governamentais (ONGs) e com a população organizada de comunidades de baixa renda. Essa modalidade surgiu no fim dos anos 1990 e adquiriu também o termo de investimento social privado. A instituição, no Brasil, que tem trabalhado com esse termo é o Grupo de Institutos, Fundações e Empresas (GIFE), criado em 1995, que o define da seguinte maneira:

> É a doação voluntária de fundos privados de maneira planejada e sistemática para projetos sociais de interesse público. [...] Diferentemente de caridade, que vem acompanhada da noção de prover assistência, investidores privados estão preocupados com os resultados obtidos, as mudanças geradas e a participação das comunidades na execução

dos projetos (Disponível em: <http://www.gife.org.br>, acessado em: 23 dez. 2004).

Cheibub e Locke (2002) realizaram uma preciosa síntese em relação aos modelos de responsabilidade social das empresas. Para os autores, o fenômeno da responsabilidade social empresarial tende a envolver pelo menos duas dimensões: a primeira refere-se aos grupos ou atores beneficiários da gestão e das ações das empresas: os *stockholders* (acionistas e donos) e os *stakeholders* (comunidade que a empresa se relaciona e/ou se localiza e seus trabalhadores, tidos como colaboradores); a segunda salienta a motivação para as ações empresariais: ações que atendem aos interesses imediatos, ou seja, o lucro (motivações instrumentais), e as ações que tenham objetivos mais amplos que os imediatamente ligados aos interesses da empresa (motivações de ordem moral, valorativa).

Essas duas dimensões estão relacionadas a quatro modelos básicos das diferentes formas com que as empresas podem se inserir de maneira responsável em seu meio social:

Produtivismo – gestão empresarial centrada apenas nos benefícios para os acionistas (*stockholders*). A motivação instrumental para as ações sociais da empresa domina, isto é, somente são realizadas ações que tragam benefícios tangíveis para a empresa;[5] *Filantropia* – gestão empresarial para os acionistas; motivação moral para a ação extraempresa, ou seja, não necessariamente trazem benefícios tangíveis para a empresa; *Idealismo ético* – gestão empresarial centrada nos benefícios para o público mais amplo (*stakeholders*); e motivação moral para ações extraempresa;[6] *Progressista* – gestão empresarial para o público mais amplo, motivação instrumental, isto é, prática de ações que se revertam em benefícios claros para a empresa. Duas frases utilizadas por empresários brasileiros, representantes deste

---

[5] A maior parte da literatura sobre responsabilidade social empresarial afirma que este modelo denota ausência de responsabilidade social ou é a responsabilidade social empresarial em primeiro nível, ou seja, a básica e primária da responsabilidade empresarial.

[6] Quanto aos modelos de Filantropia e idealismo ético, eles se sustentam a partir da ideia de que as empresas têm obrigações morais com a sociedade que as permite exercerem suas funções produtivas. Elas devem assumir um papel mais ativo na resolução dos problemas sociais, já que são atores que detêm recursos, o que as permite e, de certa forma, as obriga, a assumir esse papel.

modelo, ilustram a dinâmica Progressista: "por um mundo melhor" e "fazer o bem compensa".[7]

As empresas, submetidas à concorrência internacional no contexto da reestruturação produtiva, passaram a buscar soluções para melhorar o desempenho e a competitividade. O aumento da competição internacional impôs novos padrões de desempenho produtivo, tecnológico e mercadológico às empresas. Foi necessária uma adaptação às novas necessidades, com uma produção mais flexível; trabalhadores mais qualificados ou multiespecialistas; integração entre trabalhadores e máquinas, além de tecnologias avançadas. A qualidade do produto e a gerencial passaram a ser fatores competitivos essenciais para se conseguir atrair clientes, produzir mais e reduzir os custos. Da mesma forma, a competitividade do mercado tem exigido uma mudança da mentalidade do empresariado com uma ênfase maior na perspectiva que focaliza o fator humano e social como chave para o sucesso.

A educação e o conhecimento passam a ser fatores fundamentais para o restabelecimento do equilíbrio econômico e coerência entre os elementos internos e externos (novas tecnologias e novas formas de gestão). Da empresa, busca-se uma nova racionalidade capaz de dar conta da harmonização do sistema. Na medida em que as regras da operação dos negócios foram se tornando obsoletas, a sobrevivência das empresas passou a depender de sua capacidade de aceitar as novas ideias e as estratégias de organização empresarial.

No entanto, nem todas as empresas estão mudando. Aquelas que mudam, em especial as grandes, têm apontado para o fato que a resistência à mudança é resultado da acomodação gerencial, da falta de perspectivas na mudança ou da insegurança provocada pela ausência de treinamento e educação voltados às novas práticas. Dentre as mudanças que têm sido registradas pela nova administração empresarial, destacamos: 1) Gestão

---

7 Essas ações trazem benefícios para a imagem da empresa, melhorando sua posição no mercado consumidor, mercado de trabalho etc. Nesta linha, sustenta-se que responsabilidade social empresarial é um importante instrumento gerencial que as empresas devem lançar mão em um mundo crescentemente competititivo. Podemos aludir a Fredric Jameson ao afirmar que a produção de mercadorias é agora um fenômeno cultural, no qual se compram os produtos tanto por sua imagem quanto por seu uso imediato. Para Jameson (2001), a Pós-Modernidade caracteriza-se pela expansão da cultura da imagem, e sua enorme difusão em todo o campo social.

pela Qualidade Total, como forma de gerir toda a organização, incluindo definições e método de *marketing*, planejamento estratégico, engenharia de produção, liderança, administração participativa e recursos humanos; 2) a Gestão de Projetos Sociais.

A Gestão pela Qualidade Total (*Total Quality Management*) é um exemplo de estratégia de reestruturação das empresas, destinada à satisfação dos clientes internos e externos da organização (fornecedores de serviços e consumidores) por meio de ampla gama de ferramentas e técnicas destinadas a atingir alta qualidade em bens e serviços.

A criação das Normas ISO (*International Standart Organizacional*) série 9000[8] ilustra o conceito internacional da nova reestruturação empresarial para a política da qualidade. A organização deve atingir e manter a qualidade de produtos e serviços, de tal forma a atender continuamente às necessidades declaradas e implícitas do usuário (consumidor/cliente); deve criar a confiança do cliente na qualidade que está sendo ou será alcançada no fornecimento do produto ou serviço. O acirramento do debate ambiental propiciou a criação da ISO 14000, que consiste num conjunto de procedimentos e técnicas sistêmicas que buscam dotar uma organização dos meios para definir a política ambiental e que assegura o atendimento dos principais requisitos: sistemas de gestão ambiental, auditoria ambiental, aspectos ambientais das normas de produtos; análise do ciclo de vida do produto e desempenho ambiental (SEBRAE, 1998).

A ONG americana *Council on Economic Priorities Accreditation Agency* (CEPAA) e a *Social Accountability International* (SAI), fundadas em 1997, com o propósito de criar códigos de condutas para as empresas, elaboraram em 1998 o padrão *Social Accoutability 8000* (SA 8000). A SAI reúne os *stakeholders* de uma empresa para desenvolver normas voluntárias baseadas no consenso, credita organizações qualificadas para verificar o cumprimento de tais normas e promove a compreensão e a implementação dessas organizações em escala mundial. Esse padrão de sistema de verificação, que consiste nos mesmos critérios da ISO 9000, estabelece estratégias para

---

8 A ISO é uma federação mundial de entidades nacionais de normalização, que congrega mais de cem países, representando praticamente 95% da produção industrial do mundo. Trata-se de uma organização não governamental, constituída em fevereiro de 1987, na Genebra-Suíça.

garantir a qualidade nos negócios baseando-se em normas dos direitos humanos internacionais, nos acordos de Defesa dos Direitos da Criança e do Adolescente, nas resoluções da Organização Internacional do Trabalho (OIT), bem como em toda legislação do país em que se encontra a empresa auditada.[9]

Algumas empresas têm adotado códigos de ética que abrangem condutas de empregados, relações com a comunidade e o ambiente, fornecedores e prestadores de serviços, atividade política e tecnologia. Essas empresas passaram a ter duas metas dentro de suas estruturas éticas: obter vantagem competitiva e alcançar legitimidade empresarial. A legitimidade empresarial provém de metas, propósitos e métodos consistentes com os da sociedade. Assim, passamos a observar o discurso de que as organizações devem ser sensíveis às expectativas e aos valores da sociedade.

A questão da ética nos negócios tem sido valorizada em muitas grandes empresas, no meio acadêmico e na mídia. A sociedade pressiona para que a ética corporativa seja guiada por valores ou princípios de conduta, como honestidade, justiça, integridade, transparência, respeito ao próximo e cidadania responsável.

Em 1992, ocorreu no Rio de Janeiro (Brasil), a Conferência das Nações Unidas sobre Meio Ambiente e Desenvolvimento, conhecida como Rio Eco-92, em que organizações da sociedade civil responsabilizaram as empresas pelos padrões de crescimento que violavam os preceitos ecológicos e humanos dentro das empresas. Depois desse evento, foi criado no Brasil o Conselho Empresarial Brasileiro para o Desenvolvimento Sustentável (CEBDES), ligado ao *World Business Council for Sustainable Development*, cujo objetivo é promover o desenvolvimento sustentável a partir da ecoeficiência e da responsabilidade social empresarial.

Existem dois grandes códigos de conduta que as empresas transnacionais, os governos e os sindicatos se comprometem voluntariamente a respaldar: a Declaração Tripartite da Organização Internacional do Trabalho (OIT) e as Diretrizes da OCDE para Empresas Multinacionais. A Declaração Tripartite de princípios da OIT sobre as empresas multinacionais e para a

---

9 Ver www.cepaa.org 2000.

política social está composta de 58 cláusulas e foi adotada pelo Conselho de Administração da OIT em novembro de 1977. É um conjunto de recomendações relativas às práticas laborais básicas, fundadas nos princípios da OIT que abarcam questões sociais que incluem emprego, capacitação, condições de trabalho e de vida e as relações laborais. Em 2000, o Conselho Ministerial da OCDE adotou consideráveis revisões nas Diretrizes da OCDE para empresas multinacionais, aprovadas inicialmente em 1976. Essas revisões dizem respeito aos princípios e direitos dos trabalhadores enumerados pela Declaração da OIT, além da referência quanto às responsabilidades das empresas multinacionais com relação aos subcontratos e fornecedores e o respeito aos direitos humanos em geral. Especialmente importante foi a decisão de ampliar oficialmente a cobertura das Diretrizes para incluir nelas os operativos mundiais de multinacionais com sede em países que subscreveram esse documento (trinta membros da OCDE mais Argentina, Brasil e Chile) (CIOLS, 2001). As linhas de orientação da OCDE para as multinacionais dizem respeito às áreas de políticas gerais, revelação de informações, emprego e relações industriais, ambiente, combate à corrupção, interesses dos consumidores, ciência e tecnologia, concorrência e fiscalidade.

No âmbito das Nações Unidas, foi lançado o *Global Compact* pelo Secretário Geral das Nações Unidas, Kofi Annan, no Fórum Mundial Econômico de Davos, em 1999 e, em julho de 2000, em Nova York. É um código de conduta, de adesão voluntária, para empresas e organizações, cujo objetivo é o de formar uma "aliança global" em torno da defesa de direitos e princípios reconhecidos internacionalmente e ratificada pela maioria dos governos. É uma iniciativa internacional, emoldurada no esforço conjunto de empresas, de agências das Nações Unidas (Alto Comissariado para os Direitos Humanos, Programa Ambiental, OIT e Programa das Nações Unidas para o Desenvolvimento) e de agentes da sociedade civil e laboral. O código abarca nove princípios em três áreas: os direitos humanos, os direitos laborais e a defesa do ambiente.

Na União Europeia, foi elaborado um documento sobre os caminhos para promover um quadro europeu para a responsabilidade social empresarial, que está contido no *Livro Verde* da Comissão Europeia de 18 jul. 2001. A definição de responsabilidade social empresarial é dada logo na parte introdutória: "A responsabilidade social das empresas é, essencialmente, um conceito segundo o qual as empresas decidem, numa base voluntária, contribuir para uma sociedade mais justa e para um ambiente mais limpo. [...] Esta responsabilidade manifesta-se em relação aos trabalhadores e, mais genericamente, em relação a todas as partes interessadas afetadas pela empresa e que, por seu turno, podem influenciar os seus resultados" (Parágrafo 8).

Observamos que a adoção de responsabilidade social no Livro Verde pressupõe que ela contribui para maior produtividade, rentabilidade e competitividade das empresas. As empresas podem ser social e ambientalmente responsáveis, contribuindo, assim, para sua rentabilidade e o desenvolvimento econômico da sociedade. Ser socialmente responsável não se restringe ao cumprimento de todas as obrigações legais, implica ir além, investir em capital humano e social. No parágrafo 11, o Livro é claro:

> Confrontadas com os desafios de um meio em mutação no âmbito da globalização e, em particular, do mercado interno, as próprias empresas vão tomando consciência de que a sua responsabilidade social é passível de se revestir de um valor econômico directo. Embora a sua obrigação primeira seja a obtenção de lucros, as empresas podem, ao mesmo tempo, contribuir para o cumprimento de objetivos sociais e ambientais mediante a integração da responsabilidade social, enquanto investimento estratégico empresarial, nos seus instrumentos de gestão e nas operações (Livro Verde da Comissão Europeia, 2001).

Na América Latina, muitas organizações empresariais voltadas para a responsabilidade social estão ligadas por meio de uma rede de relações com a organização empresarial americana BSR (*Business Social Responsability*). Essa rede foi criada a partir de um Encontro em Miami, *Social Venture Network*, em 1997, com o intuito de se criar um modelo de responsabilidade social empresarial para ser seguido na América Latina. Temos como exemplo o *Instituto Ethos* no Brasil, criado em 1998, a *Acción Empresarial* no Chile (1999), *Fundemas* em El Salvador (2000); incluindo organizações mais antigas como a Mexican Center for Philanthropy (*Cemefi*, 1988) e a

Peru 2021, criada em 1994, além de outras organizações similares que estão ativas na Argentina, na Colômbia e Panamá.

Segundo Agüero[10] (2003), essas organizações têm implementado uma ampla rede com ONGs locais e internacionais, agências governamentais, organizações multilaterais, universidades, centros de pesquisa, fundações filantrópicas americanas por meio de uma agenda de conferências nacionais e internacionais sobre práticas de responsabilidade social empresarial na América Latina. Para Agüero, importa analisar a origem deste tema de maneira comparativa. Na América Latina, pode-se identificar o mesmo contexto: um Estado fraco, a democratização e as reformas neoliberais. Para o pesquisador, a implementação de privatizações, reformas econômicas e institucionais com consequências sociais desiguais torna o balanço de poder entre o Estado e as empresas diferente e fortalece o setor privado. O setor privado preocupa-se com sua legitimidade no cenário de crises, incertezas, baixo crescimento e de aumento das desigualdades sociais. Cria-se para o empresariado oportunidades de sair de seus limites corporativos estreitos para que haja uma visão mais assertiva, nacional e, universalista.

No entanto, esses fenômenos se organizam de maneira diferente entre os países, a partir de três fatores primordiais, que se inter-relacionam: 1) pressão e mobilização social, em que as questões sobre a pobreza, a desigualdade e a discriminação emergem ao lado dos altos níveis de desemprego, no cenário do fim dos governos militares nos anos 1980. A sociedade organizada busca novas oportunidades para se organizar e se expressar, além disso, criam-se consumidores mais exigentes; 2) nova visão e percepção entre as elites empresariais. Os empresários são iluminados por novas ideias no enfrentamento de realidades práticas e sociais que demandam novas estratégias de inserções em período de transição política e econômica; 3) o desenvolvimento de novas práticas gerenciais surge como resposta à crise econômica e às pressões do mercado e da sociedade civil.

---

10 Felipe Agüero realizou a pesquisa *The Promotion of Corporate Social Responsability in Latin American*, que consiste em compreender as origens da ideia de responsabilidade social na América Latina, com base no estudo comparativo de organizações empresariais, especificamente as destinadas a difundir o tema da responsabilidade social empresarial.

Esses fatores se combinam e se articulam de maneira específica, com pesos diferentes em cada país. Por exemplo: enquanto, no Peru, a responsabilidade social empresarial surgiu como uma reação política das elites empresariais à crise peruana, no Chile, a responsabilidade social empresarial surgiu com uma conotação religiosa e humanitária, como resposta ao profundo enriquecimento do empresariado local, ao lado da consciência das imensas desigualdades sociais. Outros contrastes também puderam ser observados entre México e Argentina. A grande divergência observada é entre o Brasil e os demais países. O caso brasileiro é singular, pois a responsabilidade social empresarial nasce de uma sintonia única: "com o calor da democratização no país" (Agüero, 2003).

Várias são as instituições engajadas com o tema da responsabilidade social empresarial: *Business for Social Responsability* (BSR), com sede nos EUA; *World Business Council for Sustainable Development* (WSCSD), com sede na Suíça; *Corporate Social Responsability* (CSR), com sede na Holanda. Essas entidades compartilham a ideia de que a responsabilidade da empresa é a extensão do papel empresarial além dos objetivos econômicos. As empresas devem, assim, realizar ações sociais que beneficiem a comunidade, contribuindo para o seu desenvolvimento econômico sob a dimensão do desenvolvimento sustentável. Segundo a definição do Conselho Mundial Empresarial para o Desenvolvimento Sustentável (*World Business Council for Sustainable Development*/ WBCSD), instituição que congrega várias empresas ao redor do mundo: "Desenvolvimento sustentável significa adotar estratégias de negócio que atendam às necessidades da organização, do ser humano, da comunidade, ao mesmo tempo em que mantêm os recursos naturais para as próximas gerações".[11]

A responsabilidade social das empresas está associada ao desenvolvimento local sustentável, na medida em que relaciona o desempenho das empresas ao consumo de recursos pertencentes à sociedade.

Cidadania empresarial e desenvolvimento sustentável se coadunam com o mesmo discurso: conjugar balanços de vendas e lucros com um conjunto de valores éticos e práticas sociais e ambientais para aferir sucesso

---

11 Ver página www.wbcsd.ch (acessado em: 23 fev. 2001).

de determinada organização. A responsabilidade social empresarial tenta ampliar-se em relação à filantropia, justificando que faz parte de seu gerenciamento operacional, com planejamento definido e departamentos específicos para desenvolver projetos, implementá-los e controlar os resultados.

Em última instância, a motivação empresarial pela responsabilidade social e pelo investimento social pode ser justificada pela emergência de um "*novo espírito do capitalismo*", como afirma Boltanski e Chiappello (2002). Os autores investigam as atuais mudanças ideológicas que acompanham as recentes transformações do capitalismo. Se a lógica e as condutas são outras, importa perceber a (re)construção desse espírito capitalista que se desenvolve, pois é ele que expressa a justificativa ideológica do compromisso com o capitalismo. Os autores apontam que um dos traços do capitalismo é a busca constante por adeptos ao sistema para legitimar-se. Isso coloca a questão de como conseguir a adesão e a legitimação se, para a maioria das pessoas, "não lhe é atribuída mais do que uma responsabilidade ínfima [...] no processo global de acumulação, de modo que se mostram pouco motivadas a comprometer-se com as práticas capitalistas, quando não se mostram diretamente hostis a elas" (2002, p.41).

Portanto, caberia ao espírito do capitalismo de cada época "apaziguar a inquietação suscitada pelas seguintes questões":

> De que maneira pode o compromisso com o processo de acumulação capitalista ser uma fonte de entusiasmo inclusive para aqueles que não serão os primeiros a se aproveitarem dos benefícios realizados? Em que medida aqueles inscritos no cosmo capitalista podem ter a garantia de segurança mínima para eles e seus filhos? Como justificar, em termos do bem comum, a participação da empresa capitalista e defendê-la, frente às acusações de injustiças (Boltanski; Chiapello, 2002, p.56, tradução da autora).

Para os autores, o capitalismo busca fora de si os valores que necessita para garantir sua legitimidade no sistema social. Nessa busca por argumentos orientados ao bem comum, o capitalismo se apropria dos argumentos da crítica: "O capitalismo não pode prescindir de uma orientação para o bem comum da qual extrai as razões pelas quais vale a pena aderir a ele. No entanto, sua indiferença normativa impede que o espírito do capitalismo seja gerado a partir dos seus próprios recursos. Desse modo, o capitalismo necessita da ajuda de seus inimigos, aqueles que se indignam e se opõem a ele, para encontrar os pontos de apoio morais que lhe faltam, e incorporar dispositivos de justiça, elemento sem os quais não disporia da menor propriedade" (Boltanski; Chiapello, 2002, p.7).

Boltanski e Chiapello identificam três espíritos, cada qual com sua própria argumentação, do que é o: um, no final do século XIX, em que essas argumentações giravam em torno do papel do progresso, da técnica e da ciência; outro, a partir dos anos 1930, com a emergência das grandes corporações, em que a justificativa se apoiava na "solidariedade institucional, da distribuição do consumo, assim como na colaboração entre as grandes firmas e o Estado em uma perspectiva de justiça social" (2002, p.58-9); e o terceiro espírito que, para Boltanski e Chiapello, foi posto em marcha a partir do movimento de maio de 1968. Nessa fase o capitalismo é criticado pela produção em massa, por suas grandes organizações burocráticas, hierárquicas, e pela falta de liberdade e de criatividade à qual as pessoas eram sujeitas. No entanto, não imaginavam que suas críticas seriam incorporadas ao capitalismo e iriam impulsionar o surgimento de outro modelo mais relacional com os indivíduos. Como afirmam Boltanski e Chiapello, foi nos anos 1990 que o capitalismo absorveu a "crítica artística", produzida na década de 1960, e passou a adotar as ideias de empreendedorismo criativo e autêntico nesse novo capitalismo mais relacional. Para os autores: [...] é, precisamente, o conjunto de crenças associadas à ordem capitalista que contribuem para justificar esta ordem e a manter, legitimando os modos de ação e as disposições que são coerentes com ele (Boltanski; Chiapello, 2002, p.46).

3.6 A responsabilidade social das empresas no Brasil

As ações sociais em parceria com empresários não são novidade no Brasil e o seu envolvimento social obedece a duas ondas importantes, ambas ligadas a momentos de redemocratização e de reinserção do país na ordem internacional. Esses momentos propiciam a necessidade de adaptação a uma nova realidade e a uma mudança de valores, muitas vezes, inspirada em modelos externos. Nos anos 1940, o envolvimento social de empresários brasileiros nasceu a partir de iniciativas empresariais para o controle da massa operária como resultado de uma disputa ideológica entre comunistas e liberais. Já nos anos 1990 o contexto foi diferente. Não podemos afirmar que a ação social empresarial é somente consequência da crise do Estado brasileiro, na medida em que ele nunca atingiu a plenitude de seus objetivos para promover uma ampla cidadania. Esse movimento surgiu no avanço da democracia e se expandiu em face de um reordenamento do Estado para criar um mercado e uma comunidade capazes de prestar serviços básicos que, muitas vezes, nunca esteve em condições de prestar. Assim, o empresariado busca um novo posicionamento na sociedade e um novo relacionamento com o Estado.

A provisão de bens coletivos no Brasil esteve associada, há aproximadamente quatro séculos, à caridade realizada pela Igreja Católica e à filantropia empresarial, marcadamente no processo da industrialização. A institucionalização da caridade da Igreja Católica apareceu com a chegada da Irmandade da Misericórdia e com a instalação das primeiras Santas Casas de Misericórdia que, desde a metade do século XVI, mantêm hospitais para a população. Foram criadas com preocupações caritativas e beneficentes e voltadas especialmente aos órfãos, idosos ou inválidos (Mestriner, 2001).

Mesmo com a instauração da República, o Estado brasileiro deu continuidade às políticas sociais implantadas pela Igreja Católica, pelo financiamento por intermédio de repasse de recursos, subsídios, subvenções e isenções de impostos à instituições com a conotação de filantropia. Ou seja, o Estado, em parceria com a Igreja Católica e alguns empresários beneméritos, teve uma estratégia de intervenção e de controle da pobreza com a proposta de transformar indigentes, abandonados, inválidos, doentes e delinquentes na categoria de "assistidos sociais". Para tanto, foram se erguendo instituições próprias, de promoção, educação e reabilitação com lógicas científicas, técnicas, administrativas, filosóficas e jurídicas, que até hoje vigoram. Para Mestriner,

> [...] a assistência social, embora tenha ingressado na agenda do Estado – desde o âmbito municipal até o federal –, sempre o fez de forma

dúbia, isto é, mais reconhecendo o conjunto das iniciativas organizadas da sociedade civil no denominado campo dos "sem fim lucrativos" do que propriamente reconhecendo como de responsabilidade pública e estatal as necessidades da população atendida por tais iniciativas (Mestriner, 2001, p.17).

Também observamos uma atuação social de alguns empresários a partir da construção de vilas operárias. Nos anos 1980 do século XIX, essas vilas operárias eram construídas para os trabalhadores das indústrias com capital privado. De acordo com Lia de Aquino Carvalho (1986), a origem das vilas operárias tem relação com inspeções sanitárias impingidas sobre as classes operárias durante a epidemia da febre amarela. Além da motivação das vilas se referir aos interesses capitalistas, ela incorporava o valor do isolamento dos trabalhadores qualificados e semiqualificados, tendo em vista o ambiente urbano crescentemente caótico. As vilas expressavam um modelo industrial paternalista que buscava criar um ambiente de trabalho controlado, livre da "desordem" causada pelo que muitos empresários julgavam ser "as deficiências morais" das classes trabalhadoras da cidade (Carvalho, 1986, p.156-161).

O paternalismo também aparece nas vilas operárias da indústria têxtil no Nordeste do Brasil. A distribuição de privilégios de moradia nessas vilas, conforme demonstrado por José Leite Lopes (1988), expressa a arbitrariedade dos patrões nessa concessão. Para o autor, essas habitações construídas pelos empresários transformaram-se no local onde se processava a reprodução do trabalho, dos princípios e códigos fabris. As vilas operárias sugerem um apelo para a atração dos trabalhadores rurais para a fábrica, por meio do aliciamento, além de significar a criação de um mercado de trabalho cativo e fechado, mediante sucessivas gerações nascidas e criadas nas vilas operárias, sob o regime e temporalidade da expansão capitalista.

A partir da década de 1930 e 1940, observamos uma nova articulação entre o empresariado e o governo no Brasil no âmbito social, para atender aos propósitos comuns de modernização e industrialização da economia e de estabilidade social. Na década de 1940 foram criadas instituições do chamado *Sistema S*[12] (SENAI, SENAC, SESC e SESI). O Serviço Nacional de Aprendizagem Industrial (SENAI) foi criado em 1942, com o objetivo de realizar a capacitação de mão de obra para as indústrias; o Serviço Nacional de Aprendizagem Comercial (SENAC), criado em 1946, visava capacitar os trabalhadores para o setor de comércio e serviços. O Serviço Social do Comércio (SESC) e o Serviço Social da Indústria (SESI), criados em 1946, prestavam serviços que visassem o bem-estar dos trabalhadores (saúde, lazer, cultura e educação) e de seus familiares. Os setores do comércio e dos serviços e os trabalhadores da indústria, respectivamente, eram a base do *Sistema S*.

Essas organizações foram criadas sob a inspiração da "paz social" e da harmonia entre trabalhadores e patrões. Em 1945, os empresários brasileiros aceitaram aumentar suas contribuições ao Estado, com o intuito de ampliar sua ação social. A Carta Econômica de Teresópolis e a Carta da Paz Social são exemplos claros desse projeto social. Divulgadas pela Confederação Nacional da Indústria e do Comércio, afirmavam a ideia de harmonia e cooperação entre capital e trabalho e, com isso, mostravam sua disposição em assumir uma posição hegemônica na sociedade brasileira, ao mesmo tempo em que temiam a influência dos comunistas sobre os trabalhadores industriais em face da insatisfação operária com as condições de trabalho e com os salários recebidos (Delgado, 1999, p.121).

O cenário que origina esse consenso é o do encerramento da II Guerra Mundial e do consequente enfraquecimento do poder autoritário do governo Vargas (1930-45), que implantara, desde 1937, um governo ditatorial denominado de Estado Novo. Conforme afirma Delgado: "momento crucial para a definição do papel que deveriam desempenhar as 'classes produtoras' na nova ordem que se anunciava" (Delgado, 1999, p.121).

Leopoldi (1984) afirma que com a reorganização da vida político-partidária no final do Estado Novo e a legalização do Partido Comunista em 1945, a burguesia industrial no Rio de Janeiro e em São Paulo organizou frentes de luta anticomunista paralelamente ao desenvolvimento de um dis-

---

12 Segundo Rego (2002), a adequação do termo *Sistema S* é questionável, uma vez que essas organizações não constituem propriamente um sistema. No entanto, a denominação se generalizou e se instituiu na prática, ainda que não exista uma acepção única para o termo.

curso enfatizando a "paz social". A autora cita como exemplo o Serviço Social da Indústria (SESI): ao lado da assistência social prestada aos trabalhadores e suas famílias, o SESI teve a finalidade de desenvolver um trabalho de propaganda de valores "democráticos" e cristãos, temas em voga no período do pós-guerra, por meio dos chamados "educadores sociais". Eles realizavam um trabalho de doutrinação dos operários nos ambulatórios médicos do SESI, localizados em área operária, na qual as bases do Partido Comunista eram significativas.[13]

Os recursos para a criação das organizações do *Sistema S* são calculados com base em um percentual sobre as folhas de pagamento e recolhidos compulsoriamente dos empregadores, cujos estabelecimentos se enquadrem nas entidades sindicais subordinadas às confederações patronais da Indústria e do Comércio, de acordo com a Consolidação das Leis Trabalhistas (CLT). As organizações do *Sistema S* são classificadas como "Serviços Sociais Autônomos", que podem ser assim definidos:

> Os serviços sociais autônomos [...] constituem uma peculiaridade brasileira e formam uma espécie distinta de entidades paraestatais, com características próprias e finalidades específicas de assistência à comunidade ou a determinadas categorias profissionais. [...] Essas instituições têm personalidade jurídica de direito privado, patrimônio próprio e direção particular. [...] Não se integram no serviço público centralizado, nem se confundem com as autarquias. Vicejam à margem do Estado e sob seu amparo, mas sem subordinação hierárquica ao Poder Público. Organizam seus serviços nos moldes das empresas privadas; compõem suas diretorias sem ingerência estatal; administram desembaraçadamente seu patrimônio; aplicam livremente suas rendas, mas prestam contas a posteriori à entidade pública a que se vinculam [...] (Rego, 2002).

---

[13] Conforme Leopoldi (1984). *Industrial Associations and Politics in Brazil. The association of industrialists, economic policy-making and the State (1930-1961)*. Universidade de Oxford, capítulo 10. Tese de doutorado publicada no Brasil em 2000, com o título: *Política e interesses na industrialização brasileira: as associações industriais, a política econômica e o Estado*. São Paulo: Ed. Paz e Terra.

O *Sistema S* nasce da trajetória do capitalismo industrial pela via da industrialização por substituição de importação, corroborado pelo padrão institucional do corporativismo que definia os sindicatos patronais e trabalhistas como organizações de direito privado, mas subordinados a um Estado centralizador e autoritário. Deve-se ressaltar que esse corporativismo viabilizou a participação das elites industriais nas estruturas decisórias, mas excluiu os trabalhadores como parceiros dos acordos corporativos em torno das políticas econômicas e sociais mais relevantes. Sua participação ficou restrita, sob o controle do Ministério do Trabalho, às políticas trabalhistas e previdenciárias (Diniz, 2000). Todas as organizações do chamado *Sistema S* tiveram continuidade até os dias de hoje, a despeito das mudanças no regime político. Nos anos 1990, foram criadas novas organizações que passaram a agregar esse "sistema": o Serviço Brasileiro de Apoio a Micro e Pequenas Empresas (SEBRAE), o Serviço Social de Transporte (SEST), o Serviço Nacional de Aprendizagem do Transporte (SENAT) e o Serviço de Aprendizagem Rural (SENAR).

Portanto, a responsabilidade social dos empresários no Brasil, a partir da construção de vilas operárias e da criação de organizações para o bem-estar dos trabalhadores e seus familiares, está circunscrita no espaço do processo da industrialização do país. A mão de obra deveria estar vinculada ao espaço territorial da organização do trabalho, por meio da lealdade ao patrão em que se buscava a "harmonia" entre capital e trabalho, frente ao combate da ideologia comunista.

A ideia que ultrapassa a visão restrita da responsabilidade social no âmbito da organização do trabalho foi introduzida no Brasil a partir de empresários ligados à consciência cristã nos negócios. Em 1961, foi fundada a Associação de Dirigentes Cristãos de Empresas no Brasil (ADCE Brasil), em São Paulo, como uma sucursal da União Internacional das Associações Católicas Patronais (*International Christian Union of Business Executives*). O debate sobre suas iniciativas em relação à responsabilidade social iniciou-se com a publicação da *Carta de Princípios do Dirigente Cristão de Empresas*, em 1965, em torno da defesa dos valores como os da solidariedade, justiça e liberdade. Em 1974, a instituição publicou o *Decálogo de Empresário*, em que mostrou claramente sua proposta de responsabilidade social nos negócios, tornando uma rede nacional a partir de 1977, existindo até hoje sob a supervisão da Igreja Católica (Cappelin; Giuliani, 2002). No final dos anos 1980, as empresas passaram a reavaliar seu papel e seus mecanismos de inserção política e econômica, bem como sua intervenção como agente social no novo cenário brasileiro. As mudanças no sistema internacional redefiniram a agenda governamental nos anos 1980 e 1990 e forçaram o empresariado brasileiro a se adaptar a um novo papel político e social.

Com o governo Collor (1990-92), deu-se início ao processo de abertura comercial. Empresários e gerentes encontravam-se frente a um novo ambiente econômico, muito mais dinâmico e competitivo. Os padrões assentados há quase meio século foram alterados e deram lugar a uma nova relação entre empresas e sociedade. Um exemplo foi a Câmara Americana de Comércio de São Paulo (AMCHAM). Ela criou, em 1982, o Prêmio Eco de Contribuição Empresarial, com o objetivo de estimular o desenvolvimento de projetos empresariais nas áreas de cultura, educação, saúde, preservação ambiental e participação comunitária que viessem a contribuir para o exercício da cidadania no Brasil. Segundo a AMCHAM, em 20 anos de existência do Prêmio, participaram 1.285 empresas com um ou mais projetos, totalizando 1.559, com um valor aproximado de US$ 800 milhões.[14]

Temos também a Fundação Instituto de Desenvolvimento Empresarial e Social (FIDES), que, desde 1986, vem se dedicando a difundir o que ela chama de "ética do bem comum" e da "paz social". É uma entidade empresarial, sem fins lucrativos, de inspiração cristã. A FIDES de São Paulo promove um programa em favelas em parceria com a Fundação João Bosco, assim como encontros com Bispos e empresários, com o apoio da Fundação alemã Konrad Adenauer.[15]

Em 1987, um grupo de jovens empresários criou uma nova entidade, com uma proposta de ação empresarial inovadora, que surgiu em meio à reordenação ideológica empresarial no Brasil, o Pensamento Nacional das Bases Empresarias (PNBE). Ela passou a propor iniciativas conectadas com a nova ordem política e econômica que envolveu a redemocratização e a abertura econômica. O PNBE passou a apresentar uma forte inclinação

---

14 Ver www.amcham.com.br, acessado em: 12 dez. 2002.
15 Ver www.fides.org.br, acessado em: 12 set. 2004.

para a ação social e uma nova postura frente ao sistema político, combatendo a oligarquização e o imobilismo das entidades tradicionais (Gomes; Guimarães, 2000):

O PNBE se autodefiniu como um movimento voltado para a luta pela democracia. Surgiu também como um movimento reativo ao fracasso do Plano Cruzado (governo Sarney), com a preocupação com o controle da inflação e o silêncio da Federação das Indústrias do Estado de São Paulo (FIESP) diante das mudanças do Brasil; adotando, na sua ação, uma orientação social-democrata. O comportamento proposto pelo PNBE teve como base negociações abertas com o Estado e trabalhadores, por meio de iniciativas concretas de pacto social. O PNBE rejeitou mudanças e reformas decididas tecnocraticamente pelo Estado, em prol de decisões realizadas em câmaras setoriais tripartites, como as formadas nos governos Collor e Itamar.

Gomes e Guimarães (2000) acreditam que a longevidade do PNBE pode ser explicada diante de suas intervenções em problemas sociais emblemáticos, contribuindo, assim, na constituição e no fortalecimento da democracia. Essa ação reforçaria o aspecto singular desse movimento dentro das organizações empresariais. O PNBE mostrou sua grande importância política como propositor e incentivador de políticas públicas, desenvolvendo ações que, até então, eram de exclusividade do Estado nas áreas do meio ambiente, do Estatuto da Criança e do Adolescente (ECA) , no combate à violência e à corrupção.

Em 1990, a Associação Brasileira da Indústria de Brinquedos (ABRINQ) foi criada por alguns membros do PNBE, sob inspiração da nova Constituição de 1988, do Estatuto da Criança e do Adolescente (1990) e das recomendações da Convenção Internacional dos Direitos da Criança. A ABRINQ visa à elaboração e desenvolvimentos de projetos sociais relativos à infância, buscando sensibilizar as empresas para essa atuação.[16]

O aumento da violência no Brasil também foi uma motivação para os empresários investirem em ações sociais nos anos 1990. Na cidade do Rio de Janeiro, em 1993, o sociólogo Betinho (Herbert de Souza, fundador da ONG Instituto Brasileiro de Análises Sociais e Econômicas (IBASE)[17]

---

16 Ver www.fundabrinq.org.br, acessada em: 12 set. 2004.
17 Ver sítio eletrônico do IBASE: www.ibase.br (Instituto Brasileiro de Análise Econômica e Social).

em 1981) reuniu-se com vinte empresários com a proposta de firmar uma ação mobilizadora para dar resposta emergencial à onda de violência que assolava a cidade. Essa decisão foi tomada logo depois da chacina de jovens e adultos ocorrida na favela de Vigário Geral, em agosto de 1993, na periferia da cidade do Rio de Janeiro. Nessa reunião:

> Cada uma daquelas pessoas trazia uma experiência de violência sofrida, direta ou indireta. Um deles, porém, o empresário Ernani Cunha, do PNBE (Pensamento Nacional das Bases Empresariais), carregava um trauma: tivera um filho seqüestrado recentemente. A sua fala exprimia desencanto e amargura, e um compreensível pessimismo em relação aos objetivos do grupo. Mas Betinho estava ali mesmo para, entre outras coisas, suprir com seu otimismo carências e desânimos (Ventura, 2001, p.87).

Em 1993, o IBASE organizou com empresas a primeira campanha nacional contra a AIDS/SIDA entre trabalhadores, conhecida como "a solidariedade é uma grande empresa". Também em 1993, criou a campanha "Ação da Cidadania contra a Miséria e pela Vida". Essa campanha contou com a expressiva participação de indivíduos, ONGs, sindicatos e centrais sindicais, artistas, igrejas e grupos religiosos, empresas privadas e estatais, associações comunitárias, escolas e universidades, instituições filantrópicas, entre outras organizações, com o objetivo de distribuir alimentos em todo o país e discutir as relações entre saúde e nutrição, tecnologia e desenvolvimento local por meio da parceria entre o Estado e a sociedade.

Também em 1993, foi criado o Comitê de Entidades no Combate à Fome e pela Vida (COEP), visando promover a adesão de empresas privadas para atuar na área social.[18]

Em 1995, no Brasil, foi criado o Grupo de Institutos, Fundações e Empresas (GIFE) com o objetivo de mobilizar empresas e articular parcerias entre organizações da sociedade civil e o Estado para projetos sociais comunitários. O objetivo do GIFE consiste em solucionar problemas sociais e

---

18 Ver www.coepbrasil.org.br, acessado em: 12 set. 2004.

minimizar as desigualdades sociais. O GIFE surgiu informalmente em 1989, a partir de um comitê de filantropia instituído na AMCHAM. Em 1995, com a elaboração de seu Código de Ética, foi instituído formalmente por 25 fundadores para desenvolver o foco da missão institucional: o investimento social privado, diferente para eles, da filantropia.

Em 1997, o IBASE criou o Balanço Social, um dos instrumentos mais difundidos no país, para auditar as empresas quanto a seu comportamento socialmente responsável. O Balanço Social, de iniciativa voluntária no Brasil, pode destacar o grau de comprometimento da empresa com a sociedade, os empregados e o meio ambiente; evidenciar as contribuições para a qualidade de vida da sociedade; e avaliar a administração da empresa por meio de resultados sociais, e não somente financeiros. Em 1998, para estimular a participação de um maior número de corporações, o Ibase lançou o Selo Balanço Social Ibase/Betinho. O selo era conferido anualmente a todas as empresas que publicavam o balanço social no modelo sugerido pelo IBASE. Em 2008, o Ibase suspendeu a entrega do Selo Balanço Social Ibase/Betinho, que está em fase de avaliação e reformulação, conforme o seu sítio eletrônico (www.ibase.org.br, acessado em: 14 maio 2011).

O maior divulgador das questões ligadas à responsabilidade social no Brasil tem sido o Instituto Ethos de Responsabilidade Social Empresarial. É uma organização sem fins lucrativos fundada no Brasil, em 1998, com os mesmos propósitos da entidade similar americana BSR (*Business for Social Responsibility*), que conduz projetos e programas em nível global, buscando incentivar empresas a alcançarem sucesso em seus negócios, implementando práticas que respeitem pessoas, comunidades e o meio ambiente. Criado no Brasil por representantes do movimento empresarial do PNBE, o Instituto Ethos acredita que investir em responsabilidade social é um grande negócio, na medida em que as empresas podem compartilhar custos com o governo em relação ao desenvolvimento sustentável local, por meio de uma rede de ações capaz de sensibilizar, motivar e facilitar o investimento social dos empresários brasileiros:

> A comunidade em que a empresa está inserida fornece-lhe infra-estrutura e o capital social representado por seus empregados e parceiros,

contribuindo decisivamente para a viabilização de seus negócios. O investimento pela empresa em ações que tragam benefícios para a comunidade é uma contrapartida justa, além de reverter em ganhos para o ambiente interno e na percepção que os clientes têm da própria empresa (Indicadores Ethos de Responsabilidade Social. Instrumento de Avaliação e Planejamento para Empresas, jun./2000).

De acordo com informações do Instituto de Pesquisas Econômicas Aplicadas/IPEA, as quinhentas maiores empresas do Brasil aplicaram cerca de US$ 500 milhões em projetos sociais (Boletim da Pesquisa "Ação Social das Empresas" – IPEA, set. 1999), no final dos anos 1990. A Pesquisa "Ação Social das Empresas", realizada pelo IPEA em parceria com o Banco Interamericano de Desenvolvimento (BID) e a Comunidade Solidária durante o período de 1999 a 2000, revelou que cerca de 1.400 empresas injetaram um volume de R$ 3,5 bilhões em atividades sociais na região sudeste. Esse valor correspondeu a 30% dos investimentos estimados pelo governo para os estados da região sudeste no mesmo ano, sem incluir os gastos da previdência social, e chegou a quase 1% do PIB do sudeste (IPEA, 2001). A mesma pesquisa apontou para o fato de que cresce entre as empresas o entendimento de que uma política de desenvolvimento social exige a participação das empresas em atividades sociais, seja sob a forma de pequenas doações eventuais a pessoas ou instituições até grandes projetos mais estruturados.[19] A pesquisa mostrou que o setor privado já podia ser considerado o grande parceiro das políticas públicas do país no tocante às ações sociais.

No ano 2000, 59% das empresas privadas do país com um ou mais empregados promoveram, em caráter voluntário, algum tipo de atividade social voltada para populações mais pobres. O gasto global com essas ações foi da ordem de R$ 4,7 bilhões em 2000, o que, na época, correspondeu a 0,4 % do PIB nacional (IPEA, 2001). Os dados do IPEA revelaram que, apesar dos recursos não terem sido tão elevados, o ativismo social empresarial deveria aumentar nos anos seguintes, na medida em que 39% da empresas atuantes afirmaram que iriam expandir suas atividades sociais. Das cinco regiões pesquisadas pelo IPEA, a que mais apresentou empresas investindo em

---

19 Essa pesquisa foi realizada entre 1999 e 2000, no Nordeste, Sudeste, Sul e Centro-Oeste. O relatório da pesquisa está disponível no portal eletrônico do IPEA.

projetos sociais foi o Sudeste. Dos empresários dessa região, 67% disseram realizar algum tipo de ação junto à comunidade, desde atividades eventuais até projetos de âmbito nacional – extensivos ou não aos empregados das empresas e seus familiares. Em seguida veio o Nordeste (55%), Centro-Oeste (50%), Norte (49%) e o Sul (46%).

TABELA 3.1: ATUAÇÃO SOCIAL DAS EMPRESAS POR REGIÃO BRASILEIRA

Região	Sudeste	Nordeste	Centro-Oeste	Norte	Sul
Empresas com atuação social	67%	55%	50%	49%	46%
Participação das microempresas	61%	55%	48%	47%	41%
Participação das grandes empresas	93%	63%	67%	67%	91%
Investimentos	US$ 3 bilhões	US$ 143 milhões	US$ 125 milhões	US$ 51 milhões	US$ 176 milhões
Utilizam incentivos fiscais	8%	Menos de 1%	2%	6%	Menos de 1%
Fazem assistência social	57%	50%	62%	34%	66%
Percentual do PIB Regional	0,61%	0,19%	0,16%	0,10%	0,18%
A amostra da pesquisa compreendeu 9.140 empresas privadas: Sudeste, 1.752 empresas/1999; Nordeste, 1.812 empresas/2000; Norte, 1.834; Centro-Oeste, 1.910; Sul, 1.832 empresas/2000.					

Fonte: IPEA, Pesquisa Ação Social das Empresas, 2001.

A Região Sul abrigou a maior parte das empresas que não realizaram qualquer tipo de trabalho social: 34% do total. Contudo, a soma do valor investido no social só ficou abaixo da região sudeste. No Nordeste, só 19% do total declarou que não realizara ação social. No Sudeste, esse percentual foi de 16% (IPEA, 2001). De acordo com os dados apurados, os incentivos fiscais não têm servido de estímulo para que as empresas promovam atividades na área social. No Sudeste, os resultados mostram que somente 8% do total das empresas utilizam esses incentivos no desenvolvimento de seus projetos sociais, enquanto nas regiões Nordeste e Sul, esse percentual não chega a 1%.

A pesquisa confirmou também que quanto maior o porte da empresa, maior o seu grau de participação.[20] No Sudeste, por exemplo, 93% das maiores empresas realizam trabalhos sociais, enquanto nas menores, o percentual fica em 63%. Já no Nordeste, a participação das empresas de grande porte foi de 63% e das menores é de 55%. No Sul, observa-se um dado expressivo: 91% das empresas de grande porte confirmaram que participam de programas sociais, enquanto o percentual cai para 41% entre as de pequeno porte.

Em relação ao campo de atuação das empresas, existem algumas diferenças regionais. As empresas do Sul são mais identificadas com projetos de educação: 48% realizam ações na área, para apenas 14% das empresas da região Sudeste e 13% do Nordeste. As empresas da região Sul também estão mais voltadas para a saúde, apontando 38% de investimentos nessa área, para apenas 13% empresas do Sudeste e 7% das do Nordeste. No Nordeste e no Sul, as atividades são prioritariamente voltadas às comunidades em geral (80% e 70%, respectivamente). No Sudeste, as atenções dirigem-se especialmente ao atendimento infantil (63%), também alvo da ação do empresariado nordestino (65%) e do sulista (51%).

O IPEA divulgou, em dezembro de 2004, os resultados parciais de uma segunda edição desta pesquisa, realizada pela segunda vez nas regiões Sudeste e Nordeste, com o mesmo objetivo de identificar as empresas que

---

20 Pesquisa inédita foi realizada pelo Sebrae de São Paulo, em 2004, intitulada "A Responsabilidade Social nas Micro e Pequenas Empresas Paulistas" e mostrou que 74% das empresas de micro e pequeno porte realizaram ações sociais nos 12 meses que antecederam o estudo. estudo essas ações são, em sua maioria, fruto do desejo de colaborar com a sociedade, razão, segundo o levantamento, que motiva 78% dos empresários. Mas essas ações sociais se resumem ainda a gestos filantrópicos, em especial a doação de dinheiro, a atitude mais comum (67%). De dez a doze ações sociais são feitas por 66% delas que, em média, gastam 300 reais por ano. Apesar de se aproximar das grandes na ação, as pequenas não divulgam (95%) e também não controlam nem avaliam o impacto de seu investimento (72%) (jornal *Folha de São Paulo*, 26 dez. 2004).

realizam ação social para a comunidade. O grande destaque foi o crescimento de 35% da participação social das empresas nordestinas, que subiu de 55% em 1999 para 74% em 2003. No Sudeste, esse incremento foi mais discreto (6%), passando de 67% para 71% no mesmo período.[21] O levantamento, nas duas regiões, indicou também ser muito pequeno o percentual de empresários que declararam não realizar qualquer atividade social para comunidades, por avaliarem que não seja seu papel ou, ainda, por não saberem como fazê-lo. O principal motivo alegado pelas empresas que não se envolveram em ações sociais foi a falta de dinheiro (53% no Sudeste e 62% no Nordeste), sendo que uma proporção bem menor reclama da ausência de incentivos governamentais (16% no Sudeste e 10% no Nordeste).

A pesquisa "Atuação Social das Empresas – Percepção do Consumidor", do Instituto Ethos e jornal *Valor Econômico*, realizada em maio de 2000, revelou que a responsabilidade social corporativa não apenas contribui para formar a imagem que os brasileiros têm de uma empresa, como, na época, já começava a influenciar suas decisões na hora da compra. Um em cada cinco brasileiros preferiu deixar de ter um determinado artigo ou comprou da concorrência por discordar das práticas do fabricante. Chegou-se a um total de 35% de consumidores que levaram em conta a imagem social da empresa antes de consumir, pois desejam que os negócios contribuam para as metas sociais mais amplas. A pesquisa também mostrou que no Brasil ainda existia a visão do governo como único e grande responsável pelo desenvolvimento econômico, pela redução da criminalidade, pela eliminação da pobreza e pelas políticas de saúde e meio ambiente. Porém, o papel das empresas está em segundo lugar como parte desse processo (jornal *Valor Econômico*, 13 jun. 2000).

Em dezembro de 2004, essa pesquisa foi relançada. O levantamento "Responsabilidade Social das Empresas – Percepção do Consumidor Brasileiro 2004", integrou o estudo internacional *Corporate Social Responsability – Global Public Opinion on the Changing Role of Companies*, em parceria com o Instituto Akatu[22] e o Instituto Ethos. O estudo constatou que, entre 2000 e

---

21 Ver www.asocial.calepino.com
22 O Instituto Akatu é uma ONG empresarial, criada em 15 mar. 2001, no âmbito do Instituto Ethos. Tem como objetivo institucional educar, informar, sensibilizar, mobilizar e incentivar cidadãos para a prática do consumo consciente, ou seja, "consumir sem consumir o mundo em que vivemos". Considera que as escolhas

2004, cresceu de 35% para 44% a parcela de consumidores que consideravam que as grandes empresas deviam ir além de cumprir obrigações básicas, mas deviam estabelecer padrões éticos elevados e participar efetivamente na construção de uma sociedade melhor para todos. Ao mesmo tempo, o número de pessoas que prestigiava uma empresa socialmente responsável comprando seus produtos ou falando bem da organização caiu de 24% para 17% no mesmo período. Também recuou o número daqueles que concretamente puniram empresas socialmente irresponsáveis, criticando ou deixando de adquirir seus produtos (de 19% para 14%)[23] (Disponível em: <http:// www.gife.org.br. Acesso em: 7 dez. 2004).

A presença de empresas estrangeiras no Brasil também interferiu nas ações sociais de empresas, no final da década de 1990. Além de trazerem a experiência de atuação em atividades comunitárias para as filiais brasileiras, as empresas estrangeiras ficaram preocupadas com a sua imagem após as privatizações e buscaram mostrar uma face de empresa-cidadã para os consumidores brasileiros. Segundo o superintendente do Instituto Ethos de Responsabilidade Social, Valdemar Neto (2000), as companhias estatais privatizadas, em especial, tinham necessidade de mostrar melhorias em seus serviços e também de criar, na comunidade em que atuam, uma visão de boa vontade em relação ao seu papel social. Dessa forma, elas apoiam projetos voltados para o desenvolvimento da comunidade (*Jornal Estado de São Paulo*, 1º out. 2000).

Temos também como exemplo da atual responsabilidade social empresarial o Sistema FIRJAN (Federação das Indústrias do Rio de Janeiro), que, por meio do SESI-RJ e do SENAI-RJ, trabalha em parceria com diversas instituições, com o objetivo de promover a qualificação, a requalificação e o aumento da escolaridade do trabalhador e de garantir maiores níveis de empregabilidade e competitividade. Em julho de 2000, o sistema FIRJAN criou o Conselho Empresarial de Responsabilidade Social, composto por mais de quarenta empresas de diversos setores, e implementou o Núcleo Regional de Responsabilidade Social em oito regiões do estado do Rio de

---

de consumo de cada um deve levar em consideração as possibilidades ambientais, as necesidades sociais e uma sociedade mais sustentável e justa. O nome dado à ONG refere-se à origem da palavra indígena tupi, que significa "semente boa" e "mundo melhor". Ver sítio eletrônico: www.akatu.net
23 Ver: http://www.gife.org.br, acessado em: 7 dez. 2004.

Janeiro e implementou a Assessoria de Responsabilidade Social (ASSER). A ASSER tem como missão prestar consultoria, conscientizar, motivar, facilitar e orientar as empresas para prática continuada e crescente de responsabilidade social, considerando-a como uma estratégia de crescimento e longevidade, de apoio ao desenvolvimento integral do estado do Rio de Janeiro e de contribuição às políticas públicas do país.

A FIRJAN entende que a responsabilidade social empresarial não existe sem a atuação dos três níveis do governo (federal, estadual e municipal) e seu papel é complementado por ações desenvolvidas pelos governos e por empresas em parceria. Importa para a FIRJAN que as empresas percebam que não precisam criar novos projetos, mas incentivar aqueles que já estão sendo desenvolvidos pelos governos. Em 2003, a FIRJAN elaborou um documento que reunia o posicionamento dos Conselhos Empresarias do Sistema FIRJAN, com o objetivo de divulgar sua posição acerca de vários temas prioritários de interesse do setor industrial do estado do Rio de Janeiro. Dentre as preocupações assinaladas pelo Conselho Empresarial de Responsabilidade Social Empresarial, estão: diminuição da desigualdade social e da ineficiência dos gastos públicos nos programas governamentais, sobretudo nas áreas de saúde, educação, habitação e renda; aumento dos incentivos fiscais federais e estaduais para programas sociais, entendendo como uma forma de dividir responsabilidade entre os governos e as empresas; apoio aos Conselhos Municipais dos Direitos das Crianças e dos Adolescentes e aos Conselhos Tutelares, por meio do Fundo da Infância e Adolescência; inclusão de maior número de pessoas portadoras de deficiência no mercado de trabalho (FIRJAN. Agenda Brasil, 2003).

Oded Grajew, fundador do Instituto Ethos, passou a fazer parte do governo Lula (2003-06) para dar assessoria no diálogo entre empresas e governo e estimulá-las a aderirem aos programas sociais em parceria com o governo para o desenvolvimento social brasileiro. No entanto, um ano depois, Grajew saiu do governo alegando problemas pessoais. Em entrevista à revista *Carta Capital* (4 jun. 2003), ainda no governo, o empresário afirmou que o segmento empresarial é o mais poderoso da sociedade, e o que mais tem recursos financeiros e tecnológicos; constitui, portanto, um ator fundamental para se engajar em programas voltados para erradicação da fome, pobreza, mortalidade infantil e analfabetismo. Grajew afirmou que o governo federal possuía quarenta projetos em andamento em 2003, envolvendo o engajamento empresarial. Seu papel como assessor no governo seria o de incentivar as empresas a investirem no social:

> Hoje, a sociedade já entende que a questão não é dar dinheiro para o governo fazer as coisas. Ele tem suas políticas para atingir três milhões de famílias até o fim do ano, mas o dinheiro não passará pelo governo. Antes o que havia era assistência social, caridade, que nada tinha a ver com responsabilidade social. Os donativos iam para asilos, creches, igrejas. Depois o conceito passou a fazer parte da gestão da empresa, a relação com os funcionários, fornecedores, clientes, sob direção da alta cúpula (*Carta Capital*, 4 jun. 2003).

No setor financeiro, é comum encontrar nos Estados Unidos e na Europa, e agora no Brasil, os fundos de investimentos que aplicam em empresas socialmente responsáveis. Em 2001, a ABN Amro Asset Management, ligada ao grupo financeiro ABN Amro, lançou o primeiro fundo de investimento em ações de empresas consideradas éticas no Brasil. Nesses fundos não entram ações de empresas ligadas ao tabaco, a armas ou bebidas alcoólicas. Os analistas financeiros avaliam que o valor das ações de empresas socialmente responsáveis no mercado têm tido um bom desempenho, pelo fato de que tendem a representar um risco menor, ou seja, há menos probabilidade de prejuízos por multas ambientais ou de algo que faça os consumidores rejeitarem a marca (revista *Exame*, 27 jun. 2001; *Folha de São Paulo*, 3 set. 2000).

Em 2003, havia oito fundos de investimento social no Brasil, com recursos administrados de quase R$ 90 milhões. O Banco Real ABN Amro possui dois desses fundos: o Ethical, com aplicação mínima de R$ 100, e o Ethical II, para investimentos a partir de R$ 100 mil. São investimentos de renda variável e seguem o modelo internacional de pressionar a difusão de práticas responsáveis (revista *Carta Capital*. Suplemento especial sobre responsabilidade social empresarial, 4 jun. 2003). Em 2005, a Bolsa de Valores de São Paulo (BOVESPA) em conjunto com várias instituições (ABRAPP,

APIMEC, ANBID, IBGC, Instituto ETHOS, IFC, MMA e PNUMA[24]) lançaram o Índice de Sustentabilidade Empresarial (ISE),[25] indicador que inclui empresas comprometidas com a responsabilidade social, ambiental e socioeconômica, bem como atuar como promotor de boas práticas no meio empresarial brasileiro. O BOVESPA é responsável pelo cálculo e pela gestão técnica do índice.

O princípio norteador da ideia da responsabilidade social empresarial das grandes empresas envolve o foco nos seguintes resultados: a ação social empresarial pode trazer uma contribuição para o alcance dos objetivos estratégicos da empresa, tais como: estreitamento da relação empresa-comunidade; motivação e produtividade dos empregados; incremento da lucratividade do negócio e melhoria da imagem institucional da empresa.

Diniz e Boschi (1993) analisaram a existência de uma nova estrutura empresarial no Brasil nos anos 1990 e constataram que o próprio processo de criação das novas organizações empresarias, que buscavam uma reordenação política e ideológica, surgiu como reação à conjuntura nacional acerca de suas limitações e de sua visão, até então restrita, que foram incapazes de romper com a prevalência de enfoques setoriais e corporativos.

O corporativismo estatal, que reservou ao empresariado uma participação na economia através de comissões e conselhos econômicos integrados à burocracia governamental (insulamento burocrático), excluía os trabalhadores da maioria dos acordos corporativos. Esse tipo de comportamento perpetuou-se até o final dos anos 1970, sob regimes autoritários, e marcou a formação do empresariado brasileiro como ator coletivo com fraca disponibilidade e abertura às negociações, ao enfrentamento das questões sociais, à ideia da redução da desigualdade e ao acesso aos benefícios gerados pelo desenvolvimento (Diniz, 2000). Com a redemocratização e a abertura comercial, veio a exposição das empresas brasileiras às novas culturas empresariais. O surgimento da ideia de responsabilidade social empresarial é notável no

---

24 International Finance Corporation (IFC), Associação Brasileira das Entidades Fechadas de Previdência Complementar (ABRAPP), Associação dos Analistas e Profissionais de Investimentos do Mercado de Capitais (APIMEC), Associação Nacional de Bancos de Investimentos (ANBID), Instituto Ethos de Empresas e Responsabilidade Social, Instituto Brasileiro de Governança Corporativa (IBGC), Ministério do Meio Ambiente (MMA) e Programa das Nações Unidas para o Meio Ambiente (Instituto Brasil PNUMA).
25 Ver: http://www.bmfbovespa.com.br/indices/ResumoIndice.aspx?Indice=ISE&Idioma=pt-BR

Brasil, pois emerge em um contexto de baixo crescimento econômico. Ao contrário, seria fácil imaginar ações sociais empresariais em cenário de crescimento expansivo.

No entanto, em 2007, o relatório *The CSR Navigator – Public Policies in Africa, The Americas, Asia and Europa,* elaborado em parceria pela *Bertelsmann Stiftung e a Deutsche Gesellschaft für Technische Zusammenarbeit (GTZ),* afirmou que o Brasil estava no nível de 1ª Geração em relação à adoção de políticas públicas para a Responsabilidade Social Corporativa, ao lado de Moçambique, Índia, Egito, Polônia e Vietnã.

Conforme o Relatório, o Brasil recente de investimento e envolvimento do poder público na adoção e sensibilização em relação à responsabilidade social das empresas. Verificou-se a quase inexistência de competências estabelecidas e generalizadas do Estado, nem tampouco existe uma cultura para o desenvolvimento estratégico, avaliação e coordenação sobre o que seja responsabilidade social das empresas. O documento recomenda que o Estado brasileiro atente de maneira mais intensa ao desenvolvimento estratégico de uma RSC integrada com todos os *stakeholders*, em especial com os sindicatos. O Relatório apontou a necessidade de uma sensibilização em todos os níveis do setor público; na implementação de ações básicas de governança corporativa, na transparência; na comunicação; e, no desenvolvimento de redes de apoio para promover a RSC nas PME's (Bertelsmann Stiftung, 2007).

No entanto, o Brasil tem tido uma grande visibilidade internacional em relação à responsabilidade social empresarial. Desde 2005, um conjunto de sessenta países – liderados em conjunto pelo Brasil (Associação Brasileira de Normas Técnicas/ABNT) e pela Suécia (Swedish Standards Institute/SSI) – esteve em busca de um consenso sobre uma norma internacional da responsabilidade social das organizações (ISO 26000). O Grupo de Trabalho para a implementação da ISO 26000 contou com a colaboração voluntária de um *multistakeholder*: trabalhadores; consumidores; indústrias; empresas; governo; ONGs; universidades e outros. Esta norma surge com a expectativa de gerar um consenso em relação às práticas de responsabilidade social das organizações, não tem o propósito de certificação; mas visa, introduzir uma nova forma de responsabilizá-las em geral pelo que fazem, incentivando-as a desenvolver em suas atividades as preocupações e expectativas de todas as suas partes interessadas. As diretrizes desta norma, recentemente lançada em 2010, estão alinhadas com as demandas dos direitos humanos e trabalhistas; das questões ambientais; da pressão dos consumidores; e do combate à corrupção.[26]

A seguir, algumas Leis que têm favorecido a parceria com empresas socialmente responsáveis:

- *Lei Rouanet* (Lei Federal n. 8.313/91) – A Lei Rouanet, Lei Federal de Incentivo à Cultura, é utilizada por empresas que desejam financiar projetos culturais. Abatimento de 100% do valor incentivado até o limite de 4% do Imposto de Renda devido (a empresa deve ser tributada com base no lucro real). O patrocinador poderá, dependendo do projeto que apoiar, obter retorno em produto cultural (como por exemplo: livro, CD-Rom, Feira Cultural ou outros) para utilização como brinde ou para obtenção de mídia espontânea. Os patrocinadores podem receber até 10% do produto cultural do projeto investido para distribuição promocional gratuita. A pessoa física interessada em financiar projetos culturais também poderá contribuir: 100% do valor do incentivo poderá ser deduzido de seu Imposto de Renda, com limite de até 6% do imposto devido (a declaração do contribuinte deve ser do tipo completa).
- *Fundo da Criança e do Adolescente* (Lei Federal n. 8.069/90) e *FUMCAD* (Lei Municipal n. 11.247/92, São Paulo) – Empresas tributadas pelo regime de lucro real podem efetuar doações ao Fundo da Criança e do Adolescente. Elas podem ser deduzidas no limite de 1% do IR devido, para execução de políticas de proteção especial, mediante repasse a programas de entidades governamentais e ONGs. Vale observar que, se uma empresa de um determinado município investe no Conselho Gestor deste fundo, é razoável esperar que esta acompanhe as ações e projetos que são implementados pelo mesmo. O foco de qualquer investimento social deve estar sempre atrelado a resultados.

---

26 Ver: www.iso.org/sr e www.abnt.org.

O FUMCAD é um instrumento para estimular as ações em benefício da infância e da adolescência, constituído a partir de contribuições de pessoas físicas e jurídicas, por meio de doações dedutíveis do Imposto de Renda devido. Para a empresa que destinar recursos ao FUMCAD será concedido o benefício fiscal na dedução do Imposto de Renda, limitado a 1% do valor do imposto devido. A pessoa física que deseja doar ao Fundo Municipal dos Direitos da Criança e do Adolescente poderá deduzir até 6% do Imposto de Renda devido, lançando-os na Declaração Anual de Ajuste do mesmo ano-base, apresentando os comprovantes de doação (a declaração do contribuinte deve ser do tipo completa).

- *Lei da Solidariedade* (Lei n. 11853/2002) – O Rio Grande do Sul editou esta Lei responsável pela destinação de uma porcentagem do ICMS a projetos sociais, por meio do PAIPS (Programa de Apoio à Inclusão e Promoção Social). Tem como objetivo desenvolver ações na área social, através de mecanismos de parceria e colaboração. Pela Lei, as empresas que financiam projetos na área social no Rio Grande do Sul podem compensar, por meio de crédito fiscal presumido, até 75% do valor comprovadamente aplicado com o ICMS a recolher. A compensação é feita mediante apropriação do crédito fiscal presumido calculado, de acordo com as faixas definidas pela lei. Anualmente, o governo do estado fixa o valor do limite global que poderá ser compensado pelas empresas, e não poderá ser superior a 0,5% da receita tributária líquida.

- *Doação às Entidades de Utilidade Pública* – Qualquer valor de doação pode ser feito às Entidades Civis de Utilidade Pública, legalmente constituídas no Brasil, sem fins lucrativos e que prestem serviços gratuitos em benefício da comunidade em que atuam. Como benefício à empresa, é permitida a dedução do valor do Imposto de Renda até o limite de 2% do lucro operacional, antes de computada a doação, conforme Lei 9.249 - inciso III do §2º do artigo 13. Nesse caso, serão beneficiadas as empresas tributadas com base no lucro real. Esse incentivo é destinado apenas a pessoas jurídicas. Os benefícios são acumulativos por meio dos mecanismos de incentivo fiscal. O governo federal autoriza empresas tributadas em lucro real a deduzirem, como despesa operacional, doações de até 2% do lucro operacional bruto, para entidades sem fins lucrativos e qualificadas como OSCIPS – Organizações da Sociedade Civil de Interesse Público, Lei n. 9.790/99 ou entidades declaradas de Utilidade Pública Federal pela Lei n. 91/35.

- *Lei de Incentivo ao Esporte* (Lei Federal de 29 dez. 2006). Permite que patrocínios e doações para a realização de projetos desportivos e para-desportivos sejam descontados do Imposto de Renda devido por pessoas físicas e jurídicas. De acordo com o Decreto de Regulamentação, pessoas jurídicas podem abater 100% do valor incentivado até o limite de 1% do Imposto de Renda devido (a empresa deve ser tributada com base no lucro real). A pessoa física interessada em financiar projetos esportivos também pode contribuir: 100% do valor do incentivo poderá ser deduzido de seu Imposto de Renda, com uma dedução limitada de até 6% do imposto devido (a declaração do contribuinte deve ser do tipo completa).
- *Lei do Bem* (Lei Federal n. 11.196, alterada pela Lei n. 11.487, de 15 jun. 2007) - Aperfeiçoou os incentivos fiscais, em especial, ampliou o prazo de gozo, que inicialmente ia até 2009 para até 2019, com o escopo otimizar a capacidade das empresas desenvolverem internamente inovações tecnológicas quer na concepção de novos produtos como no processo de fabricação, bem como na agregação de novas funcionalidades ou características ao produto ou processo que implique melhorias incrementais e efetivo ganho de qualidade ou produtividade. O Capítulo III da Lei trata de incentivos fiscais para pessoas jurídicas que realizam pesquisa e desenvolvimento de inovação tecnológica. Os incentivos fiscais se desdobram em deduções tanto no Imposto de Renda como na Contribuição Social sobre Lucro Líquido (CSLL). Há também dedução do Imposto sobre Produtos Industrializados (IPI) para as empresas que investirem na compra de equipamentos para Pesquisa & Desenvolvimento Tecnológico. Além da dedução de impostos, a Lei do Bem permite subvenções financeiras por parte de órgãos governamentais de fomento à pesquisa. As empresas de comprovada atuação em pesquisa e desenvolvimento tecnológico poderão

contratar pesquisadores com mestrado ou doutorado para dedicação à inovação tecnológica.

A empresa pode abater até 6% do seu Imposto de Renda, utilizando todas as Leis de Incentivo disponíveis, sendo: 4% Lei Rouanet, 1% FUMCAD e 1% Lei de Incentivo ao Esporte.

3.7 O debate sobre a responsabilidade social empresarial

O tema da Responsabilidade Social Empresarial (RSE) está em alta e, portanto, mover-se nele é adentrarmos em campo movediço e de batalha, considerando que ele carrega tensões e está longe de ser consensual. Para o filósofo Comte-Sponville (2005), a "moda da ética empresarial" trata muito mais de discursos do que de comportamentos. O autor entende, a partir da concepção kantiana da moral, que a ação social das empresas não tem nenhum valor moral, já que é realizada por interesse, pois o primordial do valor moral de uma ação é a generosidade (p.41-7).

Alguns trabalhos mostram uma multiplicidade de definições e práticas empresariais que, muitas vezes, são contraditórias, incongruentes e divergentes. Além de não haver homogeneidade no pensamento empresarial sobre o que seja responsabilidade social empresarial, esse movimento, dirigido pelas empresas, está impregnado de retóricas, discursos e ideologias. Por estar em pleno curso e em ebulição, torna-se difícil fechar um conceito definitivo de responsabilidade social empresarial.[27]

Diversas são as expressões que estão definindo as iniciativas sociais empresariais atualmente: *Responsabilidade social das empresas*; *Responsabilidade social organizacional*; *Filantropia empresarial*; *Neofilantropia*; *Cidadania empresarial*; *Terceiro setor empresarial*; *Welfare privado*; *Ação social das empresas*; *Marketing social*; *Filantropia estratégica*; *Empresa voluntária*; *Empresa-cidadã*; *Investimento social privado*.

---

27 O processo de elaboração da ISO 26000 é inovador por ter como premissa a construção coletiva do conhecimento e a participação de *multistakeholders:* consumidores, empresas, governos, ONGs trabalhadores, além de organismos de normalização e entidades de pesquisa. Assim, um de seus destaques é a ampliação da participação de partes interessadas (*stakeholders*), em geral excluídas de processos dessa natureza: trabalhadores, consumidores e organizações não governamentais.

A listagem de várias expressões sinaliza que estão em curso mudanças nas ações sociais de empresas. Mais do que julgar, nosso objetivo é o de compreender se as práticas de responsabilidade social empresarial e, em particular, as do investimento social privado, envolvem uma nova forma de solidariedade. Requer do pesquisador um processo de tradução das experiências possíveis e disponíveis, no sentido de que a realidade não pode ser reduzida ao que existe. Inclui realidades ausentes que ultrapassam a dicotomia do bom/mau e se confrontam e dialogam com diferentes processos, práticas e experiências em movimento. Provavelmente, estamos lidando com uma racionalidade híbrida, que contém a ideia de reciprocidade e solidariedade e até mesmo da maximização dos interesses egoístas.

Os fatores externos à empresa são interpelados pela luz da cultura empresarial e das sociabilidades construídas no seu interior e ao seu redor. A orientação de suas escolhas vai ser tanto produto da racionalidade econômica, ou do jogo do mercado *strito*, quanto de uma motivação mais reflexiva, ou produto de uma convergência de fatores institucionais sociais, culturais políticos e econômicos complementares, que não estão diretamente ligados ao mercado. É no jogo dessas interações sociais e institucionais complexas que surge a Responsabilidade Social Empresarial, não sendo possível identificar o predominante ou fulcral antecipadamente, a não ser no desenvolvimento das suas práticas sociais, interpeladas e interpretadas no contexto.

O debate das motivações do comportamento nos negócios não pode abandonar algumas referências como a legitimidade moral do fácil enriquecimento, dos prejuízos produzidos pela busca do lucro de monopólio; do aumento das desigualdades sociais; da exploração da posição de fragilidade de quem está na posição de subordinação. É preciso dar atenção às consequências que a atividade econômica pode proporcionar e comensurar o valor intrínseco que se expande para além da suposição do comportamento puramente autointeressado.

O mundo dos negócios tem seus próprios desafios éticos. A meta do ganho individual e o papel do incentivo para obter eficiência e bons resultados têm sido vistos pela moderna teoria do equilíbrio econômico, por suas conexões de interdependência com o impacto externo. Para Amartya Sen, a própria ideia da "responsabilidade direta" e "de confiança" para com os acionistas é "restrita", na medida em que restringe a capacidade de análise das consequências e não capacita as empresas a verem que a eficácia da maximização do lucro e dos resultados depende de um conjunto bem mais complexo de condições que não estão no campo do valor instrumental de certas normas sociais (Sen, 1999b, p.90-5).

Quanto às consequências da atividade econômica e sua relação com a ética, Enrique Dussel (2001) concorda com Amartya Sen e afirma que é possível se fundar um princípio universal de verdade prática do ato econômico, que permite dar à economia uma pretensão de justiça diferenciada da bondade. Essa pretensão de justiça se manifesta pela incerteza e pela finitude da própria razão econômica. Para Dussel, o economista (seja membro do Estado ou de uma empresa produtiva) – consciente dessa finitude – poderá direcionar seus atos para evitar as consequências negativas (tais como a pobreza) do sistema globalizado atual (Dussel, 2001, p.127-144).

Em relação ao debate sobre a responsabilidade social empresarial, identificamos o discurso dos que advogam *em favor* das empresas. É uma forma de humanizar o capitalismo e uma possibilidade real de associar a rentabilidade e a maximização do lucro a condutas éticas, tanto no interior da empresa quanto no seu entorno imediato. Os argumentos a favor da responsabilidade social partem da área acadêmica conhecida como *Business and Society* (Universidade de Chicago) e da *International Association for Business and Society*, que desenvolvem o conceito de responsabilidade social de forma interdisciplinar, multidisciplinar e a uma abordagem sistêmica, que envolve relações entre *stakeholders* (clientes, funcionários, fornecedores, comunidade e os próprios acionistas) associados diretamente e indiretamente ao negócio a partir de uma orientação estratégica da empresa sustentada por um comportamento ético nas dimensões econômica, ambiental e social.

Não tem sido tarefa fácil para as empresas categorizar ou quantificar os benefícios quando adotam ações de responsabilidade social; no entanto, as gestões se debatem sobre quais seriam os resultados organizacionais se tais ações não fossem desencadeadas. Nesse cálculo está em jogo sua contribuição para manter o equilíbrio social na minimização dos conflitos sociais e sua reputação política perante o Estado e a sociedade. A noção de risco social e ambiental está no centro do interesse da ideia da responsabilidade social. A abordagem sustentável prevê uma alteração do mapa de riscos e integração da sua prevenção.

Prevenir os riscos de poluição pode tornar-se mais rentável que o dever de pagar pelas suas consequências; no entanto, isso é avaliado pelas empresas dentro do cenário da complexidade política e tecnológica. Prevenir os riscos de reputação é menos dispendioso que assumir consequências financeiras e sociais de uma rejeição por parte dos consumidores. Prevenir os riscos sociais é melhor do que conviver com os conflitos sociais, da desmotivação dos grupos de trabalho ou da incapacidade em atrair e manter competências. Uma empresa que é transparente e responsiva com as relações profissionais, de segurança dos produtos e com a sociedade, obtém vantagens de rentabilidade levadas a sua imagem reputacional. Esses fatores podem ser uma alavanca para a adoção da política de gestão em responsabilidade social empresarial. Muitos concordam que a escolha da RSE não torna a empresa menos competitiva que os seus concorrentes: a médio e longo prazo, essa responsabilidade pode constituir uma vantagem de competitividade acrescida; ou seja, as ações que, numa primeira abordagem, podem parecer dispendiosas, revelam-se rentáveis com a continuidade.

A maioria daqueles que estão a favor da RSE afirma que ela deve ser trabalhada no domínio da estratégia das empresas. Não deve ser confundida com a caridade, mas entendida como algo fundamental à consolidação da empresa. Há de se considerar a possibilidade de perda de ganho social em relação à prática de empresários perdulários e imprudentes que geram desperdícios, desemprego ou poluição ambiental. Nesse caso, utilizamos a "máxima" de Adam Smith: "Não é da benevolência do açougueiro, do cervejeiro ou do padeiro que esperamos obter nosso jantar, e sim da atenção que dá cada qual ao seu próprio interesse. Apelamos não a sua humanidade, mas ao seu amor-próprio".

A responsabilidade social empresarial deve fazer parte da própria racionalidade econômica dos interesses privados. Conforme afirmou Robert Dunn, presidente da *Business for Social Responsability* (BSR):

> [...] ser socialmente responsável é um dos pilares de sustentação dos negócios, tão importante quanto a qualidade, a tecnologia e a capacidade de inovação. Quando a empresa é socialmente responsável, atrai os consumidores e aumenta o potencial de vendas, gerando lucros para os acionistas. Além disso, também é, hoje, um sinal de reputação corporativa e de marca (apud Ashley, 2002, p.8).

Temos como outro exemplo, a proposta da mobilização dos empresários pelo desenvolvimento humano. De acordo com a empresária e presidente do Instituto Ayrton Senna, três lições podem ser tiradas pelo seu ativismo no investimento social privado:

> A primeira lição [...] é que nós estamos diante do desafio ético e político de convencer as lideranças das três grandes esferas da vida brasileira (governo, mundo empresarial e terceiro setor) a atuarem de forma convergente e intercomplementar no marco de um compromisso com a ética e a ótica da co-responsabilidade pelo todo. [...] A segunda lição é a de que o investimento social privado pode e deve ser cada vez mais um investimento social estratégico [...]. A terceira e última lição refere-se ao lugar que o empenho pelo social, a chamada responsabilidade social empresarial corporativa, deve ocupar na estrutura de uma organização [...] Para mim... o lugar mais digno dessa preocupação é no coração e na mente dos líderes empresarias (*Folha de São Paulo*, 22 maio 2003).

O sociólogo Herbert de Souza, fundador da ONG IBASE, afirmou em artigo, no livro *O empresário e o espelho da sociedade* (1994), que:

> Toda grande empresa é, por definição, social. Ou é social ou é absolutamente anti-social e, portanto, algo a ser extirpado da sociedade. Uma empresa que não leve em conta as necessidades do país, que não leve em conta a crise econômica, que seja absolutamente indiferente à miséria e ao meio ambiente, não é uma empresa, é um tipo de câncer (Souza, 1994, p.22).

A responsabilidade social empresarial também é entendida como limitada, na medida em que é exigido o papel do Estado, para regular as garantias da liberdade, das transações comerciais e o equilíbrio social. Quanto à importância do papel do Estado, o empresário brasileiro, Oded Grajew, fundador do Instituto Ethos, afirma:

> É bem verdade que a prática da filantropia é importante e sempre traz algum tipo de conforto para os desvalidos, sobretudo num país de população tão carente como o Brasil. Mas ela não é suficiente para substituir políticas públicas. Nos moldes em que é realizada, acaba se tornando um paliativo para o grave quadro social, porque, em muitos casos, não busca a continuidade das ações e se concentra, geralmente, em promoções episódicas, como campanhas de agasalho no inverno e arrecadações de brinquedos no período natalino [...] Mas as doações efetuadas pelas empresas brasileiras precisam fazer parte de um projeto mais amplo, que esteja referenciado em princípios e valores éticos e que contribua para a constituição de um cenário econômico sustentável. Simultaneamente, é necessário implementar uma política que promova distribuição de renda, que traga para o País uma condição de justiça social e de garantia dos direitos básicos de cidadania. (Disponível em: <http:// www.filantropia.org/artigos/artigos-oded.htm>, acessado em: 2 maio 2002).

Robert Putnam afirmou, em entrevista ao jornal *Diário Económico* de Portugal, que, assim como a sociedade, as empresas devem promover a participação cívica entre seus funcionários, o que não só aumenta a dedicação dos trabalhadores à empresa, mas também promove sua participação na sociedade. Para o cientista político, o ativismo social e político promovido pelas empresas pode ser uma mais-valia em vários níveis. Contudo, acrescenta:

> Não acho que este seja um problema que possamos subcontratar a empresas e organizações, até porque estas têm outros interesses naturais, como garantir dividendos aos seus acionistas. Por vezes, as empresas adotam políticas, de um ponto de vista comercial, que

não são necessariamente produtivas do ponto de vista social (*Diário Económico*, 2 mar. 2005).

Muitos empresários dizem que a obrigatoriedade da responsabilidade social empresarial pode ser prejudicial, pois isso poderá deixá-los travados pela burocracia estatal. Eles acreditam que as grandes mudanças não são feitas a partir das leis, o que significaria a prática do voluntariado em vez da obrigatoriedade. Também afirmam que a organização que "cumpre a lei" não garante responsabilidade social, pois ser socialmente responsável é ir "além da lei". Cabe observarmos se isso representa uma efetiva internalização da responsabilidade social das empresas quanto à produção de externalidades negativas geradas por elas e seus impactos sociais produzidos; ou se os princípios de justiça social e solidariedade propalados por essas empresas representam apenas uma ideia falaciosa desta responsabilidade. Muitas empresas adotam a ideia da responsabilidade social em seu portfólio, mas o incumprimento da lei é prática constante.

Ao percebermos a ambivalência entre discursos e práticas empresarias, precisamos ficar vigilantes para compreendermos se efetivamente há uma mudança cultural e de *ethos* empresarial em curso, na qual as empresas realmente assumam as suas responsabilidades sociais. Caso contrário, sua atuação de empresa socialmente responsável é somente uma resposta empresarial em razão da pressão do Estado e/ou de comunidades impactadas pela ação dos agentes econômicos.

A partir dessa última análise, há aqueles que devotam à responsabilidade social empresarial a veemente *oposição*, tanto no sentido econômico como no sentido político mais amplo. No sentido econômico, a referência obrigatória é o posicionamente de Milton Friedman, de 1970, que afirmou que a essência da própria responsabilidade social das empresas é a maximização de seus objetivos produtivos, dentro dos ditames da lei. Caso as empresas pretendam ir além, elas estariam sendo irresponsáveis, pois desperdiçariam recursos sociais produtivos.

As ideias de Friedman (1970) podem ser sumariadas em cinco pontos fundamentais: 1) a empresa é um instrumento de seus proprietários; 2) se a empresa faz contribuições filantrópicas, desvia lucros para atividades com as quais os proprietários podem não concordar; 3) é dever dos gestores agir, de acordo com a lei, em prol dos acionistas, porque tais contribuições são moralmente incorretas; 4) se os gestores pretendem fazer filantropia, devem recorrer aos seus próprios recursos, e não aos donos da empresa; 5) o direito de destinarem o dinheiro àquilo que lhes convier deve ser concedido aos proprietários, incluindo ações filantrópicas.

Essas ideias têm sido interpretadas, às vezes de forma abusiva, como se Friedman fizesse apologia do lucro a qualquer preço. Porém, ele é assertivo quanto ao respeito e cumprimento da lei e das regras do jogo. No entanto, duas premissas contidas em sua tese são consideradas erradas por Porter e Kramer (2002): a primeira diz respeito à ideia de que os objetivos sociais e os econômicos são distintos e de consecuções incompatíveis; a segunda premissa é de que, quando as empresas prosseguem objetivos sociais, não proporcionam nenhum benefício que não possa ser alcançado pelos indivíduos. Para os autores, essas premissas podem ser desmentidas pelos contributos empresariais que se destinam a melhorar o contexto em que as organizações atuam, como, por exemplo: contribuir para o desenvolvimento educativo da comunidade nas matérias de que a empresa carece ou pode vir a carecer; ou melhorar as infraestruturas locais em que a empresa se insere. Os autores acreditam que a utilização da responsabilidade social nas empresas permite o alinhamento dos objetivos sociais e econômicos e incrementa o potencial de desenvolvimento da empresa a longo prazo; além disso, atuando sobre o contexto, a empresa obtém mais rendimento, mas também alavanca as suas capacidades e os seus relacionamentos no apoio a causas sociais. Como afirmam os autores:

> Não há nenhuma contradição entre melhorar o contexto competitivo e denotar um sério empenho no melhoramento da sociedade. De fato, [...] quanto mais a filantropia empresarial se direciona para seu contexto competitivo, mais volumoso é o contributo da empresa para a sociedade. Outras áreas, nas quais a empresa não cria valor acrescentado nem obtém benefícios, devem ser deixados – tal como Friedman advoga – aos filantropos individuais, que assim podem fazer jus aos seus impulsos caritativos. Se visar sistematicamente à maximização do valor criado, a filantropia empresarial contextualmente orientada

pode trazer às empresas um novo conjunto de vantagens competitivas que justificam o investimento de recursos. Ao mesmo tempo, pode representar um poderoso meio de melhorar o mundo (Porter; Kramer, 2002, p.68, tradução da autora).

Também no campo do debate econômico mais recente contrário à responsabilidade social empresarial, temos David Henderson (2001), que já foi o principal economista da OCDE. Em seu livro *Misguided Virtue: false notions of Corporate Social Responsability*, colocou uma crítica severa em relação à responsabilidade social empresarial, argumentando que, embora os "doutrinadores" da RSE pretendam que ela confira ao capitalismo uma "face humana" e proporcione às empresas o seu desenvolvimento sustentável, os efeitos podem ser contraproducentes. A premissa de Henderson consiste em contestar os trabalhos e os princípios divulgados pelas diversas instituições que fomentam a ideia da RSE.

Segundo ele, RSE é uma doutrina radical, tanto no que afirma quanto nas consequências, que pode suscitar. Se ela fosse globalmente adotada e colocada em prática, poderia ter implicações profundas na condução dos negócios empresariais e no funcionamento e no desempenho do sistema econômico. Os seus efeitos possíveis não se confinam às fronteiras nacionais: extravasam para o investimento e o comércio internacionais, para as perspectivas de progresso dos países em desenvolvimento e mesmo para a condução da política (Henderson, 2001, p.26).

Em suma, para Henderson, RSE se assenta numa perspectiva errada e a sua adoção generalizada reduzirá a prosperidade e prejudicará a economia de mercado (2001, p.18). Sua preocupação está em que o mercado dos países pobres assuma custos adicionais exigidos por padrões internacionais, que acabará limitando ainda mais sua concorrência e piorando o desempenho global da economia como um todo.

O autor defende que as atividades empresariais não estão dispensadas do exercício de juízos morais; no entanto, é incumbência do Estado e dos governos, e não das empresas e dos gestores, decidir o que é do interesse público e quais as medidas a tomar para que a busca, pelas empresas, da maximização do lucro contribua para servi-lo. Conforme ele afirma:

Tanto os acionistas como as administrações podem e devem arriscar renunciar lucros em prol de causas como a segurança dos produtos, a revelação de riscos para a segurança, a redução da poluição perniciosa, e evitar subornos ou o relacionamento justo com outras partes, mesmo que não estejam legalmente obrigados. Essas exceções, assim como outros casos em que há bons fundamentos para o exercício de juízos independentes, devem emergir mesmo em países cujos sistemas legais e governamentais funcionem bem. Na verdade, as leis e as regulamentações oficiais podem estar defasadas dos eventos reais da sociedade e, em qualquer caso, não se pode esperar que abranjam todas as contingências. Quando os governos são corruptos, ditatoriais ou ineficazes, o leque de problemas e assuntos, assim como a necessidade de as empresas fazerem as suas próprias avaliações e juízos, torna-se mais amplo (Henderson, 2001, p.22, tradução da autora).

A responsabilidade – para com o bem comum – se insere na discussão entre o limite do público e do privado, marcada por uma distinção clássica, segundo a qual o *público* identifica-se com o Estado e o *privado*, com o mercado. Assim, partimos para a seguinte questão: será que podemos observar uma nova forma de coesão social e solidariedade se estruturando, que vá além da divisão entre público e privado, na medida em que a iniciativa privada sai em busca da provisão do bem comum, até então de competência exclusiva do Estado?

Cheibub e Locke (2002) acreditam que há um risco político dessas ações sociais estarem sendo promovidas pelo setor privado, pois podem distorcer o conceito de direitos universais derivados da cidadania, por privilegiar certas necessidades em detrimento de outras e pelo aumento do poder das empresas no controle dos bens coletivos. Ou seja, as ações sociais empresariais podem ser do real interesse maximizador das empresas e dos empresários, mas podem também solapar o bem público.

Paoli (2003) cogitou sobre a possibilidade das ações sociais empresariais conterem em seu cerne um potencial contra-hegemônico ao modelo neoliberal. A autora conclui que – na verdade, por mais inovador, competente e envolvido no apelo de ativismo social por uma nova forma de solidariedade

– esse fenômeno mostra a face mais conservadora da solidariedade privada: retiram da arena política e pública os conflitos distributivos e a demanda coletiva por cidadania e igualdade. Para a autora, o centro da reflexão em torno da ação empresarial é a disputa por uma "nova forma de regulação social que aceite, ou recuse, legitimar-se por via da deliberação ampliada sobre a interdependência dos bens públicos e privados" (Paoli, 2003, p.380).

Ela afirma que essas ações sociais adaptam-se com vantagens às formas do lucro empresarial, preconizando a iniciativa individual e privada contra a ineficiência burocrática do Estado e a politização dos conflitos sociais. As empresas afirmam sua disponibilidade civil em contribuir, no âmbito privado e mercantil, para a redefinição do modo de operar as políticas públicas que se dirigem à integração social e profissional de parcelas da população. Essas ações domesticam o alcance político próprio da noção de bens públicos à eficiência dos procedimentos privados de gestão, intervindo de modo pulverizado ao árbitro das preferências privadas de financiamento. As ações filantrópicas empresariais, portanto, rompem com a medida pública entre necessidades e direitos e não criam seu outro polo: o cidadão participativo vai além de um beneficiário passivo (Paoli, 2003).

Na mesma linha de raciocínio, encontramos Eduardo Stotz (2003). Para o autor, caridade, filantropia ou responsabilidade social das empresas nada mais são do que estratégias para se construir uma alternativa liberal para a questão social, em contexto de transformação da ordem social: "a filantropia serve para obliterar a 'má consciência' das nossas elites, reacionárias como sempre, e afirmar o ideário (neo) liberal frente à miséria social" (Stotz, 2003).

Diversos autores[28] apontam que as ações de responsabilidade social empresarial são um artifício para usar a questão social como campanha publicitária para encobrir as causas geradoras da real problemática da pobreza e da desigualdade social. Ela favorece interesses privados em detrimento dos públicos e desvia a atenção dos conflitos entre direitos e poder (Beghin, 2003). Em suma, em reação a uma espécie de pseudoculpabilização das

---

28 Como por exemplo: Vera da Silva Telles (1994), Francisco de Oliveira (1999), Bernardo Sorj (2000), Armando de Melo Lisboa (2002), Patricia Ashley (2002), Joana Garcia (2002), citados por Nathalie Beghin (2003) em sua dissertação de mestrado: *A Filantropia empresarial: nem caridade, nem direito*, pela Universidade de Brasília, 2003.

empresas pelas externalidades negativas criadas por elas mesmas, surge a oposição em relação à RSE. As críticas se pautam na preocupação de que essas ações possam enfraquecer a finalidade do Estado; bem como a luta pela universalização dos direitos sociais. As ações sociais do empresariado seriam uma nova forma de responsabilidade à questão social, que – atuando como políticas compensatórias – despolitiza os conflitos sociais e os pulveriza por meio de um movimento claramente focalizador e diferenciador dos serviços sociais. Um golpe duro ao princípio de universalidade dos bens públicos e à condição do direito de cidadania.

Enfim, muitas podem ser as motivações do movimento pela responsabilidade social empresarial. De maneira otimista, podemos compreender que é um recente mecanismo para renovar a legitimidade das organizações produtivas na sociedade; além de acreditar que estamos desenvolvendo arranjos institucionais e estímulos para que as empresas renovem seus valores e comportamentos nas relações econômicas em direção à responsabilidade social.

3.8 A saúde como uma perspectiva de investimento social empresarial

Uma das questões sociais que tem mobilizado a ação social empresarial brasileira na saúde é a violência, vista como uma epidemia. No Rio de Janeiro, em 1996, uma em cada três crianças já havia sido assaltada e a metade havia presenciado um assalto. A principal causa de morte na faixa dos 10 aos 49 anos, na cidade do Rio de Janeiro, é por disparo de arma. A Organização Mundial da Saúde (OMS) calculou que a taxa de homicídios no Brasil cresceu mais de 44% durante o período de 1984-94. A criminalidade se expandiu na grande maioria das cidades grandes. A OMS considera zona endêmica de violência os locais onde a taxa anual de homicídios por cem mil habitantes é superior a dez. Limite superado em todos os municípios da Região Metropolitana do Rio, segundo os dados do Instituto de Segurança Pública (ISP) do governo do estado do Rio de Janeiro.

No Brasil, segundo o IPEA (2001), em 1979, de cada 100 mil habitantes, a taxa de homicídios era de 9,4% e passou para o patamar de 25,8%, em 1998. Para efeitos de comparação, na Austrália, na Áustria, no Canadá e na Argentina, a taxa de homicídios situa-se abaixo de 3%; nos EUA é de 9,2%

e, no México, 17,6%. Superam o patamar brasileiro apenas Jamaica (29%), Honduras (63,5%) e Colômbia (78,4%). Para se ter uma ideia da gravidade do problema, segundo o estudo realizado pelo ISP sobre a violência no estado do Rio de Janeiro, os bairros da Zona Sul da capital apresentaram taxas de homicídios, em 2008, entre dois e doze mortes por cem mil habitantes. No mesmo período, bairros como Santa Cruz, Rocha Miranda e Centro registraram entre cinquenta e 75 mortes por cem mil. Nas regiões de segurança da capital do estado do Rio de Janeiro, e de Niterói e Itaboraí, na Região Metropolitana, a taxa variou de vinte a 35 homicídios por cem mil habitantes no ano passado. A situação é pior em outros onze municípios do Rio, como Belford Roxo, Queimados, Itaguaí, São Gonçalo e Nova Iguaçu, onde a variação foi de 38 a 45 mortes por cem mil. A cidade de Duque de Caxias, na Baixada Fluminense, teve o pior resultado: quase 66 homicídios por cem mil habitantes. No *ranking* nacional da taxa de homicídios, em 2008, o estado do Rio de Janeiro ficou em quinto lugar, segundo pesquisas do Fórum Nacional de Segurança Pública, em parceria com o Ministério da Justiça.

O Rio ficou atrás de Alagoas, Espírito Santo, Pernambuco e Pará, com 33 homicídios por cem mil habitantes. Minas Gerais e São Paulo têm taxas bem menores, 11,1 e 10,8 respectivamente.

Em outubro de 2002, a OMS divulgou o Relatório Mundial sobre Violência e Saúde, destacando a violência como questão de saúde pública que deveria ser atacada em parceria pelo conjunto da sociedade. Foi sugerido que o empresariado tivesse um papel mais proativo na prevenção do problema (Disponível em: Rede GIFE *on-line*, acessado em: 21 out. 2002). Segundo esse Relatório, a saúde – pública e privada – concentrava-se em prover cuidados às vítimas de atos violentos. Porém, já se tem observado experiências em programas de prevenção à violência. A OMS acredita que, atuando em parcerias, pode-se combater a violência da seguinte maneira: definindo e observando a magnitude do problema, identificando as causas e impulsionando ações em conjunto com a sociedade.

Para Francisco Tancredi (Diretor Regional para a América latina e Caribe da Fundação Kellogg de 1999-2008), seria ingenuidade acreditar na possibilidade de seguir rigorosamente essas etapas na prevenção da violência, por ser um problema muito abrangente. Para ele, é necessário uma mudança nos padrões culturais que favorecem comportamentos violentos. É necessário um processo bem conduzido de educação da comunidade, e acrescenta:

> À primeira vista essa é uma forma lógica, elegante e, diria, cartesiana de enfrentar o problema da violência. Na prática, é preciso tomar cuidado para não se ater rigidamente a esse modelo, porque frente a problemas de causalidade múltipla e grande complexidade, como é o caso do comportamento violento e da cultura da violência, a busca de soluções deve privilegiar a abordagem dialética e a experimentação caminha quase simultaneamente à ação (Disponível em: Rede GIFE *on-line*, acessado em: 21 out. 2002).

A área da saúde é talvez aquela que mais expressa a iniquidade do mundo. Segundo a OMS, os países pobres possuem 90% das doenças que ocorrem no mundo, mas não têm mais de 10% dos recursos gastos em saúde; 1/5 da população mundial não tem qualquer acesso a serviços de saúde modernos e metade da população mundial não tem possibilidade de tomar medicamentos essenciais. Segundo o Relatório do Desenvolvimento Humano das Nações Unidas, em 1998, 968 milhões de pessoas não tinham acesso à água potável, 2,4 bilhões não tinham chance de ter cuidados básicos de saúde e; em 2000, 34 milhões de pessoas estavam infectadas com HIV/SIDA, dos quais 24,5 milhões dos casos são na África subsaariana (Kliksberg, 2000).

No entanto, o gasto com investimentos na área da saúde é irrisório nos países pobres, tanto pela saúde pública quanto em pesquisas realizadas pelas empresas multinacionais. Por exemplo, apenas 0,1% do orçamento da pesquisa médica e farmacêutica mundial é destinado à malária, enquanto a quase totalidade dos 26,4 bilhões de dólares investidos em pesquisas pelas multinacionais farmacêuticas se destina às chamadas "doenças de ricos": câncer, doenças cardiovasculares, do sistema nervoso, endócrinas e do metabolismo. As vendas farmacêuticas na América Latina representam apenas 4% e, na África, 1% do comércio mundial desses produtos. Apenas 1% das novas drogas comercializadas pelas campanhas farmacêuticas multinacionais entre 1975 e 1997 se destinou ao tratamento de doenças tropicais que afetam o Terceiro Mundo (Santos, 2001a, p.41).

Para Stotz (2003), as doenças de caráter crônico, como transtornos mentais associados ou não a drogadicção, tuberculose, hanseníase e AIDS assumem relevância social em contextos de crise econômica e agravamento da violência. São eventos endêmicos, "intransparentes", que adquirem, subitamente, visibilidade no sentido que podem "ameaçar a ordem ", aparecendo sob formas epidêmicas.

Segundo Duarte de Araújo (1997 apud Silva, 1999), gradual e lentamente, firma-se a opinião de que os serviços de saúde são um tipo de bem ao qual "leis de mercado" não se aplicam. Para o autor, os postulados básicos do mercado não são observados na oferta e consumo dos serviços de saúde. A área da saúde possui restrições de acesso de produtores, em função do desconhecimento das reais necessidades de saúde da ampla maioria dos consumidores, da prática de discriminação dos preços e da deseconomia ao se prestar atendimento. Além disso, mecanismos considerados normais do mercado de bens e serviços, tais como a propaganda e a competição de preços, são, no caso da saúde, mal vistos e até mesmo expressamente condenados pelo Código de Ética Médica no Brasil. O ingresso de produtores de serviços de saúde no mercado não é livre, pois está sujeito a mecanismos controladores públicos, como de classes ou categorias profissionais.

Existe um relativo consenso entre os economistas de que os serviços de saúde revelam grandes externalidades e, por isso, devem ser executados pelo Estado. Os benefícios são distribuídos largamente e falta aos indivíduos isolados condições e estímulos para realizar despesas em benefícios de terceiros (Silva, 1999).

Outra questão que aponta para a necessidade da presença do Estado no setor da saúde é o fato de o custo da saúde ser alto e complexo. Conforme a OMS, vários são os fatores que determinam a tendência desses custos que devem ser gerenciados pelo Estado. Entre eles estão: causas demográficas, necessidade de pessoal nos serviços de saúde, exigências dos cidadãos, mudanças do quadro epidemiológico como consequência do desenvolvimento econômico, organização e estrutura do sistema de atenção sanitária e extensão da cobertura (OMS, 1976).

Os serviços de saúde apresentam certas peculiaridades que entram em nítido conflito com as "leis do mercado", no que tange às suas falhas para promover o equilíbrio perfeito entre a oferta e a demanda. Dessa forma, observamos a intervenção do Estado na regulação e provisão desses serviços, mesmo que de maneira descentralizada na produção de serviços de saúde.[29] A importância do envolvimento do Estado na saúde nos leva a crer que as empresas, ao desenvolverem projetos com investimento social privado nessa área, necessitam se relacionar e consultar diretamente as diretrizes técnicas desenvolvidas pelo Ministério da Saúde.

No cálculo para a elaboração de projetos na área da saúde, interesses e valores estão sobrepostos e podem ser capazes de produzir algum tipo de externalidade positiva não só para a empresa, mas também para a comunidade.

Recorreremos à categorização das externalidades positivas criadas por Donaldson & Gerard (1993) (apud Castro, 2002) para situarmos a provável expectativa das empresas no investimento social privado na saúde. Os autores classificam as externalidades positivas geradas pelo investimento na saúde como egoístas e sociais (*caring*). Transferimos essa caracterização para nossa análise e entendemos que a externalidade do investimento social empresarial pode ser egoísta no sentido de que as empresas podem visualizar uma rentabilidade não na dimensão clássica do ciclo da produção, mas por meio de uma expectativa de médio e longo prazo. Este investimento social pode acarretar um *plus* à imagem empresarial e a empresa obtém reputação considerando as expectativas sociais de um consumidor mais exigente: o cidadão.

A outra externalidade positiva descrita pelos autores é a *social (caring)*. Refere-se à percepção de que o investimento na saúde é vantajoso, pois gera uma população saudável e produtiva. Portanto, as empresas que elaboram projetos sociais na área da saúde podem ter a perspectiva de que é bom ter uma comunidade saudável na qual a empresa se insere. Logo, podemos entender que as empresas, ao investirem em projetos sociais na saúde, criam benefícios externos positivos para as populações mais desfavorecidas

---

[29] Para o aprofundamento do assunto, ver Castro, Janice Dornelles de. Regulação em saúde: análise de conceitos fundamentais. *Revista Sociologias*, ano 4, n. 7, p.122-135, jan./jun. 2002, Porto Alegre: Universidade Federal do Rio Grande do Sul; Silva, Marcelo Gurgel Carlos da. Economia da Saúde. Rouquayrol, M. Z. , Almeida, N. *Revista Epidemiologia & Saúde*, 1999, p.457-472. Rio de Janeiro: Medsi.

e contribuem para o bem-estar e a reprodução de sua força de trabalho. Além disso, as empresas, ao oferecerem, além de trabalho, serviços de saúde à população circunvizinha, podem promover equilíbrio social quando minimizam conflitos sociais que afetam a comunidade e a empresa. Dessa forma, essa externalidade pode ser tanto *egoísta* como *social*, dependendo da vertente de quem olha.

Empresários entrevistados para a pesquisa "A Responsabilidade Social das Empresas no Brasil"[30] apontaram o fato de que suas associações estabelecem uma clara distinção entre responsabilidade pública e privada. Mesmo concordando com a ideia de que a elevação dos níveis de escolaridade e a boa saúde dos cidadãos sejam fatores estratégicos para o desenvolvimento das empresas, os empresários esperam que a promoção da educação e da saúde seja de responsabilidade do Estado, e esperam que ele cumpra com sua obrigação nessas áreas. As empresas se tornam promotoras de iniciativas na área social somente quando tais ações podem resultar em externalidades positivas ou em vantagens comparativas para as próprias empresas (Cappelin et al., 2002).

Em síntese, variáveis como o egoísmo e o altruísmo social podem estar imbricadas e justificam o lema empresarial brasileiro de "fazer o bem compensa". Compensa na medida em que não comprometa o lucro (a saúde das empresas) e gere externalidades positivas à empresa: uma comunidade saudável e uma boa imagem da empresa junto ao consumidor/cidadão. Portanto, essa é uma perspectiva híbrida e possível para os empresários investirem em projetos sociais na área da saúde.

---

30 Pesquisa coordenada por Paola Cappelin, Gian Mário Giuliani, Regina Morel e Elina Peçanha da UFRJ com o apoio financeiro da Ford Foundation e, realizada no período de julho a dezembro de 1999. Parte do relatório desta pesquisa foi publicada em artigo mencionado na bibliografia.

4. Estratégias do investimento social empresarial na saúde

Como observamos, algo de novo vem ocorrendo na área da saúde no Brasil nas últimas décadas. Esquemas operacionais tradicionais de interação entre Estado e Sociedade na promoção da saúde têm adotado novos formatos, novas redes de parcerias que merecem análise mais cuidadosa. A abordagem de tais redes incorpora-se nos contextos da descentralização das políticas sociais no Brasil e da mobilização da ideia de corresponsabilidade da sociedade na provisão comum.

A noção de rede social aqui utilizada refere-se a um novo arranjo institucional em formação, voltado para a provisão de serviços públicos. Essa rede de parcerias envolve vínculos entre o poder público e variados segmentos da sociedade. Entendemos rede como um arranjo estruturado por vínculos que reúne um determinado número de atores políticos, tanto na esfera pública como na privada, por meio das quais se trocam recursos materiais e imateriais. A referência a diversos autores como Granovetter (1981); Rhodes (1987); Scherer-Warren (1993); Lechner (1997); Castells (2001); Portugal (2007), entre outros, sugere que a coordenação social mediante a rede de parcerias é uma forma de interação entre Estado e Sociedade, que se desenvolve atualmente e que pode ser uma expressão de movimentos impulsionadores de mudanças ou não. A despeito de seu significado político ou da real mudança social produzida, essas redes têm se mostrado como uma nova fórmula organizacional para a produção do bem comum, em especial na área da assistência social, educação e saúde.

Identificamos a entrada das empresas privadas nessas redes de promoção do bem-estar social, a partir da ideia do investimento social privado (ISP). Neste capítulo, tomaremos o estudo das redes como uma perspectiva para analisarmos a dinâmica e o processo de tecelagem de ações articuladas entre os agentes sociais privados na promoção da saúde, destacando o ponto de vista do ISP. Ainda que várias empresas apresentem um currículo de parcerias com o poder público há mais de um século, essa concepção de responsabilidade social não está disseminada em todo o meio empresarial. Tendo em vista esse conjunto de aspectos, acreditamos ser possível avançar na análise sobre o ISP, demonstrando que essa é uma nova forma de solidariedade que vem sendo construída no Brasil contemporâneo.

Nos últimos anos, algumas empresas criaram fundações e institutos visando ter um novo papel que transcenda a busca do lucro. Essa atuação aparece ligada à ideia da responsabilidade social empresarial e/ou do investimento social privado. Na maioria dos casos, ela se faz através de redes sociais para a implantação e desenvolvimento de programas e projetos sociais entre governos, organizações não governamentais, igrejas etc. Sabemos que a vocação natural das empresas é gerar dividendos para investidores e acionistas, contribuir para o desenvolvimento econômico, criar empregos e fornecer bens e serviços ao mercado. Nessa fórmula clássica, espera-se que as empresas, na consecução de suas atividades, cumpram com as exigências legais de pagamento de impostos e benefícios trabalhistas; evitem práticas de corrupção e suborno; mantenham auditoria transparente e responsável de seus lucros.

Como analisamos, além de suas atividades naturais de obtenção de lucro, as empresas têm sido impelidas a "ir além", a demonstrar que são socialmente responsáveis. Elas ultrapassam os muros das fábricas e precisam mostrar compromisso com o desenvolvimento humano com base em padrões internacionais de sustentabilidade social e ambiental que realizam investimentos em iniciativas sociais para beneficiários externos às empresas (a comunidade). A ideia do investimento social refere-se a destinar uma porcentagem do faturamento bruto da empresa para investimento em iniciativas voltadas ao interesse público. As noções de responsabilidade e de solidariedade aparecem, assim, como um argumento central na ação social empresarial. Elas denotam que uma mudança vem ocorrendo em alguns setores do empresariado, que começam a perceber que devem colaborar para o desenvolvimento social do país.

Resta-nos investigar se, na prática, estamos lidando com uma nova concepção de solidariedade nessas redes de parceria estabelecidas entre empresas, Estado e comunidade na promoção de serviços de saúde.

4.1 Procedimentos metodológicos para o estudo de três casos

O estudo dos três casos nos permite compreender o sentido da atual ação social empresarial na saúde. Selecionamos neste trabalho duas fundações com base empresarial e um instituto empresarial como exemplos de execução de projetos sociais de saúde com recursos de investimento social, efetuados voluntariamente por empresas privadas. Os projetos que serão objeto de análise neste capítulo serão:

- Caso 1: Projeto Método Mãe Canguru (nível nacional): Fundação Orsa;
- Caso 2: Projeto Saúde em Serra Pelada/PA (nível regional): Fundação Vale do Rio Doce;
- Caso 3: Projeto de Combate ao Câncer Infantojuvenil (nível nacional e internacional): Instituto Ronald McDonald.

Essas três instituições foram selecionadas pelas seguintes razões: 1) As empresas que criaram essas instituições não têm diretamente nenhuma vocação econômica na esfera da saúde. Apesar disso, elas estão, sistematicamente, envolvidas com a consecução de projetos na área da saúde; portanto, têm uma ingerência social nesse campo, que merece ser analisada; 2) Nos três casos, as instituições estão filiadas ao Grupo de Institutos, Fundações e Empresas – GIFE. Portanto, em alguma medida, fazem parte do mesmo ideário que permeia a concepção do que seja investimento social privado, voluntário, sistemático e voltado para o interesse público; 3) Essas instituições fazem parte do organograma das empresas privadas como seu "braço social" e foram criadas por empresas de grande porte com a finalidade de gerenciarem projetos sociais, forma de demonstrar seu engajamento na sociedade como empresas socialmente responsáveis; 4) As três instituições, ao desenvolverem os projetos de saúde, criaram redes de parcerias com o poder público. Portanto, poderemos analisar o relacionamento delas com o Estado.

Como vimos no capítulo 3, o objetivo do GIFE é "aperfeiçoar e difundir conceitos e práticas de recursos privados para o desenvolvimento do bem comum" e define como objetivo estratégico "influenciar as políticas públicas por meio de parcerias e do compartilhamento de ideias, ações e aprendizado com o Estado e outras organizações da sociedade civil". Para alcançá-lo, tem como base o fortalecimento político-institucional, a capacitação e o apoio à atuação estratégica de seus associados e de instituições e fundações de origem empresarial (Disponível em: <http://www.gife.org.br>, acessado em: 3 dez. 2004).

Portanto, a ideia de parceria se insere na concepção dos três casos selecionados não apenas como prática observada, mas também como proposta ideológica vinculada aos propositores do GIFE. Assim, com base nessa perspectiva, analisaremos como foram construídas as redes para os projetos de saúde.

Com o objetivo de compararmos modelos de investimento social de empresas, selecionamos algumas variáveis qualitativas para explicar as redes de parcerias, caracterizar a dinâmica processual do envolvimento dos atores sociais, a percepção e as regras estabelecidas para gerenciar o investimento social privado, os recursos aportados e a publicidade dos projetos desenvolvidos. Assim, a proposta deste estudo de três casos sobre o ISP na saúde estará relacionada à análise de cinco variáveis: a) *Abrangência da rede* – A identificação da composição da rede remete aos tipos de agentes que mantêm relações de interdependência. Busca-se verificar a origem e os objetivos dos projetos desenvolvidos, o tipo e o papel de envolvimento expresso por cada um dos atores e a natureza dos vínculos entre eles; b) *Percepção* – Remete às imagens que as instituições têm sobre os projetos sociais para comunidades de baixa renda; c) *Regras* – Trata-se de verificar que procedimentos regulam o comportamento dos agentes sociais, o estabelecimento de convênios, contratos, termos de parceria, bem como o protagonismo e a participação relativa no desenvolvimento da ação, os laços de cooperação e a existência de conflitos, de confiança e desconfiança; d) *Recursos* – Evidenciar na rede a mobilização de recursos utilizados (humanos, financeiros e de capital social). Avaliar como esses recursos são alocados e como se processa a consulta e troca de conhecimento e de informações; e) *Publicidade* – Identificar os instrumentos que dão visibilidade pública aos projetos da rede, a difusão das informações e a perspectiva em que se coloca a questão da publicidade dos projetos sociais.

A rede construída na implantação desses projetos envolve, em geral, os seguintes atores sociais: as empresas, empresa de consultoria, o Banco Nacional de Desenvolvimento Econômico e Social (BNDES), a burocracia estatal, o setor público (médicos, postos de saúde e hospitais), instituições filantrópicas e os beneficiários/atingidos pelos projetos de saúde. Os dados obtidos foram coletados por meio de entrevistas semiestruturadas com os atores envolvidos e análise de material documental institucional. Além disso, teve-se a preocupação de detectar as reais dificuldades e possibilidades na implantação e desenvolvimento das ações sociais/projetos, bem como os resultados obtidos.

A pesquisa teve os seguintes procedimentos metodológicos:
1. Coleta de dados gerais sobre as empresas e seus projetos sociais;
2. Caracterização das empresas por setor econômico, porte, tipo de propriedade (estatal ou privada nacional ou multinacional);
3. Caracterização das Fundações Orsa e Vale do Rio Doce e do Instituto Ronald McDonald.

Procedemos à coleta de dados por meio de entrevistas e análise de documentos institucionais como documentação elaborada pelas empresas referentes aos projetos sociais de saúde; pesquisas nas páginas eletrônicas das respectivas empresas; e 21 entrevistas com representantes das empresas e coordenadores dos projetos desenvolvidos pelas empresas.

4.2 Caso 1: A Fundação Orsa[1] e o Projeto Mãe Canguru

A Fundação Orsa é uma organização não governamental (ONG),[2] ligada ao Grupo empresarial Orsa, criada em 1994. Ela objetiva "criar modelos de gestão que favoreçam a formação de uma sociedade mais justa, promovendo a formação integral de crianças e adolescentes em situação de risco pessoal e social" (www.fundacaoorsa.org.br). O Grupo Orsa é formado pelas seguintes empresas brasileiras: Jari Celulose, Papel e Embalagens; Ouro Verde Amazônia; Orsa Florestal; e Fundação Orsa. Juntas, as empresas produzem 8 mil empregos diretos e indiretos e faturam cerca de U$ 500 milhões por ano com a fabricação de celulose, papel para embalagens de papelão ondulado e produtos oriundos da floresta. A Jari Celulose é controlada pela Holding SAGA e as demais empresas são controladas pela Holding Grupo Orsa Participações S.A. O Grupo Orsa tem como controlador o presidente da organização Sérgio Amoroso, que detém 89% das ações do Grupo.

A empresa Jari Celulose, Papel e Embalagens possui unidades industriais em Manaus (AM), Rio Verde (GO), Suzano (SP), Nova Campinas (SP) e Paulínia (SP), além de uma área florestal de 40 mil hectares em Itapeva (SP). Considerada a 3ª no ranking do mercado brasileiro de papéis para embalagens e de chapas e embalagens de papelão ondulado, a empresa divulga em todo seu material institucional a ideia de respeito ao meio ambiente e o compromisso social como premissas para a excelência de sua performance. No Balanço Social de 2004, a empresa apontava para o sucesso de seu esforço em reduzir o uso de insumos naturais, como água e energia elétrica, de sua política de tratamento de efluentes e gerenciamento dos resíduos industriais. A empresa tornou-se a primeira fábrica de papel e embalagens de papel ondulado reciclado no país a obter a certificação ISO 14001, atestando a qualidade ambiental de seu processo produtivo (Balanço Social do Grupo Orsa, 2004).

---

1 Os dados sobre a Fundação Orsa e o Grupo Orsa foram coletados no Balanço Social do Grupo Orsa de 2004, nos sítios eletrônicos www.orsa.com.br e www.fundacaoorsa.org.br; no material institucional de ambas as instituições; por meio de entrevistas com o Presidente do Grupo Orsa, Sérgio Amoroso, e com a técnica responsável por projetos sociais desenvolvidos pela Fundação Orsa, no dia 10 nov. 2005, em São Paulo.
2 Considerada pessoa jurídica de direito privado. Fonte: Contrato estabelecido entre o BNDES e a Fundação Orsa para a implementação do Projeto Método-Canguru.

A Jari Celulose é um complexo industrial de papel e celulose no Vale do Rio Jari, no Estado do Pará. Criada em 1967, pelo norte-americano Daniel Ludwig, foi adquirida pelo Grupo Orsa em 2000 com empréstimo do BNDES. O Grupo recuperou a empresa e trouxe para ela uma nova concepção: combinar o aproveitamento racional dos recursos com o desenvolvimento sustentável das comunidades próximas à empresa. Em 2004, a Jari obteve a certificação "selo verde" do *Forest Stewardship Council* (FSC, Conselho de Manejo Florestal), atesta que a empresa utiliza a floresta plantada e nativa, bem como todo o processo industrial da celulose, de acordo com padrões de qualidade e segurança ambiental, e a origem da celulose de madeira controlada oriunda de áreas plantadas. A Jari é a maior exportadora brasileira de celulose branqueada de eucalipto e o cuidado no manejo florestal conjugado com o esforço de preservação da biodiversidade, do solo e dos recursos hídricos lhe valeram a renovação do certificado ISO 14001 por três anos seguidos. A proposta da empresa é obter maior produtividade com o mínimo impacto ambiental; para tanto, investe em projetos que buscam soluções para a reciclagem de resíduos e a racionalização do uso de energia elétrica e de água.

A Orsa Florestal, criada em 2003, tem a missão de explorar de forma racional e planejada espécies florestais nativas do Vale do Jari, buscando suprir demandas de mercado por produtos e subprodutos madeireiros e não madeireiros com garantia de origem. A empresa tem como meta promover o desenvolvimento sustentável da região, tornando-se modelo para a Amazônia. Ela está apta a produzir doze mil metros cúbicos anuais de madeira serrada bruta para segmentos como construção hidráulica, piso, obras civis, *decking* e estábulos. A exportação vai para Holanda, Alemanha e Espanha.

O Grupo Orsa destina 1% do seu faturamento bruto anual para um fundo social da Fundação Orsa, chamado *Recurso Semente*, com o objetivo de garantir a manutenção de programas e projetos sociais. No período de 1994 a 2004, o aporte financeiro do Grupo Orsa à Fundação Orsa foi de R$ 94 milhões. Em 2001, os recursos da Fundação Orsa representaram aproximadamente R$ 8 milhões. A Fundação reúne uma equipe com mais de quinhentos funcionários, além de diversos voluntários. Sua sede fica em Barueri (SP) e filiais em outras cidades de São Paulo, Goiás e Pará. Sua atuação social não se restringe ao entorno das sua atividades industriais. Algumas ações abrangem todo o território nacional, como o Projeto Método Mãe Canguru.

Além do investimento social privado, realizado pela Fundação Orsa, a ideia da responsabilidade social empresarial envolve o cotidiano de todas as organizações do Grupo, desde sua responsabilidade com os funcionários até a relação com fornecedores, governo e sociedade. Dessa maneira, o presidente do Grupo Orsa, Sérgio Amoroso, define a empresa como socialmente responsável em todas as esferas, tanto interna quanto externa à empresa, e confirma que as ações sociais da Fundação Orsa são realizadas por meio da concepção do investimento social privado idealizado pelo GIFE (entrevista em 10 nov. 2005). A Fundação atua em projetos nas áreas de Educação, Saúde e Promoção Social. Sua atividade envolve ações de voluntariado, redes de parcerias, fóruns de mobilização social e avaliação de impacto ambiental. Os programas e projetos são implementados, avaliados e, em caso de sucesso, reaproveitados em outras localidades (www.fundacaoorsa.org.br).

A seguir apresentamos alguns dos programas e projetos desenvolvidos atualmente pela Fundação em São Paulo e em outras cidades. A proposta para a execução desses projetos é trabalhar em parceria com organizações da sociedade civil e governos:

QUADRO 4.1: PROGRAMAS E PROJETOS DA FUNDAÇÃO ORSA, 2005

ÁREA	PROJETO/PROGRAMA
Educação e Desenvolvimento Humano	• Programa Qualidade em Educação Infantil; • Programa de Gestão Pedagógica para Infância; • Projeto Bairro Escola; • Programa de Formação do Profissional de Educação Infantil; • Programa de Mobilização para a Educação; • Geração de Riquezas; • Projeto Escola da Natureza; • Projeto Escola Cidadã; • Centro de Oportunidades e Potencialidades Profissionalizantes; • Centro Orsa de Documentação e Estudos do Vale do Jari.

Saúde	• Programa de Promoção à Nutrição Infantil; • Programa Saúde Bucal; • Programa Saúde da Criança; • Oncologia Pediátrica; • Centro de Excelência da Mulher (CEM); • Projeto Método Mãe Canguru.
Cidadania e Direitos Humanos	• Programa de Inclusão Social e Construção da Cidadania; • Programa Criar; • Programa Respeitar;

Desde então, a Fundação Orsa vem alterando e ampliando o seu escopo de atuação. Em 2007, criou a Incubadora de Eco-Negócios Solidários Sustentáveis para apoiar e orientar a geração de negócios no Vale do Jari e lançou mais dois projetos: um em parceria o Centro de Referência em Segurança Alimentar e Nutricional Sustentável, em Itapeva, e o Escritório de Inclusão Social em parceria com a União Europeia e a Prefeitura Municipal de São Paulo. Em 2009, essa Fundação completou 15 anos de atuação social, com 8 unidades pelo Brasil nas regiões Norte, Centro-Oeste e Sudeste, realizando projetos na área de educação, saúde, meio ambiente, garantia de direitos, geração de renda e trabalho.

Dentre as múltiplas possibilidades de redes construídas pela Fundação Orsa para a implantação desses projetos, nos interessa perceber, por meio do Projeto de Disseminação do Método Mãe Canguru desenvolvido em parceria com o BNDES e o Ministério da Saúde, uma das possibilidades de prática de investimento social privado utilizada pela empresa. É a partir de tal projeto que analisaremos o modelo de investimento social privado na saúde, adotado pela Fundação Orsa.

A. *Origem e objetivos do Projeto Mãe Canguru*[3]

O Projeto Mãe Canguru consiste em tratar recém-nascidos prematuros, retirando-os da incubadora, quando saudáveis, e mantê-los pele a pele,

---
3 Os dados sobre o Projeto Método Mãe Canguru foram coletados por meio de material institucional do BNDES, da Fundação Orsa, no sítio eletrônico www.metodomaecanguru.org.br e por entrevistas realizadas com a técnica da Fundação Orsa, Sandra Elias em 10 nov. 2005, em São Paulo e com as economistas do BNDES Marta Prochnik em 8 set. 2005 e 21 set. 2005 e Claudia Costa em 21 set. 2005, na sede do BNDES, no Rio de Janeiro.

com a cabeça próxima ao coração da mãe. Estudos clínicos constataram que, nessa posição, as arritmias cardíacas e respiratórias do recém-nascido estabilizam-se, a temperatura do corpo da mãe compensa as oscilações de sua temperatura e a etapa de sono profundo é alcançada mais rapidamente. O método foi criado em 1979, pelos médicos neonatologistas colombianos Héctor Martínez e Edgar Ruy Sanabria,[4] com o objetivo de reduzir a mortalidade neonatal por infecção hospitalar em Bogotá e diminuir os custos dos cuidados convencionais. Os médicos criaram essa abordagem uma vez que a utilização de tecnologias hospitalares era restrita, em razão das dificuldades financeiras. A aquisição, distribuição, acesso, uso e manutenção de equipamentos e medicamentos encareciam a estadia das mães na maternidade. Havia também dificuldades em contar com recursos humanos especializados em países pobres, como a Colômbia.

Além dos custos envolvidos no uso de incubadoras, os médicos acreditam que os cuidados convencionais separam a mãe do recém-nascido, dificultando o início adequado do aleitamento materno e mecanizam a assistência, reduzindo o contato humano entre as mães, os filhos e os profissionais de saúde. O Método tem sido avaliado como uma solução satisfatória, pois estabelece técnicas neonatais com custos bem menores e com maior nível de efetividade e aceitabilidade sociocultural.

Estudos mostraram que a relação custo-efetividade do Método Mãe Canguru é bastante positiva porque oferece uma alternativa apropriada à permanência hospitalar prolongada. A eficácia do Método Mãe Canguru é reconhecida pela comunidade científica internacional, sendo utilizado em muitos países como alternativa parcial ou total aos cuidados convencionais com recém-nascidos de baixo peso.[5]

---

[4] Resta ressaltar que este método tem sua origem no conhecimento popular de carregar os bêbes perto do coração. É uma maneira percebida, principalmente, em alguns países africanos e andinos, que carregam os bêbes com o uso da kepina. Kepina (ou tipóia, em português) é um verbo quíchua, língua dos antigos incas, ainda hoje falada na região dos Andes (Bolívia, Peru e Equador). Portanto, podemos considerar o Método Mãe Canguru como uma tecnologia social que conseguiu articular o saber popular com o conhecimento científico.

[5] Alguns desses estudos, como por exemplo, o realizado pelo World Laboratory (uma organização governamental da Suíça), estão citados no Relatório do BNDES Social n. 1: Método Mãe Canguru de Atenção ao Prematuro, Rio de Janeiro, dezembro de 2001.

Existem três modalidades de aplicação do Método, relacionadas com o desenvolvimento socioeconômico de cada país. Em primeiro lugar, o Método é utilizado como alternativa parcial e complementar à incubadora, modalidade esta aplicada em especial na Colômbia, Bolívia, Equador, Guatemala, Peru, Moçambique, Argentina, Nicarágua e em algumas regiões do Brasil. O Método serve também como substituto total das incubadoras, como em Zimbábue e outros países africanos mais pobres. E em outras regiões, como a Grã-Bretanha, Alemanha, Dinamarca, Suécia, Canadá, França, África do Sul e Brasil, o Método também é utilizado como um processo de estreitamento do vínculo afetivo mãe-bebê nos serviços de neonatologia.

Não há, portanto, um único modelo de Método Mãe Canguru. Suas formas de operacionalização são diversas e variam de acordo com a cultura, as condições sociais e o desenvolvimento dos serviços de saúde em que é aplicado. No Brasil, o Método Mãe Canguru transformou-se em política governamental em 1999, ao contrário do país de origem, onde ainda se trata de um método alternativo.

Em resumo, os estudos mostram que o Método Mãe Canguru é uma forma segura de assistência ao recém-nascido prematuro, oferece vantagens em relação à assistência convencional, incluindo benefícios sociais, tais como a participação da família e a redução de custos, além de poder ser adaptado a diferentes culturas e tipos de hospitais. No entanto, alguns obstáculos são apontados para a implementação do Método: o desconhecimento e a resistência dos profissionais de saúde, a infraestrutura dos hospitais, os problemas sociais das mães e das famílias e a falta de informações dos gestores sanitários, diretores e administradores dos hospitais sobre o Método.

No Brasil, a experiência pioneira do Método Mãe Canguru ocorreu no Instituto Materno-Infantil de Pernambuco (IMIP, Recife), fundado em 1960, que integra o Sistema Único de Saúde (SUS) como hospital filantrópico, atendendo crianças e mulheres de comunidades populares do Recife e de outras regiões do estado. É reconhecido pela prática de humanização[6] em

---

6 O Programa Humanização Hospitalar foi lançado pelo Ministério da Saúde em maio de 2000 e implantado pela Portaria 881 de 19 jun. 2001, que instituiu no âmbito do SUS, o Programa Nacional de Humanização da Assistência Hospitalar (PNHAH). Seu objetivo primordial é estabelecer uma relação mais humanitária entre usuários, família e profissionais de saúde. Fonte: Ministério da Saúde.

seus serviços, especialmente no trato com mães e crianças, e é considerado centro de referência regional de atenção ao recém-nascido prematuro e para casos de gestação de alto risco (BNDES Social, n. 1, 2001). O IMIP mantém convênios e acordos de cooperação técnico-científica com várias entidades, inclusive no exterior. Foi o primeiro hospital do Brasil a receber o diploma Hospital Amigo da Criança,[7] outorgado pela Organização Mundial de Saúde (OMS)/UNICEF/Ministério da Saúde.

Em 1994, o IMIP iniciou a utilização do Método Mãe Canguru nos moldes da Colômbia, com o objetivo de enfrentar uma situação crítica: o número de prematuros e recém-nascidos de baixo peso era maior do que o das incubadoras disponíveis. Com a implantação do Método, as mães passaram a permanecer na maternidade, acompanhando seus filhos, ainda na incubadora, e compartilhando a responsabilidade dos cuidados com os profissionais da saúde. Durante a estadia na maternidade, as mães frequentam aulas de culinária, alimentação e nutrição, fazem trabalhos manuais e outras atividades. Entre 1994 e 2000, cerca de 2.400 recém-nascidos foram "bebês-cangurus" no IMIP. Em 2001, a maternidade chegou a atender a dezesseis recém-nascidos simultaneamente.

Foi pela experiência do Método no IMIP que o BNDES resolveu articular parceria com a Fundação Orsa para desenvolver o Projeto de disseminação do Método Mãe Canguru em todo o país. Essa experiência acabou se tornando bem-sucedida, na medida em que se tornou política pública do Ministério da Saúde, transformando-se em programa do governo federal, denominado de *Programa de Atenção ao Recém-Nascido Prematuro e de Baixo Peso*. A seguir, analisaremos como se deu o desenvolvimento do Projeto.

B. O BNDES e a experiência com o Projeto de Disseminação do Método Mãe Canguru

O envolvimento do BNDES com questões sociais vem dos anos 1980, quando ele acrescentou o "S" (de Social) à sigla BNDE, em 1982. Criado em 1952 e vinculado ao Ministério do Desenvolvimento, Indústria e Comércio

---

7 A Iniciativa Hospital Amigo da Criança (IHAC) foi idealizada em 1990 pela OMS e pela UNICEF para promover, proteger e apoiar o aleitamento materno. O objetivo é mobilizar os funcionários dos estabelecimentos de saúde para que mudem condutas e rotinas responsáveis pelos elevados índices de desmame precoce.

Exterior, o BNDES teve inicialmente como objetivo o fomento ao desenvolvimento econômico nacional.

A relação do BNDES com indústrias do setor de celulose e papel, incluindo o Grupo Orsa, se iniciou em novembro de 1994, quando o banco passou a apoiar diversos projetos de cunho social implementados por empresas desse setor, no âmbito do Programa de Melhoria da Qualidade do Emprego. O programa movimentou o montante de R$ 7,64 milhões, com benefícios diretos e indiretos a cerca de 60 mil pessoas em todas as regiões do país. Os projetos financiados consistiram, de forma geral, em investimentos voltados a colaboradores diretos das empresas. De acordo com o BNDES, dadas as carências sociais das regiões, algumas vezes envolveram ações comunitárias e parcerias com o setor público. Essa interlocução social com a iniciativa privada levou o Banco a fomentar e alavancar melhorias sociais na composição e avaliação dos empreendimentos em outros setores produtivos.

Em 1996, o BNDES criou a Área de Desenvolvimento Social para financiar projetos relacionados aos setores sociais básicos como saúde, educação, geração de renda e trabalho e modernização do setor público. Em 1997, o Banco criou o Fundo Social, com investimento de 1% de seu lucro líquido, para ampliar o escopo de atuação dessa área e fornecer apoio financeiro não reembolsável a projetos direcionados às populações de baixa renda, no sentido de contribuir para a universalização do acesso aos serviços públicos. Em 1997, foi criado o Programa de Apoio a Crianças e Jovens em Situação de Risco Social com os recursos provenientes do Fundo Social, que surgiu, de acordo com o BNDES, da necessidade de aplicar na prática o que estabelece o Estatuto da Criança e do Adolescente (ECA). Assim, esse programa passou a identificar experiências estruturadas, com parcerias estabelecidas e reconhecidas pelos resultados alcançados para que viessem servir como exemplo, referência e inspiração para iniciativas semelhantes.

No governo Fernando Henrique Cardoso (1994-2002), a atuação do BNDES na área da saúde visava contribuir para o aperfeiçoamento das políticas públicas, por meio do financiamento a projetos inovadores, reconhecidos por seus resultados e com possibilidade de adoção pelo SUS. Foram financiados projetos cujas atividades são complementares aos serviços médico-hospitalares públicos, com ações de apoio social, definidas a partir de um conceito amplo de saúde, com a intenção de propiciar melhor acesso e maior efetividade ao sistema público de saúde. A ação do BNDES na área da saúde se realizou, desde o início, em estreita articulação com o Ministério da Saúde. A aproximação com o ministério objetivou fortalecer a atuação do setor público na consolidação do SUS e desdobrou-se num primeiro protocolo, celebrado em março de 1998, buscando o apoio do Banco aos investimentos hospitalares filantrópicos integrantes ao SUS.

Em 1997, o BNDES apoiou o prêmio de Projetos Sociais, patrocinado pela Fundação Ford, juntamente com a Fundação Getúlio Vargas (Prêmio Ford-FGV de Gestão Pública e Cidadania). O Prêmio iniciou-se em 1996, com o objetivo de reconhecer alternativas inovadoras no tratamento de questões sociais, por meio da ideia de detectar e fomentar as melhores práticas de iniciativas de governos subnacionais (estados e municípios). Um dos projetos premiados nesse ano foi o Projeto Método Mãe Canguru, desenvolvido pelo IMIP/Recife, que ganhou grande visibilidade. No âmbito dessa agenda, foram promovidos, na sede do Banco, no Rio de Janeiro, os seminários "Empresas e Investimentos Sociais", em outubro de 1999 e em 2001, de abrangência nacional, sobre o tema da responsabilidade social empresarial e dos investimentos sociais privados com finalidades públicas. Os eventos reuniram instituições acadêmicas, grandes e médias empresas com experiências em ações sociais, representantes do governo federal e associações empresariais que lideravam o debate sobre o tema no país.

O Plano Estratégico do BNDES para o período de 2000-05 incluiu o fomento ao exercício da responsabilidade social empresarial como um dos seus princípios de atuação. Assim, visando implementar essa diretriz de atuação, e dando sequência à agenda de trabalho desenvolvida desde 1999, a área social do Banco, ao longo de 2002, coordenou ampla discussão sobre a política de crédito a projetos sociais. Os debates, no âmbito do Comitê de Crédito, tiveram por objetivo definir os principais parâmetros para análise do perfil das empresas em termos de responsabilidade social, bem como os critérios para incentivo e financiamento de investimentos sociais. Como resultado desse debate, criou-se uma carteira de financiamentos para a expansão e modernização produtiva, com empréstimos associados à realização de investimentos que visam ao desenvolvimento social e comunitário, sem fins lucrativos e em benefício público. O BNDES concedia o financiamento à produção da empresa e, nessa mesma operação, fornecia outro financiamento para a empresa desenvolver projetos sociais e políticas públicas em articulação com o poder público e a sociedade organizada. Essa carteira, até julho de 2002, contabilizou 34 operações e subcréditos sociais no valor de aproximadamente R$ 55 milhões (BNDES Social n. 7, 2002).

Em outubro de 2002, a carteira de investimentos de Desenvolvimento Social do BNDES somava R$ 2,8 bilhões. Em relação aos desembolsos para a Área de Desenvolvimento Social no período de 1999-2002, o BNDES apontou a seguinte evolução, em milhões: em 1999, foi de R$ 644; em 2000, de R$ 984; em 2001, de R$ 788 e, em 2002, de R$ 711. O crescente interesse por projetos sociais contou com recursos do Orçamento Geral da União, da Caixa Econômica Federal (CEF), e de organismos multilaterais, como o Banco Interamericano de Desenvolvimento (BID) (BNDES Social n. 7, 2002).

Em dezembro de 2003, já no governo Lula, foi lançado o PAIS (Programa de Apoio a Investimentos Sociais de Empresas), com o objetivo de financiar projetos sociais de empresas voltados para comunidades carentes, ou socialmente vulneráveis, e projetos para inclusão de pessoas portadoras de deficiência. No entanto, conforme relato de um técnico do BNDES, que preferiu não ser identificado, o PAIS, até setembro de 2005, só realizou um projeto para pessoas portadoras de deficiência. Em 2006, esse programa (PAIS) foi substituído pela atual Linha de Crédito "Investimentos Sociais de Empresas", destinada a projetos de investimentos sociais tanto no âmbito externo quanto interno da organização, permitindo que o financiamento a projetos sociais ocorra independentemente do financiamento produtivo (subcrédito social). O BNDES se consolidou como o maior banco de fomento do mundo em 2010 e considerado uma das maiores instituições financeiras do mundo, como banco público. Hoje, ele detém grande poder e influência como indutor e definidor de modelos e padrões de responsabilidade social corporativa, dada a sua magnitude e importância econômica e social.

A partir dos diversos programas elaborados para orientar as aplicações do Fundo Social, o BNDES tem apoiado vários projetos sociais, entre eles o apoio ao Projeto Mãe Canguru. Os resultados apresentados pelo IMIP sobre o Método Mãe Canguru chamaram a atenção dos técnicos do BNDES. Depois de uma avalição técnica, decidiram financiar a expansão da enfermaria Mãe Canguru do IMIP, em Recife, e disseminar o método em outras maternidades do país.

Ao reconhecer a qualidade do Método Mãe Canguru no IMIP e sua proposta de humanização hospitalar, o BNDES constatou também que o custo era muito menor que o tratamento tradicional, pois o valor da diária de um recém-nascido na incubadora era quase quatro vezes maior. Além disso, o Método favorece que o recém-nascido deixe a incubadora mais cedo, permitindo maior número de atendimentos sem aumento nos investimentos. Essa relação custo-benefício pesou para o Banco, na medida em que considerou a existência da carência de equipamentos na maioria das maternidades públicas do país. O Banco compreendeu que o Método continha as características de uma prática de qualidade para comunidades de qualquer nível de renda e, em especial, para o atendimento realizado em maternidades carentes de equipamentos. A Fundação Orsa foi então convidada pelo BNDES para implementar e desenvolver esse Projeto, em parceria com o Ministério da Saúde.

Abrangência da rede

A divulgação do Método Mãe Canguru começou em 1999, por iniciativa do BNDES, que promoveu um Seminário com o objetivo de sensibilizar os profissionais e autoridades da saúde para esse Método. Antes mesmo do evento, o Ministro da Saúde, José Serra, em visita a Pernambuco, foi convidado a visitar o IMIP. A economista do BNDES, Marta Prochnik, responsável pelo Projeto de Disseminação do Método, afirmou que: "Foi nesta visita, que o Ministro conheceu o Método, gostou e deu a ordem para que a equipe da saúde conhecesse a experiência e levasse adiante a ideia" (entrevista em 8 set. 2005).

A parceria Ministério da Saúde e BNDES

Constatadas as qualidades do Método e tendo ganho o interesse do Ministro, o BNDES realizou uma conferência, em março de 1999, na sua sede do Rio de Janeiro, a qual foi aberta pelo Ministro da Saúde e reuniu mais de 850 representantes das áreas envolvidas na assistência de saúde para recém-nascidos, secretarias estaduais e municipais da saúde, conselhos de pediatria, revistas médicas e grupos organizados de mães (ONG Amigas do Peito), centros universitários, representantes do United Nations Children's Fund (UNICEF) e da Organização Pan-Americana de Saúde (OPS), entre outros. O grande interesse levantado pelo evento deu ao BNDES respaldo para se lançar nesse Projeto e tornar o Método Mãe Canguru um programa disseminado por todo o país.

A partir de então, o Ministério da Saúde designou um grupo de pediatras para estudar o Método e avaliar a possibilidade de convertê-lo em política pública. A Coordenação de Saúde da Mulher e da Criança do Ministério da Saúde formou um grupo de trabalho que produziu as Normas de Atendimento do Método Mãe Canguru, incorporando-o à política de saúde pública. Após nove meses da Conferência, o Método Mãe Canguru deixou de ser um processo médico alternativo e se tornou um procedimento de assistência médica, oficialmente reconhecido pelo governo brasileiro e incluído na tabela orçamentária do SUS, ou seja, um procedimento com remuneração garantida pelo governo. O lançamento da normatização do Método foi realizado em um novo seminário no BNDES em dezembro de 1999.

O Ministério da Saúde começou a produzir material informativo e a oferecer treinamento para que as maternidades adotassem o Método. Foi necessário disseminar amplamente o Método Mãe Canguru pelo país e capacitar os profissionais de saúde para adotá-lo. O BNDES avaliou que seria interessante a participação de outra organização complementando os esforços do Ministério da Saúde e resolveu aportar recursos para o Projeto de Disseminação do Método. Em 1999, convidou três ONGs empresariais buscando selecionar uma para atuar em parceria nessa divulgação: Instituto Ayrton Senna, Fundação Orsa e a Fundação Kelloggs. A Fundação Orsa foi a que mostrou maior interesse em participar, inclusive manifestando a intenção de aportar recursos ao projeto.

Percepção

Quanto à percepção dos atores envolvidos no Projeto Mãe Canguru,[8] notou-se, por meio das entrevistas, um envolvimento quase emocional do BNDES e da Fundação Orsa. O Ministério da Saúde, apesar de ser considerado o ator de maior importância e relevância no Projeto, o abordou sem dar muito destaque. Enquanto para o BNDES e para a Fundação Orsa esse Projeto é apresentado como uma novidade, para o Ministério da Saúde, ele, apesar de inovador, para o Ministério da Saúde, a saúde faz parte de seu cotidiano operacional.

Como a saúde não é função de um Banco nem tampouco de uma empresa, envolver-se com esse Projeto despertou nessas duas instituições outro tipo de atitude, diferente da do Ministério da Saúde. Os técnicos envolvidos demonstraram um grande apego afetivo pelo projeto. Enquanto, para o Ministério, tratavam-se de recém-nascidos de baixo peso; para o Banco e para a Fundação Orsa, eram *bebês-cangurus*. Contudo, apesar do envolvimento emocional, atuavam com diretrizes operacionais técnicas para a disseminação do Método.

Quanto à percepção social da Fundação Orsa, para envolver-se com esse projeto de parceria, ela está diretamente relacionada ao seu fundador e presidente, Sérgio Amoroso.[9] A adoção da ideia da responsabilidade social empresarial pelo Grupo Orsa está ligada intrinsecamente à motivação pessoal do presidente da empresa.Ele afirma que essa opção é resultado de sua trajetória pessoal de menino pobre, nascido no interior de São Paulo (Birigui).

Amoroso foi para a cidade de São Paulo trabalhar e estudar aos 19 anos de idade (1975). Aos 23 (1981), já graduado em Ciências Contábeis, abriu uma pequena fábrica de cartonagem com mais dois amigos. Nove anos depois, "já havia conseguido três vezes mais do que tinha traçado para a vida toda". Ele afirmou que a constatação de sua riqueza gerou inquietações existenciais sobre seu papel social como empresário; e a Criação da Fundação Orsa, em 1994, foi a solução para seus dilemas.

---

8 Percepção observada por entrevistas realizadas com os representantes envolvidos no Projeto de Disseminação do Método Mãe Canguru: Sandra Elias e Sérgio Amoroso (Fundação Orsa), em São Paulo, no dia 10 nov. 2005; Catarina Schubert (Ministério da Saúde), no Rio de Janeiro em 24 nov. 2005 e Marta Prochnik (BNDES), no Rio de Janeiro em 8 set. 2005 e 21 set. 2005.
9 Entrevista da autora com o empresário Sérgio Amoroso, em São Paulo em 10 nov. 2005.

Descontente com a abordagem assistencialista com que a Fundação operava, buscou nova experiência na parceria com o BNDES e o Ministério da Saúde. Com essa aprendizagem, repensou o modelo de ação social da empresa. Percebeu que não adiantava doar recursos ou fazer pequenos projetos, mas era necessário criar programas que atingissem escalas maiores e que fossem em direção à formulação de políticas públicas. Nessa trajetória de aprendizagem e, em discussão com seus sócios, concluíram que a ação assistencialista não era o papel da empresa. Apesar de afirmar que ainda estão buscando caminhos, a solução deve ter base na ideia de lidar com o social "por meio dos negócios". Ou seja, a Fundação Orsa deve buscar modelos de desenvolvimento econômico sustentável que, incluam as pessoas e promovam a geração de renda. Amoroso acredita que somente dessa forma os indivíduos se tornarão independentes e livres da assistência social. Investimento social privado para ele não é apenas ajudar, pois este tipo de filantropia cria dependência dos indivíduos em relação às doações.

A proposta da Fundação Orsa vai além da doação de dinheiro ou recursos: o Grupo Orsa "não tem dinheiro para resolver os problemas sociais". O objetivo é indicar caminhos e oferecer tecnologias eficientes para lidar com a questão social; o que, para Amoroso, não é possível de ser feito pela gestão estatal, pois ela sozinha é ineficiente. Os projetos sociais da Fundação Orsa devem ser autossustentáveis e caminhar sozinhos depois de formulados. Nesse sentido, ele denomina os recursos do investimento social privado destinados à Fundação Orsa de "semente": "Plantar um projeto social para ele continuar sozinho de maneira sustentável para disseminá-lo".

Para Sérgio Amoroso, o "futuro do social" está na realização de projetos em parcerias, realizadas com transparência, participação social e com conselhos de informação. Ele afirma ser muito importante a ampliação da participação das elites econômicas nos problemas sociais brasileiros, pois o Estado não tem como atuar mais sozinho, devendo a sociedade ter maior participação, assumindo seu papel, e controlando a gestão dos projetos sociais. Para ele, ainda existe uma grande jornada pela frente, pois "o Brasil é um país emergente, cheio de defeitos, interesses mil e com uma corrupção sistemática". Amoroso reconhece que a gestão por parcerias tem um grande risco: atuar em parceria pode ser mais uma maneira de camuflar o mal uso do dinheiro público , pois a corrupção faz parte da cultura nacional e da gestão burocrática estatal. A vantagem da parceria com a iniciativa privada é que esta pode mostrar ao governo que "dá para fazer políticas sociais com a metade dos recursos do governo e com o dobro de eficiência". E acrescenta: "Eu só posso cobrar do governo se eu mostrar alternativas para ele". Nesse sentido, ele não descarta a possibilidade de, atuando no social, discutir com o Estado e propor que ele cobre menos impostos de empresas atuantes e eficientes na resolução de problemas sociais.

Outro aspecto que Sérgio Amoroso acredita ser fundamental na adoção da responsabilidade social empresarial diz respeito à convicção moral e estratégica do empresário em relação à questão social:

> Se não for assim, por convicção, diante da primeira dificuldade, o empresário cortará o investimento social. Ainda ouso dizer: vai além do comprometimento com a ética e a cidadania. A responsabilidade social empresarial deve estar baseada em convicções e focada na resolução de problemas, e esse é o primeiro passo para a construção e implementação de modelos sustentáveis. O empresário nem deve entrar no campo social se não tiver a intenção de ajudar o Brasil a resolver pelo menos um de seus problemas. Se a idéia for realizar projetos isolados, colocar um band-aid na ferida, de nada adiantará essa 'boa intenção.[10]

O empresário afirma ser um absurdo usar a Lei Rouanet[11] para reformar museus com o imposto de renda, "quando o governo não tem dinheiro para salvar vidas" e as parcerias com empresas privadas deveriam ser acompanhadas e fiscalizadas pelo Ministério Público.

---

10 A firmação citada em entrevista para esta pesquisa está referenciada e formalizada no prefácio que ele redigiu para o livro organizado por Marta Porto: *Investimento privado e desenvolvimento: balanço e desafios.* Rio de Janeiro: (X) Brasil, Synergos e Senac Rio, 2005.
11 A Lei Rouanet é uma lei federal de incentivo fiscal para empresas investirem em projetos cuturais.

Regras

O Projeto de Disseminação do Método Mãe Canguru foi formulado em dezembro de 1999, por médicos neonatologistas brasileiros do Ministério da Saúde, contratados pela Fundação Orsa para essa consultoria. Os trabalhos começaram com os recursos da Fundação Orsa (posteriormente reembolsados pelo BNDES) e, somente em 2001, foi assinado o contrato entre o BNDES e a Fundação Orsa. O BNDES disponibilizou recursos não reembolsáveis, provenientes do seu Fundo Social para a implantação do Projeto de Disseminação do Método Mãe Canguru pelo Brasil.

Por que razões o BNDES foi escolher uma organização empresarial e não uma ONG de base comunitária para operar esse Projeto? As economistas do BNDES entrevistadas explicaram o porquê da escolha:[12] 1) Era necessário aportar recursos ao Projeto e uma ONG comunitária não teria recursos; 2) A Fundação Orsa, por ser uma organização empresarial sem fins lucrativos, dispõe de dotação patrimonial relacionada ao Grupo ORSA que pode alocar capital com o BNDES, o que uma ONG comunitária não poderia fazer de acordo com os critérios adotados pelo BNDES. Uma das regras do BNDES para investir em ações sociais por meio de repasse dos recursos do Fundo Social é de que a instituição tenha seu sustento assegurado por outras fontes de recursos. De acordo com regras do BNDES, o Projeto deve ser iniciado com os recursos próprios da instituição e depois reembolsado pelo Banco. Uma ONG não disporia de recursos financeiros para esse investimento inicial; 3) Uma instituição empresarial sem fins lucrativos agilizaria o processo em face das amarras burocráticas do BNDES; 4) O BNDES já conhecia a proposta de responsabilidade social empresarial do Grupo Orsa, a partir de suas relações econômicas com suas indústrias; 5) Além disso, o BNDES avaliou que a Fundação Orsa teria capacidade e *expertise* para implantar esse projeto nacionalmente, o que uma ONG comunitária não teria.

Firmada a parceria entre o BNDES e a Fundação Orsa, esta teve a missão de descrever o Projeto de divulgação, disseminação e implantação do Método Mãe Canguru, para ser realizado de 2000 a 2001.

---

12 Entrevistas realizadas com a economista Marta Prochnik, responsável pelo Projeto Método Mãe Canguru, em 8 set. 2005, e com a economista Claudia Costa, responsável pela elaboração do estudo sobre responsabilidade social desenvolvido pelo BNDES, em 21 set. 2005, na sede do BNDES, no Rio de Janeiro.

Foi criado um Comitê Diretivo Estratégico, integrado por representantes do Ministério da Saúde, do BNDES e da Fundação Orsa, com o objetivo de definir estratégias e prioridades da execução do projeto. O Comitê deliberava sobre as ações a serem desenvolvidas, considerando os aspectos técnicos, políticos, administrativos, financeiros e de *marketing* social; definia estratégias de divulgação, eventos, relações com a mídia, bem como a realização de contatos institucionais. Havia ainda um Comitê Técnico e uma Secretaria de Apoio, a última sediada na Fundação Orsa. Cabia a esse Comitê definir o conteúdo dos materiais, acompanhar sua execução e propor atividades e eventos.

O envolvimento do Ministério da Saúde restringia-se ao credenciamento do Método Mãe Canguru e ao fornecimento de informações técnicas quanto às diretrizes operacionais e à normatização desse Método no Brasil.

O início das discussões foram difíceis entre o BNDES e o Ministério da Saúde, visto que havia incerteza quanto ao comprometimento do Banco e da Fundação Orsa em ações na área da saúde. Contudo, as negociações foram gradualmente firmadas entre os parceiros. Para Marta Prochnik (BNDES), ocorreram longas e francas discussões sobre o Projeto de Disseminação, inclusive na definição dos itens de uso dos recursos, antes de ser encaminhado à diretoria do BNDES.[13]

As principais ações dessa parceria, gerenciadas pela Fundação Orsa, foram:

- A implantação (ou melhoria das instalações) de sete Centros de Referência em diferentes regiões do país;
- A realização de cinco seminários regionais de sensibilização de dirigentes de maternidades públicas;
- A realização de cursos de capacitação de 40 horas nesses Centros de Referência;
- A confecção de material para os cursos e para as maternidades de referência;

---

13 Entrevista com a técnica da Fundação Orsa, Sandra Elias, em São Paulo em 10 nov. 2005.

- A confecção de software para registro de dados;
- A confecção de manual completo para a adoção do método;
- A confecção de filme/vídeo e emissão de boletim informativo trimestral.

Recursos

A proposta inicial que constava no contrato de parceria entre a Fundação Orsa e o BNDES visava multiplicar o Método em setenta hospitais e criar sete centros de referências. Com o envolvimento do Ministério da Saúde no Projeto de Disseminação, foi possível capacitar 230 hospitais e 1763 profissionais em dois anos. Pelos cálculos do Ministério da Saúde, em 2004 foram alcançados 590 hospitais e, em novembro de 2005, haviam sido capacitados 5021 profissionais.[14]

Os investimentos realizados no Projeto Método Mãe Canguru podem ser visualizados no seguinte quadro:

QUADRO 4.2: INVESTIMENTOS TOTAIS DO PROJETO MÉTODO MÃE CANGURU, 2000-2005 (EM REAIS)

FONTE	2000	2001	2002	2003	2004	2005. out	TOTAL	%
BNDES	46.923	497.701	656.973	192.064	186.176	16.462	1.596.299	41,13 %
M. Saúde	39.045	540.885	966.480	104.400	—	—	1.650.810	42,54%
F. Orsa:	43.000	73.680	133.676	175.431	144.883	63.239	633.809	16,33%
TOTAL	128.968	1.112.266	1.757.129	471.895	331.059	79.701	3.880.917	100,00 %

Fonte: Dados fornecidos pela Fundação Orsa, em novembro de 2005.

---

14 Entrevista com Catarina Schubert, médica responsável pelo Método Mãe Canguru, no Rio de Janeiro, em 24 nov. 2005.

No quadro, observamos que a Fundação Orsa foi a instituição que menos investiu financeiramente no Projeto de Disseminação. Contudo, Marta Prochnik (BNDES)[15] afirmou que o aporte de recursos financeiros da Fundação Orsa foi elemento que, além de retórico, consubstanciou o engajamento da instituição no processo, o que pode ser realmente considerado como uma parceria.

Em relação ao investimento do Ministério da Saúde, importa uma ressalva. Os valores fornecidos são muito imprecisos. O Ministério da Saúde, por intermédio da médica responsável pelo Método Mãe Canguru no Brasil,[16] constatou a preciosa parceria da Fundação Orsa no Projeto de Disseminação do Método. No entanto, informou que o Ministério da Saúde foi o responsável pela maioria das ações que, financeiramente, somaram aproximadamente um valor de R$ 3 milhões, no período de 2000 à 2003, embora afirma não ter os dados disponíveis, pois se perderam por problemas técnicos no computador do Ministério da Saúde. Esse investimento do Ministério da Saúde refere-se ao custo do material para capacitação; informática; difusão da metodologia, apoio à capacitação de recursos humanos e viagens dos profissionais para a localidade onde se realizava a capacitação.

Publicidade
Em relação à publicidade do Projeto Mãe Canguru, um fato surpreende, pois, nos veículos de comunicação, ela tem sido marcadamente dirigida à Fundação Orsa, o que chamou a atenção para a seleção desse caso. Apesar do valor investido pelo Ministério da Saúde ter sido consideravelmente superior ao das demais instituições, a projeção publicitária do Projeto Mãe Canguru foi direcionada exclusivamente à Fundação Orsa. Ela criou um sítio eletrônico do programa (www.metodomaecanguru.org.br), recebeu o Prêmio Racine em 2002, organizada pelo Grupo Racine,[17] com o objetivo de reconhecer e divulgar em âmbito nacional ações inovadoras na área de saúde no Brasil, e ganhou destaque da Revista Exame "Guia da Boa Cidada-

---

15 Entrevistada em 8 set. 2005.
16 Entrevista com a médica Catarina Schubert, do Ministério da Saúde, responsável pelo Programa de Atenção ao Recém-Nascido de Baixo Peso, conhecido por Método Mãe Canguru, em 24 nov. 2005.
17 Empresa criada em 1990, voltada para o aperfeiçoamento de profissionais e gestão de empresas da área da saúde.

nia Corporativa" (suplemento), como empresa-cidadã, em 2003. O BNDES afirmou que também recebeu o prêmio junto à Fundação, mas não há como negar que a publicidade foi marcadamente focada na Fundação Orsa.

Para mobilizar os sentimentos cívicos e éticos, as empresas necessitam constantemente realizar a projeção de sua imagem para a sociedade. O *marketing* social está associado à visão de publicidade e comunicação externa. Entendemos as críticas em relação ao papel do *marketing* social, quando associa conduta oportunista e distante da ética. Entretanto, o *marketing* é um dos componentes de um projeto social implantado em parceria. O problema é quando o discurso divulgado não condiz com a prática. Nesse caso, a publicidade da Fundação Orsa possibilitou a construção de uma imagem de que a empresa tem uma atuação social bastante superior a do Estado. O que, na verdade, não procede.

Assim, aludimos às questões propostas por Cheibub e Locke (2002): "Em que modelo as empresas estariam sendo socialmente responsáveis? Provendo diretamente o bem-estar ou fortalecendo o Estado para que ele garanta a universalidade desta provisão?" (p.284). No caso observado do Projeto de Disseminação do Método Mãe Canguru, a ação empresarial da Fundação Orsa foi de gerenciar a divulgação de um método, garantido pelo Estado, como política pública. Essa ação poderia ser dispensada, pois ela não é um serviço voltado diretamente aos cidadãos. Foi uma estratégia logística. Contudo, a Fundação Orsa se utilizou de uma ação inovadora promovida pelo Estado colocando em risco a autoridade do Ministério da Saúde. A empresa se mostra como grande agente promotora de bem-estar social, ofuscando o papel do Estado na produção desses serviços.

4.3 Caso 2: A Fundação Vale do Rio Doce e o projeto de saúde de Serra Pelada

A Companhia Vale do Rio Doce (CVRD) foi criada como empresa estatal de mineração durante a era do governo Getúlio Vargas, no período marcado pelo fortalecimento da ação do Estado no processo de industrialização do país.[18]

---

18 A Fonte dos dados sobre a CVRD, bem como sobre o estudo de caso do Projeto Saúde desenvolvido pela Fundação Vale do Rio Doce, foi coletada por meio de quatro entrevistas realizadas com o Gerente de Projetos da Fundação Vale do Rio Doce, Luciano Medeiros, na sede da CVRD, no Rio de Janeiro, nos meses

O Código de Minas, que regia o setor mineral de 1934 a 1940, postulava a nacionalização das minas e jazidas minerais julgadas essenciais à defesa econômica e militar do país, o que foi reforçado pela Constituição de 1937, que proibiu o aproveitamento industrial das minas e jazidas por companhias estrangeiras. Em março de 1942, foram definidas as bases da construção de uma empresa de exportação de minério de ferro, por meio de acordos firmados entre os governos do Brasil, Inglaterra e Estados Unidos. O objetivo inicial era auxiliar no esforço bélico dos países aliados da Segunda Guerra, atendendo às necessidades estratégicas de matérias-primas (Velasco Jr., 2005).

Em sua história, a CVRD acumula uma série de avanços como a maior produtora de minério de ferro do Brasil. Em 1949, ela já era responsável por 80% das exportações de ferro, e cresceu durante a Segunda Guerra Mundial, com a produção e exportação de minério utilizado em material bélico (www.cvrd.com.br, acessado em: 20 set. 2005).

Desde março de 1943, foi instituído, como obrigação estatuária da empresa, o *Fundo de Melhoramento e Desenvolvimento da Região do Vale do Rio Doce*, mantido com os recursos provenientes de uma parcela não superior a 8% do lucro líquido, até o limite de 5% do capital social. A aplicação desses recursos destinava-se a projetos elaborados em comum acordo com os governos de Minas Gerais e do Espírito Santo. A CVRD garantia, por meio desse Fundo, uma base geradora de benefícios sociais e econômicos para a região em que atuava, criando uma compensação para os possíveis problemas que adviriam da sua atividade mineradora (Velasco Jr., 2005).

A distribuição desses recursos do Fundo era exclusiva para os estados que compunham a região de influência da CVRD nos Sistemas Norte e Sul, de forma proporcional à participação de cada estado na receita líquida anual da empresa. Os recursos seriam distribuídos na relação 20% e 80% como não reversíveis (fundo perdido) e reversíveis (empréstimo), respectivamente. Os

---

de outubro e novembro de 2005; uma entrevista realizada com o Coordenador do Projeto Saúde de Serra Pelada, o Médico Carlos Corbett, da Faculdade de Medicina da Universidade de São Paulo (USP), em São Paulo, no dia 11 nov. 2005. Foram consultados também no sítio eletrônico da Companhia (www.cvrd.br); pela tese de doutorado de Palheta da Silva, João Márcio (2004). *Poder, Governo e Território em Carajás*, Universidade Estadual Paulista Júlio de Mesquita Filho/UNESP/Faculdade de Ciências e Tecnologia/FCT. Presidente Prudente – São Paulo. O trabalho de Velasco Jr., Licínio. Políticas Reformistas no Presidencialismo de Coalizão Brasileiro, Texto para Discussão n. 105, Rio de Janeiro: BNDES, 2005.

recursos reversíveis eram destinados a investimento em infraestrutura econômica e social, tais como: saneamento básico, eletrificação rural, construção de hospitais e construção de distritos industriais. Os não reversíveis eram destinados a investimentos em infraestrutura de caráter mais assistencial na saúde, educação, cultura, serviços públicos em localidades pobres, apoio a entidades religiosas e filantrópicas e assistência social propriamente dita.

A política de atendimento às questões sociais por meio do *Fundo de Melhoramentos* tinha como objetivo principal promover a inserção regional da empresa junto às comunidades que, direta ou indiretamente, eram afetadas pela operacionalização dos seus empreendimentos. Até 1995, os recursos destinados aos Estados de Minas Gerais e ao Espírito Santo representavam cerca de 70% e 30%, respectivamente (Velasco Jr., 2005). Em sucessivas expansões de mercado, passando pelo Plano de Metas de 1956, no governo Juscelino Kubitschek, e pela abertura à participação de capitais privados, no período de 1964 a 1967, a CVRD integra-se ao Programa Estratégico de Desenvolvimento e ao Primeiro Plano Nacional de Desenvolvimento no período de 1968 a 1979, tornando-se cada vez mais um instrumento do governo federal na dinamização do setor mineral e da economia brasileira.

Em 1968, foi criada a Fundação Vale do Rio Doce com o objetivo de construir moradias para os empregados da empresa, nos locais onde a companhia iniciava a implantação. Essa Fundação era um agente do Sistema Financeiro Nacional de Habitação, o Banco Nacional de Habitação (BNH). Com o fim do BNH, em 1986, e o processo de privatização da CVRD na década seguinte, essa política habitacional da Vale foi transferida a outros bancos, que passaram a estabelecer o financiamento diretamente ao empregado da companhia.[19] Com a privatização realizada em 1997, essa política habitacional foi eliminada da Fundação Vale do Rio Doce, porém adquiriu um novo perfil de atuação social, que veremos mais em seguida.

Ná década de 1970, a CVRD era a maior exportadora de minério de ferro do mundo e detentora de 16% do mercado internacional. Em 1973, foi criada a Valia, fundo de pensão para os funcionários da empresa, que teve a adesão de 97% dos empregados (cerca de oitocentas pessoas).

---

19 Entrevista com o Gerente de Projetos da Fundação Vale do Rio Doce, em 17 out. 2005.

Em 1976, o Decreto n. 77.608 deu à CVRD a concessão para a construção, uso e exploração da estrada de ferro entre Carajás (PA) e São Luís (MA). Contudo, em 1978, o Projeto Ferro Carajás foi reformulado e reduzido a dimensões mais modestas em vista da queda da demanda mundial por minério de ferro. Mesmo com a crise dos anos 1980, o governo federal aprovou o Projeto Ferro Carajás e deu o aval financeiro, tornando esse Projeto a principal meta da estratégia empresarial da Vale. As operações e serviços de transporte do complexo de Carajás ganharam escala comercial em 1987 (www.cvrd.com.br, acessado em: 20 set. 2005 e Velasco Jr, 2005).

Ao final da década de 1980, a CVRD era constituída por um conglomerado de empresas, com dois sistemas operacionais geograficamente desvinculados: o Sistema Norte, com atuação nos estados do Pará e Maranhão; e o Sistema Sul, nos estados de Minas Gerais e Espírito Santo. Para responder às pressões ecológicas, a CVRD apresentou projeto de desenvolvimento sustentável da empresa, o *Projeto Polos Florestais*, na Conferência ECO 92 (1992), no Rio de Janeiro. Nesse mesmo ano, o Instituto Brasileiro de Economia da Fundação Getúlio Vargas classificou-a como a primeira empresa no *ranking* nacional (www.cvrd.com.br, acessado em: 30 set. 2005).

Em junho de 1995, a CVRD foi incluída no Programa Nacional de Desestatização (PND) pelo Decreto n. 1.510, assinado pelo Presidente da República Fernando Henrique Cardoso. Em janeiro de 1997, o Ministro de Planejamento, Antônio Kandir, anunciou o leilão de venda do controle acionário da companhia para o mês de abril desse ano. Em maio de 1997, foi realizada a privatização da CVRD. O Consórcio Brasil,[20] liderado pela Companhia Siderúrgica Nacional (CSN), venceu o leilão realizado pela Bolsa de Valores do Rio de Janeiro, adquirindo 41,73% das ações ordinárias da empresa por US$ 3,4 bilhões (www.cvrd.com.br, acessado em: 30 set. 2005).

A privatização da Vale foi realizada em meio a expressivas manifestações de rejeição da sociedade, incluindo parlamentares e militantes de esquerda. Acrescenta-se a preocupação das comunidades, situadas nas áreas de maior influência da CVRD, de que a privatização poderia interromper

---

20 Esse Consórcio foi formado pela Companhia Siderúrgica Nacional (CSN), recém-privatizada, juntamente com fundos de pensão: do Banco Opportunity, do Nations Bank, da Petrobras (Petros), da Caixa Econômica Federal (Funcef), da Companhia Energética de São Paulo (Funcesp), do Banco do Brasil (Previ), da CVRD (Investvale), do BNDES (BNDESPAR). Fonte: sítio eletrônico da CVRD (www.cvrd.com.br).

os investimentos sociais realizados pela Vale nos estados (Velasco Jr., 2005). O leilão chegou a ser adiado em razão do grande número de ações judiciais contrárias à privatização. No arquivo do BNDES, consta a existência de 26 ações civis públicas e 25 liminares cassadas. Dentre as manifestações de protesto contra a privatização, destaca-se a *Carta de Itabira*, de 2 jun. 1995, do deputado federal João Coser (PT-ES). A preocupação de que a privatização inibisse o compromisso social que a empresa tinha com municípios e governos estaduais brasileiros estava entre seus pontos. Somente no período de 1993 e 1994, aproximadamente 5 milhões de pessoas, de 194 municípios, foram beneficiadas com investimentos da ordem de US$ 31 milhões do Fundo de Reserva da CVRD" (Velasco Jr, 2005).

Diante da privatização da Vale, o Senado, por meio do PLS 191/96, redigido pela Senadora Suplente Regina Assumpção (PTB-MG), mostrou a preocupação com a partilha dos recursos do *Fundo de Melhoramentos* entre os estados diretamente envolvidos. A disputa por esses recursos foi colocada da seguinte forma pela Senadora: "embora a Vale seja um patrimônio majoritariamente da União, mais de 90% desse patrimônio foi construído com os minérios de Minas Gerais" (Velasco Jr, 2005).

O Edital de Venda da Vale, publicado em 6 mar. 1997, destaca que os recursos desse *Fundo* seriam doados pela CVRD ao BNDES antes do leilão de privatização, e corresponderiam a R$ 85,9 milhões, destinados à realização de investimentos regionais de natureza social, no prazo de noventa dias após a liquidação financeira do leilão. O *Fundo de Melhoramentos* foi gerenciado pela CVRD até 1997, quando ocorreu a privatização. Posteriormente, foi repassado para a administração do BNDES, que o constituiu como *Fundo de Recursos da Desestatização*. Assim, o BNDES repassou os recursos desse Fundo às Secretarias de Planejamento de cada um dos estados onde a CVRD tinha instalações industriais. Ficava cancelada a disposição estatutária sobre o *Fundo de Melhoramentos e Desenvolvimento da Região do Vale do Rio Doce* (art. 31, item III).[21]

---

21 Dados coletados por meio de entrevista no dia 24 out., com o Gerente de Projetos da Fundação Vale do Rio Doce, Luciano Medeiros, e confirmados no artigo de Velasco Jr. (2005), citado anteriormente.

Para responder à preocupação da sociedade em relação à privatização, a CVRD tratou de divulgar o saldo positivo dessa privatização. No primeiro ano após privatizada, a empresa teve um crescimento de 46% no lucro em relação ao ano anterior quando ainda era uma empresa estatal. Em 1999, a CVRD revelou ter o maior lucro de sua história: R$ 1,3 bilhão (www.cvrd.com.br).

Em 2007, a Companhia Vale do Rio Doce (CVRD) incorporou a empresa canadense INCO e tornou-se a 31ª maior empresa do mundo, atingindo um valor de mercado de R$ 298 bilhões. Neste mesmo ano, a marca e o nome de fantasia da empresa CVRD passaram a ser apenas *Vale* e, em 2009 a razão social mudou para *Vale S. A.*[22] Em 2008, o seu valor de mercado foi estimado em 196 bilhões de dólares e se tornando a 12° maior empresa do mundo.

Em 2011, foi deflagrado "o caso Vale", devido ao questionamento de partidos de oposição da forte ingerência que o governo federal vinha fazendo na gestão da empresa, em especial pela solicitação da mudança da sua presidência. Em um debate no Senado, o Ministro da Fazenda Guido Mantega classificou essa ingerência como uma "relação saudável". Para ele, o governo tem a obrigação e o direito de participar dos rumos da empresa porque detém 60% do seu controle acionário, por meio do BNDES e da PREVI (fundo de pensão estatal dos funcionários do Banco do Brasil).

A Vale é responsável pelo maior programa de pesquisa geológica já realizado no Brasil e é considerada a maior empresa de mineração diversificada das Américas. Líder mundial no mercado de ferro e pelotas e a maior produtora integrada de manganês e ferroligas, é também a maior prestadora de serviços de logística do Brasil. Produz cobre, bauxita, potássio e caulim e na exploração de níquel. Ela tem presença em doze países de quatro continentes e atua em catorze estados brasileiros. Nas Américas do Norte, Central e do Sul, possui empresas controladas e coligadas nos EUA e escritórios em Nova York, Cuba, Argentina, Bolívia, Brasil, Chile, Peru e Venezuela. Na Europa, a CVRD está presente na França, Noruega e Bruxelas. Na África, em Moçambique, Gabão e Angola. E na Ásia, em Bahrain, Tóquio e na China, em Xangai (www.cvrd.com.br, acessado em: 30 set. 2005).

---

22 No período que esta pesquisa foi realizada o endereço da empresa era www.cvrd.com.br. Atualmente, o endereço mudou para www.vale.com. Dessa forma, escontraremos aqui também a sigla CVRD para designar a empresa VALE.

A perspectiva social da CVRD e a Fundação Vale do Rio Doce

Privatizada em 1997, a Vale passou a elaborar uma nova política para a Fundação Vale do Rio Doce, que, na época da empresa estatal, tinha a função de gerenciar a política habitacional para os funcionários. A partir de 2000, o público-alvo dessa Fundação deixou de ser o empregado e passou a ser as comunidades adjacentes à Vale. Desde a privatização, a empresa procurou traçar um modelo de governança corporativa e incluiu a Qualidade Total e a Responsabilidade Social Empresarial como políticas a serem adotadas no âmbito de toda a empresa, incluindo todos os seus *stakeholders*. A Vale também consolidou uma série de diretrizes por meio da ideia de *desenvolvimento local sustentado*, visto pela empresa como uma estratégia de "política de boa vizinhança" em direção a uma intervenção social que minimize os impactos sociais e ambientais. Essa nova governança corporativa pode ser visualizada da seguinte maneira:[23]

FIGURA 4.1: RESPONSABILIDADE SOCIAL EMPRESARIAL DA CVRD (PÓS-PRIVATIZAÇÃO)

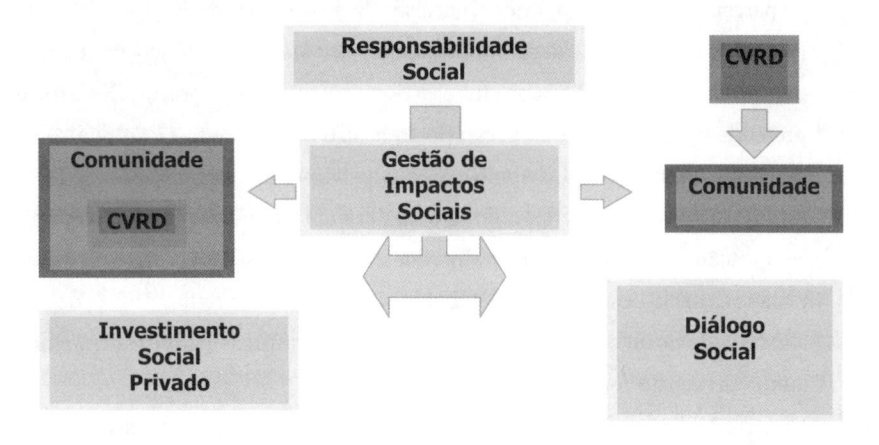

Fonte: Projeto de Desenvolvimento Econômico e Social de Serra Pelada, CVRD, 2004.

Com a privatização, a Vale elaborou um novo Estatuto Social da empresa, que foi revisto em 2005. Esse Estatuto regulamenta as funções do Conselho de Administração, no que tange à deliberação sobre as políticas de

---

[23] Entrevista realizada com o Gerente de Projetos da Fundação Vale do Rio Doce, no Rio de Janeiro, em 31 out. 2005.

responsabilidade institucional da sociedade, nas áreas de meio ambiente, saúde e segurança do trabalho e da responsabilidade social proposta pela Diretoria Executiva. O Estatuto trata de condutas funcionais pautadas em padrões éticos e morais consubstanciados no código de ética a ser respeitado por todos os administradores e empregados da empresa e suas subsidiárias e controladas. A empresa busca ter um consenso sobre as políticas adotadas para evitar conflitos de interesses entre a empresa e seus acionistas, seus administradores, governo e sociedade (www.cvrd.com.br, acessado em: 14 out. 2005).

Quanto às ações relativas ao *desenvolvimento sustentado local*, a Vale elaborou uma série de diretrizes, consolidadas em 2002. Dentre elas, estão:

- Diretriz 1 – Apoiar a elaboração de instrumentos de desenvolvimento sustentado local. Em cada território onde a CVRD e suas empresas controladas atuam, ou atuarão, a empresa deverá definir o escopo estratégico orientador das ações que visam a apoiar a sustentabilidade da economia local. Parte dessas ações é consequência do desenvolvimento do próprio negócio da empresa, parte de ações de parceiros públicos e privados, parte ainda de sinergias derivadas de controle, mitigação e compensação de impactos socioambientais, ou de ações necessárias para a viabilidade da cadeia produtiva a curto, médio e longo prazos. Desta forma, pretende-se garantir, como pressuposto básico para a contratação de projetos de educação ambiental, o apoio ao desenvolvimento sustentado local. Destas estratégias de desenvolvimento regional derivam as orientações, inclusive para a educação ambiental, que possam vir a ser do interesse da empresa. O pressuposto é a noção de que a má qualidade ambiental, num círculo vicioso, degrada a qualidade de vida, reduz a atratividade da comunidade para investimentos e aumenta o custo social desses investimentos.
- Diretriz 2 – Para cada território onde a empresa atua, deve ser desenvolvido um Plano de Educação abrangente, subordinado às diretrizes gerais da companhia para Educação, e em consonância com o poder público local. Este Plano deve ser um dos instrumentos de apoio ao desenvolvimento sustentado das regiões de atuação da empresa. Desta forma, devem aí constar orientações gerais para a ação educacional a ser desenvolvida junto a cada um dos públicos com os quais a empresa dialoga e que carecem de processos educacionais (www.cvrd.com.br, acessado em: 23 nov. 2005).

Diante dessa proposta da CVRD, encontramos duas referências teóricas, relativamente antagônicas. A primeira, defendida por Franco (2000), afirma que o conceito de *desenvolvimento local sustentável* é uma estratégica complementar de desenvolvimento do país. O autor esquematiza a metodologia (Metodologia de Desenvolvimento Local Integrado e Sustentável - DLIS), que consiste na adoção de uma série de ações baseadas no nexo conotativo entre sustentabilidade e desenvolvimento, por meio da construção de espaços ético-políticos; de institucionalidades participativas e de modelos de gestão de políticas públicas, governamentais e não governamentais e de novas práticas sociais, através da implementação de estratégias inovadoras de desenvolvimento local baseadas na parceria Estado-Sociedade.

Sousa (2001) afirma que, desde o documento "Nosso futuro comum", também conhecido como Relatório Brundtland de 1988 (Comissão Mundial sobre o Meio Ambiente e Desenvolvimento), a expressão *desenvolvimento sustentável* se tornou abusiva e empobrecida sob o ângulo teórico. Há uma corrente majoritária que utiliza o termo para não abalar a crença de que o crescimento econômico é parte essencial na solução para os problemas ambientais e inclui a pobreza como fator da degradação ambiental em escala mundial. A vertente do "desenvolvimento sustentável" é um sintoma de empobrecimento da discussão mais ampla sobre desenvolvimento, ecologia e justiça social, tornando hegemônico o paradigma neoliberal que afasta a contradição entre crescimento econômico e proteção ambiental. A prática da participação social é insatisfatória, dada a ausência de discussões profundas sobre as causas da pobreza e da desigualdade social (Sousa, 2001, p.145-8).

Conforme as diretrizes estipuladas pela CVRD e pela formulação de projetos sociais desenvolvidos pela empresa em municípios adjacentes às atividades de mineração, podemos acreditar que a referência que mais se aproxima é a proposta de Franco (2000), considerando que seus princípios e objetivos estão de acordo com a metodologia do DLIS para a intervenção social em que limita-se na participação social e não se fala em justiça social e ambiental, tais como (www.cvrd.com.br, acessado em: 30 set. 2005):

- Estabelecer relações de parceria entre o poder público local, comunidade, entidades da sociedade civil, empresas privadas e lideranças comunitárias;

- Auxiliar as políticas de desenvolvimento social, econômico e ambiental;
- Promover o planejamento de ações sociais com a participação de todos os setores da sociedade;
- Promover uma política de reconhecimento e de fortalecimento da identidade cultural local;
- Valorizar o conhecimento e a capacidade de inovação dos atores sociais locais;
- Comprometer-se politicamente com a governança pública;
- Criar mecanismos para o fortalecimento do capital social local e suas redes;
- Fomentar o empreendedorismo das atividades produtivas locais;
- Estimular o trabalho voluntário dos empregados da CVRD para ações sociais.

A Fundação Vale do Rio Doce[24] desenvolve inúmeros projetos, em especial na área de Educação, tais como: alfabetização, cultura, arte, informática, música, educação sexual, educação ambiental, capacitação de educadores, educação para jovens e adultos trabalhadores, educação profissionalizante, doação de recursos ao Fundo Municipal da Criança e do Adolescente, entre outros. Anualmente, são investidos aproximadamente US$ 12 milhões em projetos sociais em comunidades onde tem operação (www.cvrd.com.br, acessado em: 30 set. 2005).

Dentre os programas sociais implantados pela Fundação Vale do Rio Doce em várias cidades circunvizinhas às suas atividades industriais, está o *Cidade Vale Mais*. Esse programa tem abrangência ampla e objetiva criar condições para o desenvolvimento econômico local por meio da integração sustentável entre ambiente e impacto social. Tem a proposta de funcionar com base no planejamento estratégico de territórios, com gestão participa-

---

24 Da mesma forma que a CVRD passou a ser somente Vale, a Fundação Vale do Rio Doce passou a ser denominada de Fundação Vale e reformulou seu portfólio. Conforme o sítio eletrônico da Fundação Vale, a sua estratégia é baseada na metodologia Parceria Social Público-Privada (PSPP), que consiste em elaborar diagnóstico socioeconômico; planos de gestão de investimentos sociais; realizar ações estruturantes (fortalecimento da gestão pública; apoio à infraestrutura; desenvolvimento humano e econômico); e, o monitoramento e avaliação de suas ações (www.fundacaovale.org, acessado: em 14 maio 2011).

tiva e soluções locais para a melhoria da qualidade de vida da população. O *Programa Cidade Vale Mais* cria e realiza estratégias de desenvolvimento a partir do diálogo entre setores da sociedade civil, do Poder Público e da iniciativa privada. Conforme registra o material institucional da CVRD:

> O Programa Cidade Vale Mais é um processo mobilizador, participativo e educativo que fortalece o capital social local e articula a sociedade civil, o poder público e a iniciativa privada para a construção de uma visão de futuro comum e de estratégias e ações de fomento ao desenvolvimento local. Todos os atores envolvidos no processo tornam-se protagonistas de seu futuro e do futuro da sua comunidade (www.cvrd.com.br).

Este programa foi desenvolvido em diversos Municípios do Espírito Santo, Maranhão, Mato Grosso do Sul, Minas Gerais e Pará. Ele teve o apoio de consultorias contratadas,[25] que subcontratam outros parceiros (ONGs e universidades) para a metodologia e execução das ações dos projetos. A ideia foi de envolver a sociedade civil e o poder público como parceiros para a implementação do programa.[26]

O Programa Cidade Vale Mais não se restringiu ao âmbito nacional. Em 2005, a CVRD e o governo de Moçambique, por intermédio da Rio Doce Moçambique (subsidiária da empresa naquele país) em parceria com o Ministério dos Recursos Minerais de Moçambique, assina convênio para implantação de ações sociais em Moatize (Província de Tete, região central do país). A proposta de ações sociais resulta do convênio firmado entre a Vale e o governo de Moçambique para a realização de um estudo, de dois anos, sobre a viabilidade da

---

25 As consultorias contratadas, em geral, são a Agência 21/Dialog e a consultoria Diagonal Urbana, voltadas para prestar consultoria a empresas privadas na implementação de projetos de responsabilidade social empresarial e criar metodologias de avaliação de impactos sociais gerados por essas empresas, atuando em parceria com o setor público, privado e a sociedade civil.

26 O Programa de Desenvolvimento Econômico e Social de Serra Pelada é um dos exemplos do Programa Cidade que Vale Mais. Outro exemplo, de proporções muito superiores, é o programa de intervenção realizado pela CVRD no município de Canaã dos Carajás (PA) e criado em 1994. Essa cidade triplicou sua população depois do desenvolvimento do Projeto de exploração da mina de cobre na localidade adjacente (Mina do Sossego). Canaã dos Carajás está sendo (re)construída pela Prefeitura da cidade em parceria com a CVRD que também financia e orienta as diretrizes técnicas do planejamento regional da cidade. Como afirmou o pesquisador Márcio Palheta, de dez mil habitantes, a cidade passou a ter cinquenta mil, "com a Vale do Rio Doce empenhada em dotar o município de infraestrutura básica" (www.ufpa.br- À Sombra do Grande Projeto, 21 out. 2005).

CVRD explorar o carvão em Moçambique. A CVRD, vencedora na licitação internacional, previu um investimento total de US$ 1 bilhão.[27] Para o investimento social, a CVRD planejou US$ 6 milhões nas áreas de saúde, educação, agricultura, assistência social e infraestrutura. Os investimentos forão feitos até final de 2006, durante a fase de estudo de viabilidade do Projeto Carvão Moatize (www.cvrd.com.br, acessado em: 20 nov. 2005).

Para demonstrar transparência nos negócios, as ações sociais realizadas pela CVRD são divulgadas em seu Balanço Social, na página eletrônica da empresa.[28] O Balanço Social veio sendo apresentado desde 1998, como prática estratégica para publicitar a gestão responsável da empresa. Além disso, publicava a Revista Atitude, para distribuição externa, com o objetivo de divulgar suas ações de responsabilidade social empresarial. A revista é um dos exemplos de *marketing* social que a CVRD utiliza, na medida em que associa a marca a suas atividades sociais, intencionando mostrar que vai além de sua vocação econômica natural (www.cvrd.com.br, acessado em: 20 nov. 2005).

Kotler e Armstrong (1995, p.11) utilizam o termo *marketing societário* para explicar que as organizações devem determinar as necessidades, desejos e interesses dos mercados-alvo e proporcionar aos clientes um valor superior. Nesse sentido, acredita-se que as empresas devem transmitir uma imagem alinhada com os princípios da sociedade, pois, ao comprar um produto, o cliente também está adquirindo posicionamento social e ideologia.

O *marketing* social da Fundação Vale do Rio Doce já lhe rendeu bons frutos. A empresa recebeu uma série de títulos e prêmios: Título de Utilidade Pública, em 2000; Certificado de Assistência Social, em 2002; destaque pela Revista *Exame* como empresa de Boa Cidadania Corporativa, em 2000; Prêmio ECO 2001 da Câmara Americana de Comércio de São Paulo; Prêmio ABERJ concedido pela Associação de Comunicação Empresarial, em 2001

---

27 Moatize é considerada a maior província carbonífera não explorada do mundo. Fonte: www.uol.com.br notícias de 10 jan. 2006.
28 A partir de 2006, a empresa Vale passou a elaborar o seu Relatório de Sustentabilidade, incluindo o Balanço Social, sob os parâmetros do GRI (Global Reporting Iniciative), para demonstrar seu compromisso com a sustentabilidade econômica, social e ambiental. Em 2006, a Vale também iniciou o processo de avaliação de desempenho de seus fornecedores (www.vale.com, acessado em: 14 maio 2011). O Balanço Social, introduzido no Brasil pelo IBASE, está sendo avaliado por esta ONG e o formulário para a sua criação ficou indisponível desde 2008.

e 2002; Prêmio Cidadania Brasil de Exportação concedido pela Câmara de Comércio Árabe-Brasileira e pelo Instituto Brasileiro de Desenvolvimento da Cidadania e apoiado pelo Ministério de Relações Exteriores, em 2002; Prêmio Findes/Consuma concedido pela Federação das Indústrias do Espírito Santo e do Conselho Superior de Meio Ambiente, em 2002. Em 2005, a CVRD recebeu o Certificado de Empresa Cidadã, no Rio de Janeiro, conferido pelo Conselho Regional de Contabilidade do Estado do Rio de Janeiro, pela Federação das Indústrias do Estado do Rio de Janeiro (FIRJAN) e pela Federação do Comércio do Estado do Rio de Janeiro (FECOMERCIO-RJ) pelas informações sociais em suas demonstrações contábeis.

Dessa forma, questionamos o *marketing* social utilizado pela CVRD. Trata-se apenas um artifício para transmitir uma imagem de empresa comprometida com o desenvolvimento econômico, diante do risco da repercussão pública das externalidades negativas da atividade de mineração? Ou o contrário: é uma real demonstração de responsabilidade social? Será que os propósitos éticos propalados pela empresa representam uma conduta real de solidariedade? Em que medida?

Para responder a essas questões, vamos analisar a seguir um dos projetos sociais elaborados pela Fundação Vale: o *Projeto Saúde de Serra Pelada*, no Pará. Para isso, iniciaremos com um breve retrato da Vila de Serra Pelada, Pará.

a. Caracterização da Vila de Serra Pelada, município de Curionópolis, no sul do Pará[29]

Serra Pelada é uma vila situada no município de Curionópolis, a 50 km a leste da Serra dos Carajás e 35 km a leste do município de Parauapebas. Fica a uma distância de 50 km do núcleo urbano central. O acesso à vila é feito por 35 km de estrada de terra percorridos em aproximadamente 1

---

29 Os dados sobre Serra Pelada foram coletados nas seguintes fontes: entrevista com o coordenador do Projeto Saúde de Serra Pelada, o médico dr. Carlos Corbett da Faculdade de Medicina da Universidade de São Paulo (USP), e, o Relatório (mimeo) e vídeo sobre o Projeto Saúde de Serra Pelada, elaborados pela equipe deste projeto; nos Jornais *A Nova Democracia* e *Folha de São Paulo*, acessados pela internet; nos sítios eletrônicos www.reporterbrasil.com.br/reportagens/serrapelada/.Todos acessados nos dias 27 out. 2005. E na tese de Doutorado de Silva, João Marcio Palheta da. 2004.

hora e 30 minutos. O povoado de Curionópolis nasceu em Marabá, no final da década de 1970, a partir de um aglomerado de pessoas que se instalou no km 30 da rodovia PA-275, na expectativa de trabalho no Projeto Ferro Carajás da CVRD ou no garimpo de ouro. A população de Serra Pelada foi estimada, em 2004, em cerca de 1.500 famílias e cinco mil habitantes, com predominância das faixas etárias mais jovens (até 15 anos) e avançadas (maiores de 60 anos).

À parte da CVRD, a principal atividade econômica da região é a agricultura de subsistência e a criação de rebanhos, além de inúmeros pequenos garimpos rudimentares clandestinos. A organização social da vila envolve cinco grupos: (1) Associação de Bairros (ABASP); (2) Associação de Moradores (AMOSP); (3) Associação dos Hansenianos; (4) Cooperativa de Garimpeiros de Serra Pelada (COOMIGASP); e (5) Sindicato dos Garimpeiros de Serra Pelada (SINGASP). A história da região da Serra dos Carajás muda radicalmente com a entrada em cena da CVRD, a partir de 1969, quando se formou a Amazônia Mineração associada à empresa *United States Steel*.

Em 1974, foi concedido à CVRD o direito de lavra sobre uma área de 10.000 hectares na região que viria a ser Serra Pelada. Em 1976, um geólogo do Departamento Nacional de Produção Mineral (DNPM) encontrou amostras de ouro nessa região. A notícia da descoberta, mantida inicialmente em sigilo, começou a se espalhar em 1977. Em outubro desse ano, a CVRD confirmou a existência de ouro na Serra dos Carajás e passou a ter o controle da exploração na região (www.ufpa.br). Em 1979, um garimpeiro encontrou ouro no local. O ministro de Minas e Energia, do governo Geisel, Shigeaki Ueki, fez o anúncio oficial da existência do metal em Carajás. A partir de 1980, levas de migrantes se deslocaram para o Pará e invadiram o garimpo, que pertencia a uma subsidiária da CVRD, a Rio Doce Geologia e Mineração (DOCEGEO).

Os garimpeiros faziam funcionar bombas ininterruptamente para drenar o fundo da cava, já que ela havia descido vários metros do lençol freático. Os "formigas", pessoas que carregavam os sacos de aniagem que pesavam em torno de 50 quilos, cheios de barro até a boca da cava, faziam, em média, dez viagens por dia pelas encostas íngremes do buraco. Essas encostas várias vezes desabaram, soterrando dezenas de garimpeiros. Nos tempos áureos, entre 1980 e 1983, Serra Pelada produziu aproximadamente 40 toneladas de ouro. Em 1980, chegou a ter oitenta mil habitantes e relata-se que a impressão que dava era de um verdadeiro formigueiro humano (Jornal *A Nova Democracia*, dezembro de 2002 e janeiro de 2003).

Nessa ânsia, os habitantes de Serra Pelada se sujeitavam a viver da forma mais miserável possível. Há histórias que revelam por quão pouco se matava em Serra Pelada: morria-se por cachaça, por mulher e por ouro. Tudo era feito à mão. Não havia esteiras para transportar rejeitos, nem equipamentos para desenterrar as vítimas de desmoronamento. O mercúrio impregnava o ambiente com seu halo de contaminação e morte. Os habitantes estavam sempre cobertos de barro, alimentavam-se mal, dormiam em barracas de lona e, em volta, acumulavam-se lixo e animais.

A invasão dos garimpeiros na área de pesquisa da CVRD danificou o local, impedindo a continuidade de novas pesquisas de ouro e de outros minerais, como o cobre, ferro e o calcário (entrevista realizada com o Gerente de Projetos da Fundação Vale do Rio Doce, em 1º nov. 2005). Como a entrada de bebidas e mulheres no garimpo era proibida, várias "biroscas" e prostíbulos foram instalados a 35 km do garimpo, onde mais tarde foi fundada a cidade de Curionópolis,[30] que se tornou município em 1988 (Jornal *A Nova Democracia*, dezembro de 2003).

---

30 O nome da cidade é devido ao apelido Curió de Sebastião Rodrigues de Moura, que foi interventor de Serra Pelada. A indicação de Curió como interventor de Serra Pelada deveu-se a seu conhecimento da área, uma vez que havia sido o líder da repressão aos grupos militantes do Partido Comunista do Brasil (PC do B) que lutaram contra a ditadura na região do Araguaia. Grupos contrários afirmam que Curió sempre exerceu o poder de maneira despótica, sendo considerado por muitos como o dono de Serra Pelada. Todas as decisões eram tomadas por ele. Contra ele pesavam acusações de execução de militantes de esquerda, além de vários homicídios de garimpeiros. As acusações foram comprovadas na Comissão de Inquérito (CPI) do caso PC Farias, quando o então deputado federal Curió confirmou ter recebido dinheiro de Paulo César Farias para sua campanha. Curió cumpriu mandato de deputado federal de 1984 a 1987 e foi prefeito por dois mandatos e líder direto da Cooperativa de Garimpeiros de Serra Pelada. Algumas frases são dirigidas a ele: "Curió é deus e o demônio de Serra Pelada" (Senador Edison Lobão, PFL) e "Curió é a pedra no sapato dos garimpeiros" (José Maria Vieira, membro do Sindicato dos Garimpeiros do Brasil). Fonte: www.reporterbrasil.com.br (Deus e Diabo na Terra do Ouro).

Em 21 maio 1980, o governo federal promoveu a intervenção na área, já ocupada por trinta mil garimpeiros, sob o comando de Curió. Áreas de lavra e garimpeiros foram registradas pela Receita Federal e foi estabelecido que todo ouro encontrado deveria ser vendido à Caixa Econômica Federal, que controlava a compra do ouro (Jornal *Folha de São Paulo*, 4 jul. 2004). No final de 1981, os depósitos de ouro na superfície foram se esgotando. A CVRD tentou reaver a posse da área para continuidade das pesquisas. Afirma-se que, devido aos interesses eleitorais (havia 80 mil garimpeiros na área), o governo estadual do Pará resolveu fazer obras para prorrogar a extração manual. Em 1982, o garimpo foi reaberto e Curió foi eleito deputado federal (jornal *Folha de São Paulo*, 4 jul. 2004). Em 1983, o novo político propôs uma lei que dava permissão para os garimpeiros continuarem a explorar o ouro de Serra Pelada por mais cinco anos. Em 1984, o governo federal destacou 100 hectares de terras, dentro da área da CVRD, para que os garimpeiros extraíssem ouro durante 3 anos ou até que atingissem a cota 190 (200 metros de profundidade), prevalecendo o que ocorresse primeiro. A CVRD recebeu, por isso, uma indenização de 59 milhões de doláres (Jornal *Folha de São Paulo*, 4 jul. 2004).

De 1984 a 1986, a extração do ouro na região se manteve em torno de 2,6 toneladas anuais nesse biênio; caiu para 2,2, em 1987; e, em 1988, reduziu-se para 745 quilos. Em 1992, no governo de Fernando Collor (1990-92), editou-se a instrução n. 24, que retirou Serra Pelada dos garimpeiros, tombando-a pelo Instituto Brasileiro do Patrimônio Cultural, e transferiu o domínio para a CVRD, que já não se interessava pela região. O abandono generalizado do poder público fez aumentar consideravelmente a pobreza, a miséria e a violência em Serra Pelada (www.reporterbrasil.com.br) . A partir de então, iniciou-se uma disputa acirrada entre aqueles que abandonaram a região do garimpo e os que ficaram liderados por Curió, já prefeito de Curionópolis e criador da Cooperativa dos Garimpeiros de Serra Pelada. Os que abandonaram não se viam representados pela Cooperativa e criaram uma associação informal, que, mais tarde, se transformou no Sindicato dos Garimpeiros de Serra Pelada, liderado por Luiz da Mata e António Cunha Lemos.

Em 10 set. 2002, o Senado aprovou decreto que revogou a instrução do governo Fernando Collor de 1992. Voltou a vigorar a Lei n. 7.194, de 1984, que estabeleceu a reserva de 100 hectares para extração de ouro aos garimpeiros, cuja administração caberia a COOMIGASP, dentro da área pertencente à CVRD. Esse fato significou uma vitória para os garimpeiros na luta pela exploração manual do ouro em Serra Pelada. Na época, a CVRD informou que iria acatar a determinação do Senado, mediante o pagamento de uma indenização (www.reporterbrasil.com.br). Os que ficaram em Serra Pelada alegavam ter direitos adquiridos sobre a cava, uma vez que permaneceram nela, mesmo depois de fechado o garimpo. A disputa, além de definir quem tinha o direito de garimpar em Serra Pelada, envolveu também o dinheiro de uma indenização devida pela Caixa Econômica Federal (CEF), que ficou com grande quantidade de sobras de ouro. A decisão do Congresso Nacional em reabrir as minas aos garimpeiros, somada à expectativa de receber o montante de recursos da CEF, em nome da Coomigasp, fez acirrar os ânimos dos grupos que buscavam o controle do garimpo em disputa com a Cooperativa.

Em 19 nov. 2002, data da eleição para a escolha da nova diretoria da Coomigasp, muitos garimpeiros foram para a região. Ocorreram denúncias de que o grupo ligado ao prefeito Curió (reeleito) estava impedindo a entrada dos outros garimpeiros, o clima era de guerra em Serra Pelada. No dia 17 nov., foi assassinado, com cinco tiros, o presidente do Sindicato dos Garimpeiros de Serra Pelada (Antônio Cunha Lemos), que, no dia das eleições, apresentaria na Comissão de Direitos Humanos da Câmara dos Deputados uma lista de 41 mil garimpeiros que queriam ser integrados à Cooperativa (www.global.org.br, acessado em: 23 out. 2005).

Na época, Jane Rezende, presidente da União Nacional dos Garimpeiros e Mineradores, denunciou, em Brasília, que o crime organizado na região estaria ligado ao Poder Judiciário do estado do Pará, e seria o responsável pela morte de Antônio Lemos. A hipótese do envolvimento de Sebastião Curió não foi descartada, pois Antônio Lemos havia denunciado um esquema de venda de uma área localizada dentro dos 100 hectares de lavra garimpeira, da COOMIGASP para a CVRD (www.global.org.br, acessado em: 23 out. 2005).

Em junho de 2004, a COOMIGASP assinou contrato com a empresa norte-americana de lapidação de pedras preciosas, Phoenix Gems, para a exploração do ouro remanescente do garimpo de Serra Pelada. Estimativas não oficiais indicaram a existência ainda de 27 toneladas de ouro na área. A Phoenix se comprometeu a entregar 40 milhões de dólares aos garimpeiros, como empréstimo, e doar 200 milhões de dólares assim que a cooperativa obtivesse do DNPM a concessão dos direitos minerais da área. Também se comprometeu a fazer outras doações menores à cooperativa, como ambulâncias e R$ 100 mil para melhoria da estrada de terra que liga Serra Pelada à rodovia de asfalto (*Folha de São Paulo*, 4 jul. 2004). A Vale afirmou desconhecer essa empresa e até mesmo desconfiou de suas pretensões em colaborar com os garimpeiros da região (entrevista realizada com o Gerente de Projetos da CVRD, em 1ª nov. 2005).

Em 15 mar. 2005, foi assinado um acordo, sob mediação do governo federal, com o objetivo de colocar fim às disputas entre os diferentes grupos de garimpeiros de Serra Pelada. Esse acordo deu à COOMIGASP o direito de mineração numa área de 370,5 hectares. Em contrapartida, a Coomisgasp se comprometeu a cadastrar os 33 mil antigos sócios que participaram da cooperativa na década de 1980, e montar postos de recadastramento em seis estados (Pará, Roraima, Maranhão, Tocantins, Ceará e Piauí) e no Distrito Federal, cobrando uma taxa de R$ 10,00 para a reintegração à COOMIGASP. O Secretário de Geologia e Mineração do Ministério de Minas e Energia do governo Lula (2003-2006), Cláudio Scliar, disse que uma pesquisa da CVRD estima que existam 24 toneladas de ouro numa fatia de 100 hectares da área: "Com certeza existe ouro. Mas a quantidade e o potencial rentável, somente uma nova pesquisa poderá dizer". Contudo, o secretário afirmou que o acordo assinado não gerará o retorno dos garimpeiros a Serra Pelada, pois a exploração será restrita à empresa *Phoenix Gems* (*Folha de São Paulo*, 16 mar. 2005).

Miséria e violência são evidentes em Serra Pelada. A expectativa de continuar a extração de ouro era tão grande nos anos 1970, a ponto do então ministro do governo militar, Shigeaki Ueki, afirmar, na época, que pagaria a dívida externa com a extração do ouro. No entanto, a exploração do ouro acabou gerando um débito social interno muito maior. Na tentativa de reverter esse quadro, a CVRD desenvolveu o Programa de Desenvolvimento Econômico e Social de Serra Pelada. A iniciativa envolveu um diagnóstico das condições sociais da vila e a implantação de projetos agrícolas e de assistência nas áreas de saúde e educação. "Com essas medidas, seria possível gerar até 400 empregos", explicou Roberto Nomura, da CVRD, responsável pela área de Serra Pelada (www.reporterbrasil.com.br).

O diagnóstico da CVRD avaliou que, de uma população total de 5.197 pessoas, fixada no território, 90% dela mora em Serra Pelada há mais de 10 anos e, conforme constatado, vive em situação de miséria absoluta, aquém de parâmetros aceitáveis. O diagnóstico indicou que 75% da população não possue vaso sanitário, 85% não tinha pia e 83% não possuiam chuveiro, 60% viviam com uma renda familiar menor que um salário mínimo e mais de 50%, com renda familiar *per capita* entre 0 e 0,5 salário mínimo. Nesse quadro de pobreza, o nível de escolaridade é bem baixo, principalmente para a população com 15 anos ou mais. Quanto ao tipo de trabalho na região, 60% afirmaram ter experiência em atividades agrícolas. Apesar das cinco organizações da sociedade civil existentes em Serra Pelada, o capital social necessário para gerar laços de confiança e solidariedade na comunidade é quase inexistente e os laços que ali se fazem são permeados por inúmeros conflitos. Constatou-se também que 49% da população não tem, não sabe ou não reconhece a liderança local, mostrando a ausência de uma liderança expressiva capaz de mobilizar as energias associativas da comunidade ou o poder público para uma ação comunitária (Relatório do Programa de Desenvolvimento Econômico e Social de Serra Pelada, CVRD, 2004 e do Projeto de Saúde de Serra Pelada, USP, 2005).

b. Origens e objetivos do Projeto Saúde de Serra Pelada no Pará: a Vale do Rio Doce enfrentando as externalidades negativas da mineração

O Programa de Desenvolvimento Econômico e Social de Serra Pelada foi desenvolvido pela CVRD e pela Fundação Vale do Rio Doce, a partir de 2002. Além do gerenciamento do programa ter sido realizado pela Fundação Vale do Rio Doce, por meio da Consultora Diagonal Urbana, ele surgiu de uma operação executada entre o BNDES e a CVRD. Os recursos desse programa estão vinculados à política estratégica de responsabilidade social empresarial do BNDES, que concedeu financiamento industrial à empresa para a criação da Usina de Pelotização em São Luís (Maranhão)[31] e associou

---

31 A empresa Vale produz uma série de produtos siderúrgicos: pelotas, *pellet feed*, *sinter feed*, granulado e *pellet* moído (PMF). O minério bruto é comercializado granulado ou bitolado (acima de 6,3mm); *pellet feed* (de 0 a 0,15mm) e *sinter feed* (entre 0,15 e 6,3mm). Na Usina de Pelotização, o *pellet feed* é transformado em esferas (pelotas), processo que viabiliza o aproveitamento econômico dos finos de minério. No final da década de 1960, a empresa iniciou a instalação de um complexo de usinas de pelotização em Vitória (ES), atualmente

à operação, o empréstimo para investimentos sociais (subcrédito social) em Serra Pelada, distrito do município de Curionópolis, no sul do Pará, no valor aproximado de R$ 4,7 milhões.[32]

A motivação para a implementação desse programa em Serra Pelada surgiu a partir do interesse de geógrafos e demais funcionários da empresa que trabalhavam na vila de Serra Pelada, e constataram a situação de miserabilidade de seus moradores. Anteriormente, a contribuição social da companhia limitava-se à doação de cestas básicas à população da região. Avaliou-se que essa doação não estava gerando nenhuma mudança social e que deveria ser feita uma intervenção mais direta pela CVRD. Envolvida com a ideia de responsabilidade social, a companhia decidiu mudar a forma de atuação: de ação assistencialista, passou a atuar com investimento social estratégico.[33] Esse programa consistiu em estabelecer ações de desenvolvimento econômico e social para o povoado de Serra Pelada, envolvendo autossustentabilidade, geração de ocupação e renda, participação social, melhoria na saúde e na educação por meio de três projetos: Educação, Saúde e Assistência Agrícola, para uma população de aproximadamente cinco mil habitantes.

No intuito de criar condições para o desenvolvimento sustentado do povoado de Serra Pelada, seus objetivos foram:[34]

- Garantir a melhoria das condições de vida da população de Serra Pelada e o desenvolvimento da sua organização e consequente autonomia;

---

composto por sete usinas. Em março de 2002, foi inaugurada a Usina de Pelotização de São Luís (MA), a primeira construída no Sistema Norte, a mais moderna do país e a de maior capacidade. A produção da usina de São Luis visa exportação, principalmente para a América Central e Oriente Médio (www.cvrd.com.br).
32 O orçamento para os projetos desse programa foi ocultado na documentação fornecida pela CVRD, e o BNDES não o forneceu por considerar informação confidencial da CVRD; contudo, um técnico do BNDES, que preferiu não ser identificado, forneceu esse valor.
33 Entrevista realizada com o Gerente de Projetos da Fundação Vale do Rio Doce CVRD, Luciano Medeiros, Rio de Janeiro, no dia 31 out. 2005. Ele explicou que esse investimento social estratégico se referia a uma "política da boa vizinhança", na qual as atividades de mineração geram impactos sociais negativos.
34 Material elaborado pela CVRD para apresentar ao BNDES o Programa de Desenvolvimento Econômico e Social a ser desenvolvido em Serra Pelada.

- Promover a melhoria das condições de educação e saúde da população;
- Incentivar a participação social, por meio da criação de instrumentos de gestão compartilhada;
- Incentivar a produção e as atividades promotoras de trabalho e geradoras de renda, por meio de arranjos produtivos locais.

Com essas ações, a CVRD buscava a concretização da política de responsabilidade social exigida pelo BNDES para o financiamento da Usina de Pelotização no Maranhão. Inicialmente, esse programa abrangia a região de Serra Pelada e cobria o período de 2002 a 2004. Ao final de 2004, os coordenadores dos projetos avaliaram que nem todos os objetivos haviam sido atingidos. Seria necessário reunir esforços para dar maior incremento à mobilização do poder público e da população local, aspectos considerados mais frágeis para o desenvolvimento econômico e social da região de Serra Pelada.[35] O Gerente de Projetos da CVRD afirmou que a proposta de desdobramento do programa foi apresentada ao BNDES com o objetivo de aportar um novo financiamento para as ações sociais em Serra Pelada. No entanto, a solicitação foi indeferida pelo BNDES, o que ele afirma ter inviabilizado a continuidade do programa (entrevista realizada em 1º nov. 2005).

Para compreender essa informação, buscamos levantar no BNDES as razões que levaram à negação desse financiamento. O Diretor da Área Social não soube dizer sobre a existência deste pleito pela CVRD e sugeriu que a questão fosse encaminhada para o Setor de Mineração do Banco, que tem relações econômicas com a CVRD.[36] O técnico entrevistado desse setor explicou que o BNDES não faz empréstimos sociais às empresas, mas aos projetos elaborados por elas, por meio de financiamentos reembolsáveis. No caso de um projeto social ser recusado pelos critérios adotados pelo BNDES, ele é eliminado dos registros do Banco. O entrevistado considerou muito improvável que o BNDES tenha negado o financiamento para a continuidade

---

35 Entrevista realizada com o Gerente de Projetos da CVRD, em 1º nov. 2005, e com o coordenador do Projeto de Saúde, dr. Carlos Corbett, em São Paulo, no dia 10 nov. 2005.
36 Entrevista com o diretor da Área Social do BNDES, sr. Cristóvão Correia, no Rio de Janeiro, em 2 set. 2005.

do Programa de Desenvolvimento Econômico e Social, na medida em que a linha de crédito social está aberta às empresas sendo bastante incentivada pelo BNDES. Esse técnico acredita que, por alguma razão, não houve mais interesse da CVRD em continuar. Ele supõe que o término desse programa social foi uma tomada de decisão estratégica, na medida em que não há mais viabilidade econômica da CVRD atuar em Serra Pelada: o ouro é escasso e seria necessário um grande aporte de recursos financeiros e tecnológicos da empresa, o que não valeria o risco.[37]

O Coordenador do Projeto Saúde de Serra Pelada, dr. Carlos Corbett, acrescenta que houve divergências políticas entre os diretores da Companhia da região Norte com o do Rio de Janeiro quanto à continuidade do programa. Ele acredita que os conflitos políticos e sociais existentes em Serra Pelada,[38] associados à escassez do ouro, podem ter gerado um cálculo empresarial para finalizar a intervenção social em Serra Pelada e deixar a resolução dos problemas sociais a cargo do poder público. O Gerente de Projetos Sociais da CVRD confirmou que não existe mais ouro na região de Serra Pelada. Além disso, a área ao redor da escavação realizada pelos garimpeiros foi ambientalmente danificada, prejudicando a realização de novas pesquisas. Quanto à realização de outras pesquisas minerais na região próxima à Serra Pelada, a CVRD sabe da existência de calcário, mas afirmou que este é um projeto a longo prazo. Há estimativas que ainda existam metais preciosos como o ouro, platina e paládio.

Em suma, o Programa de Desenvolvimento Econômico e Social em Serra Pelada foi desenvolvido em três anos, a partir da atuação dos seguintes projetos sociais: o Projeto Educação, que consistiu basicamente na melhoria do desempenho dos alunos da rede pública do ensino fundamental e na capacitação dos profissionais das escolas públicas; o Projeto Agrícola, que teve o objetivo de capacitar os produtores locais para o segmento agrícola, buscando potencializar os recursos produtivos e geradores de renda da comunidade; o Projeto Saúde, que iremos analisar em seguida. O último projeto além de diagnosticar as condições de saúde da população, realizando atendimentos pontuais ambulatoriais, preocupou-se em articular essas ações com os poderes públicos municipais, estaduais e federais.

---

[37] Entrevista com um economista do BNDES, em 7 nov. 2005, que prefere não ser identificado.
[38] Entrevista realizada com este Coordenador no dia 11 nov. 2005.

A seguir, focalizaremos o Projeto de Saúde, que teve um custo de 700 mil reais, 17% de um total de 4 milhões, informado para todo o Programa de Desenvolvimento Econômico e Social de Serra Pelada.

c. O Projeto Saúde da CVRD em Serra Pelada

A trágica herança do garimpo se reflete nas condições de saúde em Serra Pelada e doenças como Malária, Hanseníase e Leishmaniose são endêmicas na região. A vila conta com precário sistema de saúde, realizado pelo centro responsável por esse setor do povoado que, apesar de não ter relação nenhuma com a Igreja Católica, é chamado pela população de "Santa Casa". Esse centro de saúde tem a seguinte infraestrutura:

- 1 sala de parto;
- 2 enfermarias com três leitos cada;
- 1 enfermaria de pós-parto tipo alojamento conjunto;
- 1 sala de curativos;
- 1 laboratório da FUNASA (Fundação Nacional da Saúde);
- 1 pequeno necrotério;
- 1 ambulância para transporte de pacientes a Curionópolis, em casos graves e de emergência;
- 3 auxiliares de enfermagem, que trabalham em esquema de plantões cobrindo todo o período;
- 1 médico, que realiza atendimento básico à população às sextas-feiras pela manhã, ou seja, não há médico efetivo em Serra Pelada;
- 2 funcionários da FUNASA, responsáveis pelo diagnóstico, procura e tratamento dos pacientes com Malária;
- 11 agentes de saúde, que desenvolvem trabalhos de prevenção e encaminhamento de pacientes. Em média, é um agente para 140 famílias.

O objetivo do Projeto Saúde de Serra Pelada foi o de conhecer os problemas relacionados da vila e atuar nas doenças mais frequentes, de forma a melhorar as condições e a qualidade de vida da população local.

Visou-se a implantação de um sistema integrado de assistência, priorizando as ações de prevenção, promoção e recuperação da saúde, de forma integral e contínua.

No período de 2002 a 2004, o Projeto Saúde diagnosticou as doenças e realizou atendimentos médicos gerais e específicos para cada doença, além de orientar os enfermos no sentido da prevenção e recuperação da saúde. Os atendimentos foram realizados no centro de saúde local e na creche, onde foi improvisado um local para um primeiro atendimento, com o objetivo de ouvir as principais queixas e dar o devido atendimento ambulatorial.

Abrangência da rede

O Projeto Saúde, coordenado pela Faculdade de Medicina da USP, promoveu o desenvolvimento de uma rede envolvida basicamente pelo poder público e pelas entidades de ensino superior e pesquisa dos estados do Pará (Universidade Federal do Pará/UFPA), Maranhão (Universidade Federal do Maranhão/UFMA) e do Espírito Santo (Universidade Federal do Espírito Santo/UFES). Pretendeu-se promover uma participação integrada com os profissionais de saúde do Projeto, com a comunidade local e com o poder público federal, estadual e municipal; além da integração com os Agentes Comunitários de Saúde.[39] As entidades de ensino superior e de pesquisa localizadas no estado deveriam reforçar o sistema e participar na continuidade das ações de saúde. A participação integrada de profissionais de saúde e da população possibilitaria a criação de vínculos e responsabilidades, para facilitar a identificação e o atendimento aos problemas de saúde da comunidade.

Buscou-se também o engajamento em programas governamentais do Ministério da Saúde como o Programa de Saúde da Família (PSF), o Programa de Agentes Comunitários de Saúde (PACS) e o Programa de Interiorização do Trabalho em Saúde (PITS). No sentido de integrar o projeto com o sistema público de saúde de Curionópolis, a equipe do Projeto

---

39 Os dados que se seguem sobre o Projeto Saúde de Serra Pelada foram coletados exclusivamente por entrevista concedida no dia 11 nov. 2005, em São Paulo, pelo dr. Carlos Corbett, coordenador do Projeto, e por meio de relatório elaborado pela equipe por ele dirigida e de um vídeo produzido pela equipe do Projeto Saúde com entrevistas e comentários da população sobre o Projeto Saúde.

de Saúde promoveu uma reunião no Hospital Municipal de Curionópolis, mostrando a importância da participação dos médicos do sistema público no Projeto. Buscou-se estender o atendimento aos casos psiquiátricos e um curso básico de atualização em psiquiatria foi realizado no Teatro Municipal de Curionópolis, ministrado pelo dr. Quirino Cordeiro, profissional da área do Instituto de Psiquiatria da USP. Esse curso foi repetido no município próximo a Serra Pelada, Parauapebas, no Centro Universitário, com a participação de 41 pessoas. Deste então, as reavaliações psiquiátricas foram realizadas em intervalos de, no máximo dois meses, pela equipe do Projeto Saúde.

O Projeto Saúde procurou manter contato com as equipes de saúde da prefeitura e do Hospital Municipal de Curionópolis. Todos os eventos foram comunicados ao prefeito Curió e à Secretária Municipal de Saúde e as atualizações sobre os resultados do Projeto Saúde foram apresentadas em reuniões com o prefeito e seus secretários, na Prefeitura. A equipe ressaltou que tais comunicações foram importantes, pois serviram para auxiliar a Prefeitura na implantação de programas públicos de saúde, no dimensionamento das necessidades de medicamentos, exames complementares e no encaminhamento de doentes para tratamento especializado, o que antes não acontecia. O Projeto Saúde também assessorou e acompanhou a implantação do Programa de Saúde da Família (PSF, diretriz do Ministério da Saúde) em Serra Pelada.

No entanto, as dificuldades para encontrar bons profissionais na região foram grandes devido à ausência de médicos efetivos em Serra Pelada e à exigência de mobilidade desses profissionais pelas regiões do Município, o que repercute na qualidade da assistência médica, além da instabilidade do sistema de saúde local. Na avaliação do Coordenador do Projeto de Saúde, a implantação do Programa de Saúde da Família (PSF) em Serra Pelada, com profissionais inadequados, poderia inviabilizá-lo. Diante dessa constatação, a coordenação do Projeto manteve frequentes negociações com o Ministério da Saúde, no sentido de participar da escolha dos profissionais e do monitoramento na implantação do Programa de Saúde da Família.

Dr. Corbett acredita que a interrupção do Projeto Saúde inviabilizou o processo de envolvimento do poder público na saúde e não houve motivação nem interesse governamental para tal. Como exemplo de descaso público local, citou que o Secretário de Saúde de Curionópolis era um padre, sem nenhum conhecimento das condições de saúde da cidade; deixando, assim, o Projeto Saúde sob a responsabilidade exclusiva da CVRD. De acordo com esse médico, graças à confiança depositada na CVRD e nos profissionais que se apresentaram, o Projeto Saúde se desenvolveu de maneira satisfatória; porém, por parco período, em virtude das necessidades locais.

Percepção

No aspecto da percepção dos atores sociais envolvidos no Projeto Saúde, ressaltaremos o posicionamento da CVRD, por intermédio do Gerente de Projetos da empresa, e do médico dr. Corbett, coordenador do Projeto de Saúde e, portanto, aquele que implementou as diretrizes das políticas sociais de saúde e que teve sua conduta pautada pelos princípios da CVRD.

Quanto à utilização do investimento social privado na saúde, o Gerente de Projetos da Fundação Vale do Rio Doce afirmou que sua adoção é estratégica, na medida em que o que importava era sensibilizar a comunidade na valorização de sua presença e no seu reconhecimento como parte integrante da comunidade. Dessa forma, o investimento social estratégico pretendia ultrapassar a ideia da empresa como mera doadora de recursos ou de contribuinte tributária, e propor uma intervenção social mais programática. A ideia era orientar a cidade e seu entorno na aplicação dos recursos buscando a melhoria das condições gerais dos municípios onde atuava. Dessa maneira, os interesses da empresa deviam unir-se aos da comunidade para criar condições de desenvolvimento local associado à atividade produtiva da companhia e ao crescimento e desenvolvimento das cidades (entrevista em 1º nov. 2005).

Para esse Gerente, os recursos de investimento social privado e os tributos pagos obrigatoriamente, em especial os impostos de concessão para mineração, devem ser alocados no processo de capitalização e desenvolvimento para as cidades onde atua. Esses recursos financeiros geram riqueza para a cidade se forem investidos (pelos gestores públicos locais) em trabalho e capital. Para tanto, reafirmou a importância do diálogo com governos e comunidade, no sentido de incentivar, orientar e mudar a cultura política local para que os recursos sejam utilizados da melhor forma possível (entrevista em 1º nov. 2005).

A CVRD sempre teve grande influência no estado do Pará. Como afirmou o presidente da CVRD, Roger Agnelli, "A Vale está umbilicalmente ligada ao Pará, que é o berço de seu crescimento". No entanto, a decisão da empresa de implantar o Polo Siderúrgico no Maranhão gerou grande descontentamento no estado do Pará. O governo paraense passou a dificultar a aprovação de licenças ambientais para pesquisas à CVRD, além de surgirem propostas parlamentares para revogar incentivos fiscais à empresa (www.pa.gov.br, acessado em: 30 nov. 2005).

Quanto ao governo local de Curionópolis, o prefeito Curió acreditava que ainda haveria investimentos econômicos e sociais da CVRD na região e propôs a emancipação de Serra Pelada de Curionópolis. Conforme constatou Palheta da Silva (2004), municípios paraenses, como Curionópolis, creditam à CVRD toda a sua viabilidade econômica e social, pois sem a arrecadação tributária e investimentos da empresa na área social, esses municípios não têm condições de, sozinhos, fomentar o desenvolvimento local. Para Palheta da Silva (2004) (constatado em entrevista com o Gerente de Projetos da CVRD), a divulgação da implantação desses projetos é mera especulação ou faze parte de estudos a longo prazo. Assim, as políticas sociais necessárias para a região são deixadas de lado pelo poder público, na expectativa de que um dia elas possam ser executadas pela CVRD.

Para utilizar o investimento social da CVRD na saúde, dr. Corbett propôs um modelo de intervenção sanitária que envolvesse a comunidade local e os serviços de saúde municipais, estaduais e federais disponíveis. Ele acreditou que a organização do sistema de atendimento médico para a população de Serra Pelada dependia de uma difícil interação dos serviços públicos regionais que apresentavam deficiência de bons profissionais, de equipamentos, de técnicos, enfermeiras, instalações e medicamentos. Além disso, Serra Pelada apresenta uma dificuldade extra: a distância entre a vila e a sede do município (55 km em estrada de terra). Para ele, os problemas que existem no município deixam pouca margem para uma atuação satisfatória e de continuidade em Serra Pelada.

Regras

Como já mencionado, a Faculdade de Medicina da USP, por intermédio do dr. Corbett, foi contratada pela Consultoria Diagonal Urbana[40] para executar ações de melhoria para a vida da população de Serra Pelada, contrato que previa uma série de passos. Em primeiro lugar, levantou-se a estrutura de funcionamento da rede pública de assistência à saúde local. Em seguida, foi realizado um diagnóstico das principais doenças que acometiam a população.

A partir da identificação das doenças mais frequentes, foram realizados alguns eventos com a participação dos representantes dos outros projetos do programa, no qual surgiu a proposta de realizarem atividades integradas e em conjunto. O primeiro evento foi o de "Avaliação das Condições de Saúde da População". Participaram médicos e acadêmicos da USP, da UFPA e da UFMA e as doenças mais frequentes foram avaliadas em amostra a partir de 1.318 atendimentos. A população atendida foi selecionada com a participação dos agentes comunitários de saúde que atuavam na vila. Cada agente foi responsabilizado por uma cota de pacientes para a marcação das consultas, realizadas na então recém-inaugurada creche municipal da Vila de Serra Pelada, e supervisionadas por professores de Clínica Médica, Clínica Cirúrgica, Pediatria, Psiquiatria e Dermatologia da USP. A equipe era composta por 25 pessoas, entre médicos e acadêmicos.

A primeira ação foi o trabalho de Psiquiatria, pois os diagnósticos de depressão e ansiedade foram muito frequentes. Foram realizadas 336 consultas e 155 pacientes passaram a ser acompanhados pelo projeto.

A ação seguinte foi a de "Hanseníase". O evento contou com a participação de professores e acadêmicos da UFPA e da USP. Foram atendidos 163 casos suspeitos de hanseníase e 110 pacientes encaminhados para reavaliação e atualização dos prontuários. A Associação dos Hansenianos de Serra Pelada participou na programação do atendimento e esteve presente durante todo o evento.

---

40 A Fundação Vale do Rio Doce contratou a Consultoria Diagonal Urbana para elaborar o Programa de Desenvolvimento Econômico e Social que subdividiu o programa em três projetos (agricultura, educação e saúde) e subcontratou outras instituições para os realizarem. No caso do Projeto Saúde, a contratada foi a Faculdade de Medicina da USP. Entrevistas realizadas com o Gerente de Projetos da CVRD, em 31 out. 2005, e com o coordenador do Projeto Saúde, dr. Corbett, em 11 nov. 2005.

A terceira ação específica foi a de "Verminoses", em que foram atendidas 456 pessoas, coletadas 405 amostras de fezes, e realizados 365 exames no local. Os agentes comunitários e a equipe de saúde de Serra Pelada foram treinados para a realização dos exames.

Outro evento foi sobre "Hipertensão e Diabetes", com a participação de médicos e acadêmicos da USP e UFPA, em que foram atendidos 250 pacientes agendados e 130 extras.

Outra carência da população, observada pela equipe do Projeto, foi em relação à puericultura e pediatria. Foram realizados vários seminários com os agentes comunitários de saúde para orientação sobre o desenvolvimento da criança, vacinação, alimentação e discussão da febre em crianças.

Visando aprimorar o diagnóstico dos problemas de saúde da população de Serra Pelada, a equipe pesquisou a tuberculose pulmonar. O projeto viabilizou o treinamento de integrantes da equipe do centro de saúde de Serra Pelada no Núcleo de Doenças Infecciosas da UFES, em Vitória, para a realização de baciloscopia utilizada para o diagnóstico da tuberculose.

As infecções ginecológicas foram outro grande problema de saúde na vila, e seus tratamentos foram acompanhados de orientação para evitar novas contaminações.

Outro evento foi o "Tuberculose, HIV e Infecções Ginecológicas", para diagnosticar a incidência de indivíduos HIV positivo (SIDA/AIDS), a atividade sexual precoce, prostituição e o baixo nível de informação em relação a esses temas. Foram feitas 98 consultas de pacientes com queixa pulmonar e 114 com queixa ginecológica. Participaram médicos e acadêmicos da UFPA, USP e UFES. Contando com a parceria da UFES, foram aplicados 243 testes rápidos para o diagnóstico da infecção pelo HIV, o que revelou infectados na região.

A equipe do Projeto Saúde, atenta ao grave problema da falta de educação sexual das adolescentes de Serra Pelada, elaborou o projeto "Planejamento Familiar", em parceria com a Faculdade de Saúde Publica da USP. Um plano de ação para discussão da sexualidade e orientação sobre riscos de gravidez precoce e contágio por DSTs (doenças sexualmente transmissíveis) foi posto em prática. Essa ação foi bem recebida pelos adolescentes, que participaram em grande número das rodas de discussão e dinâmicas de grupo organizadas pela equipe.

Existe ainda, na vila de Serra Pelada, o grave problema de contaminação pelo mercúrio utilizado pelos garimpeiros na extração do ouro. Para estudar esse problema, foi formado um grupo de pesquisadores da UFPA, do Instituto Evandro Chagas de Belém e da USP, para elaboração de um projeto específico. O objetivo do Projeto "Contaminação por Mercúrio em Serra Pelada" era identificar e caracterizar a contaminação ambiental, humana e os efeitos do mercúrio na saúde da população de Serra Pelada. Contudo, esse projeto não se realizou no período dos três anos, estipulado pelo programa, que deveria ser desenvolvido com a proposta de continuidade por mais dois anos, o que não foi viabilizado pelas questões mencionadas anteriormente.

Recursos

Os recursos disponibilizados para a execução do Projeto de Saúde foram de R$ 700 mil, envolvendo a contratação de médicos, estadia, transporte e alimentação. O dr. Corbett afirmou que esse valor foi muito pequeno para as demandas sanitárias da população de Serra Pelada. Outros recursos, como medicamentos ou exames laboratoriais, foram obtidos por meio de sua iniciativa junto ao Ministério da Saúde, que colaborou com o fornecimento de 66.454 medicamentos para a população de Serra Pelada.

Constatada a baixa qualificação dos profissionais de saúde da região, o dr. Corbett mobilizou uma rede para implantar atividades de pós-graduação na região através de convênio com a USP e a UFPA.

Quanto à formação dos Agentes Comunitários de Saúde, foi constatado que ela é precária e, portanto, esses agentes necessitam de uma educação continuada nos aspectos sanitários, sob os auspícios e envolvimento da Secretária Municipal de Saúde de Curionópolis, bem como da Secretaria Estadual de Saúde.

Publicidade

O investimento social realizado em Serra Pelada foi abalado com a interrupção em 2004 dos trabalhos realizados pelo Programa de Desenvolvimento Econômico e Social da CVRD e, por essa razão, provavelmente não houve empenho na divulgação dos eventos. A publicidade em relação ao Projeto de Saúde foi quase inexistente, a não ser pela apresentação deste Projeto no Concurso 4º Prêmio Saúde Brasil (Aguila Produção e Comunicação), no qual a USP recebeu a premiação de melhor Projeto na área da saúde em comunidade de baixa renda, em 2004. O dr. Corbett mencionou que o fato gerou constrangimentos entre ele e a CVRD, por não ter havido a projeção publicitária da empresa nessa premiação.

Em síntese, o coordenador do Projeto Saúde, prof. dr. Carlos Corbett, afirmou que, apesar da não continuidade do Projeto, hoje se tem grande conhecimento dos problemas de saúde de Serra Pelada e novas atividades poderiam ser desenvolvidas para dar sustentabilidade às atividades realizadas pelo Projeto Saúde. Dentre as ações futuras, seriam necessários:

- Uma melhor estruturação do sistema de saúde local;
- O engajamento do sistema local nos programas públicos de saúde: Programa de Saúde da Família (PSF) e Programa de Agentes Comunitários de Saúde (PACS);
- A mobilização do poder público para o envolvimento da comunidade;
- A efetividade na interação dos serviços de saúde municipais, estaduais e federais;
- O Reforço do sistema e participação de entidades de ensino superior e de pesquisa do Pará na continuidade das ações;
- Maior integração entre profissionais de saúde e população, com a criação de vínculos e responsabilidades que facilitam a identificação e o atendimento aos problemas de saúde.

O Projeto Saúde de Serra Pelada mostra que, sozinha, a ação social de empresas não apresenta condições de responder a todas as demandas sociais. Portanto, o papel do Estado é de suma importância para a promoção do bem-estar dos cidadãos. Neste caso, é necessário vontade política e um engajamento ativo do governo nas ações de saúde coletiva.

4.4 Caso 3: Instituto Ronald McDonald[41] e o combate ao câncer Infantojuvenil

O terceiro caso sobre investimento social de empresas na saúde trata do Programa de Combate ao Câncer Infantojuvenil desenvolvido pelo Instituto Ronald McDonald e que abrange todo o território nacional. O Instituto foi estruturado nos moldes da fundação americana *Ronald McDonald House Charities*, criada em 1984 pela empresa McDonald's, em memória do fundador da rede de lanchonetes McDonald's, Ray Rroc, para ser um sistema global de beneficiência.

A empresa americana de *fast food* está presente em 119 países com mais de 31 mil restaurantes e chegou ao Brasil em 1979. O Brasil é um de seus oito maiores mercados e está entre os cinco com o maior crescimento desde 2000, ocupando a liderança no segmento de serviço rápido de alimentação, com mais de 1.110 pontos de venda em 21 estados brasileiros e no Distrito Federal (www.instituto-ronald.org.br, acessado em: setembro de 2005).

A empresa McDonald's mantém Institutos Ronald McDonald em dezoito países. Eles funcionam como o braço social da empresa McDonald's. Suas ações priorizam as áreas de saúde e educação, em especial o combate ao câncer infantojuvenil, associadas à imagem publicitária do personagem infantil Ronald McDonald, marca utilizada pela empresa na sua comunicação com o público. No Brasil, ele é constituído como uma sociedade civil, sem fins lucrativos, e tem como missão "propiciar, com dignidade e conforto, o tratamento de crianças e adolescentes portadoras de câncer" (www.instituto-ronald.org.br, acessado em: setembro de 2005). A empresa McDonald's patrocina ações sociais de combate ao câncer infantojuvenil doando, por ano, um dia da venda de sanduíches Big Mac para essa causa. Esse dia é conhecido, no Brasil, como McDia Feliz.

---

41 Os dados sobre o Instituto Ronald McDonald foram coletados sobretudo por meio dos sítios eletrônicos do Instituto (www.instituto-ronald.org.br) e da Casa Ronald (www.casaronald.org.br); da monografia de Werneck, Nestor E. Capdeville (2002), *O Combate ao Câncer Infanto-Juvenil. Uma visão social*, apresentada na conclusão do MBA de Gerência de Saúde da EPGE, Escola de Pós-Graduação em Economia da Fundação Getúlio Vargas, Rio de Janeiro. Foram realizadas entrevistas com funcionários do Instituto Ronald McDonald, no Rio de Janeiro: Capdeville Werneck (Gerente de Projetos), em 10 maio 2004; Paulo Maurício Silveira (Assistente de Mobilização Social), em 23, 25 e 28 nov. 2005; e com o Superintendente Nacional do Instituto Ronald McDonald, Francisco Neves, no dia 13 dez. 2005.

A ideia do apoio à causa social de combate ao câncer surgiu em 1974, quando o jogador de futebol americano Fred Hill, pai de uma criança portadora de câncer, procurou a empresa McDonald's – em parceria com o hospital da Filadélfia, onde estava seu filho – para buscar recursos financeiros para a construção de uma casa de apoio às crianças portadoras de câncer. Em 1977, surgiu a ideia do McDia Feliz, no McDonald's do Canadá. Atualmente, a campanha acontece na Argentina, Austrália, Áustria, Brasil, Canadá, Estados Unidos, Finlândia, França, Inglaterra, Irlanda, Nova Zelândia, Noruega, Suécia, Suíça e Uruguai. Antes de completar uma década no Brasil, a empresa McDonald's iniciou, em 1988, a campanha McDia Feliz em São Paulo. No Rio de Janeiro, a campanha foi lançada no ano seguinte. Vinte anos depois que a empresa estava no Brasil, foi criado o Instituto Ronald McDonald na cidade do Rio de Janeiro, com o objetivo de desenvolver o Programa de Combate ao Câncer Infantojuvenil em todo o país.

O McDia Feliz é considerado o segundo maior evento em arrecadação de doações para crianças no país e o primeiro para a causa do câncer infantojuvenil.[42] O objetivo desse evento é angariar recursos para doar às instituições, cadastradas pela empresa McDonald's, que apoiam crianças e adolescentes portadoras de câncer no Brasil. Toda a renda dos sanduíches Big Mac vendidos nesse dia, e retirados os impostos, é destinada às instituições cadastradas e à Casa Ronald, por meio do Instituto Ronald McDonald. Toda a arrecadação é destinada ao Fundo Nacional do McDia Feliz, administrado pela empresa McDonald's. A distribuição dos recursos está condicionada a uma análise prévia dos projetos – elaborados pelas instituições cadastradas – realizada pelo Conselho Científico do Instituto Ronald. Posteriormente, retornam à empresa McDonald para análise final e distribuição dos recursos. Esse Fundo destina 5% da arrecadação para localidades com venda abaixo de 50 mil sanduíches e 12,5%, para localidades com venda igual ou acima de 50 mil. O percentual retido incide apenas sobre o valor da venda dos sanduíches Big Mac e não sobre as receitas oriundas do esforço adicional das instituições. A ideia da distribuição dos recursos desse Fundo é de não vinculá-lo a qualquer localidade ou instituição.

---

42 O primeiro é a campanha realizada pela emissora de televisão Globo, "Criança Esperança". Fonte: Francisco Neves, Superintendente do Instituto Ronald McDonald, entrevistado pela autora no Rio de Janeiro, no dia 13 dez. 2005.

a. Origem e objetivos do Programa de Combate ao Câncer Infantojuvenil do Instituto Ronald McDonald no Brasil

A criação do Instituto Ronald McDonald no Brasil tem como antecedente o trabalho voluntário realizado desde 1990, no Instituto Nacional do Câncer (INCA), do Rio de Janeiro, por Francisco e Sônia Neves, pais de uma criança portadora de leucemia.[43] A colaboração de ambos foi de suma importância na criação do Instituto Ronald McDonald e na luta pela causa social de combate ao câncer no Brasil. A mobilização pela causa surgiu quando procuraram apoio financeiro dos sócios do Tênis Clube da Tijuca (Rio de Janeiro) para levarem o filho para tratamento no *Memorial Hospital*, em Nova York (EUA). Francisco Neves era diretor desse clube e conseguiu o dinheiro com a solidariedade dos sócios. Nos Estados Unidos, foram encaminhados, pelo hospital, a uma casa de apoio Ronald McDonald para se hospedarem. Após o falecimento do filho, retornaram ao Brasil e ambos envolveram-se como voluntários no INCA-RJ. Implantaram nesse hospital uma sala de recreação para as crianças que estavam em tratamento, similar a que existia no hospital de Nova York.

Em 1991, Francisco e Sônia criaram a Associação de Apoio à Criança com Neoplasia do Rio de Janeiro (AACN-RJ), cuja missão é "humanizar, conscientizar e apoiar o tratamento de câncer infantil" (sítio eletrônico da associação, acessado em: 10 dez. 2005). Nesse mesmo ano, conheceram o presidente do McDonald's, em visita ao INCA. A partir dessa aproximação, em 1993, essa Associação passou a receber arrecadações do McDia Feliz. Em 1994, a Associação criou a Casa Ronald, em parceria com a empresa McDonald's, com o objetivo de hospedar crianças e adolescentes que moram em localidades distantes dos hospitais e que precisam de tratamento hospitalar. No dia 8 abr. 1999 (Dia Mundial da Luta Contra o Câncer), foi fundado o Instituto Ronald McDonald por Francisco Neves, em parceria com a empresa McDonald's. A Casa Ronald, bem como todas as casas de apoio às crianças e adolescentes e demais instituições existentes no Brasil vinculadas ao Instituto Ronald, recebe os recursos do McDia Feliz. O trabalho dessas instituições é realizado na maioria das vezes por voluntários e alguns funcionários remunerados.

---

[43] Francisco Neves, como Superintendente Nacional do Instituto Ronald McDonald, foi entrevistado pela autora no dia 13 dez. 2005, no Rio de Janeiro.

Os pacientes são encaminhados a essas casas de apoio, vinculadas ao Instituto Ronald McDonald, pelo Serviço Social de hospitais federais, estaduais e municipais onde recebem tratamento médico. Além da acomodação, a Casa oferece transporte ao hospital, apoio psicológico, musicoterapia, terapia ocupacional, recreação e apoio escolar para compensar o afastamento da escola. A Casa Ronald fica na Tijuca, bairro da cidade do Rio de Janeiro, e tinha como presidente, em caráter voluntário, Sônia Neves. A Casa Ronald foi a 162ª Casa criada pelo Sistema McDonald's e a primeira no Brasil. Atualmente, são 35 Casas distribuídas em dezoito países, e 140 delas estão nos Estados Unidos. Atendem a mais de 2 milhões de pessoas e, diariamente, 2.200 pessoas por 25 mil voluntários. Conforme o Instituto, que administra essa Casa, o processo de hospedar os pacientes e seus responsáveis tem sido vantajoso para o sistema público de saúde. Cita como exemplo o Instituto Nacional do Câncer (INCA), que realizava "internações sociais" para aqueles que ainda tinham que realizar tratamento ambulatorial, mas que moravam em regiões distantes do hospital. Com a Casa Ronald, o INCA foi eliminando as "internações sociais" e pôde disponibilizar mais leitos e assegurar a continuidade do tratamento (Werneck, 2002).

Em suma, os objetivos do Instituto Ronald McDonald no combate ao câncer infantojuvenil no Brasil são:

- Promoção e divulgação de conhecimentos relativos ao câncer infantojuvenil;
- Incentivo às atividades de suporte assistencial, psicossocial e de incentivo ao voluntariado nas instituições de apoio às crianças e aos adolescentes portadores de câncer;
- Apoio à melhoria das condições hospitalares de instituições que atendam crianças e adolescentes portadores de câncer;
- Incentivo à pesquisa e ao intercâmbio técnico-científico na área do câncer infantojuvenil (www.instituto-ronald.org.br).

Abrangência da rede

O Instituto Ronald McDonald, em parceria com a empresa McDonald's, participa de uma ampla rede de voluntários (pesoas físicas e jurídicas) por todo o Brasil, a partir da campanha de combate ao câncer infantojuvenil. A rede de voluntários é a materialização do objetivo do Instituto Ronald McDonald e a solidariedade pela causa social é o objetivo primordial operacional do Instituto Ronald para captar recursos (humanos e financeiros) voluntários e destiná-los as 74 instituições e 44 casas de apoio que cuidam de crianças e jovens com câncer pelo mundo.

O Instituto teve participação na União de Voluntários da Entidades das Regiões Sul, Sudeste e Centro-Oeste do País (UNIVERSO) e UNEACC (Norte e Nordeste). Em julho de 2005, o Instituto também inseriu-se na Rede de Atenção Oncológica do Brasil, criada no mesmo mês pelo INCA-RJ, que tem como objetivo envolver a parceria de todas as instituições envolvidas com o câncer no Brasil: governo federal, secretarias estaduais e municipais de saúde, universidades e ONGs. Sua finalidade é gerar, disseminar, articular e implantar políticas e ações de atenção oncológica. O INCA acredita que a cooperação de diferentes parceiros, compartilhando conhecimentos e recursos, pode reduzir a incidência do câncer, a mortalidade e garantir a qualidade de vida aos pacientes (www.inca.gov.br, acessado em: 18 dez. 2005). Alguns membros da Rede, entre eles o presidente do INCA e da Sociedade Brasileira de Oncologia Pediátrica, fazem parte do Comitê Científico do Instituto Ronald McDonald (entrevista com Francisco Neves, em 13 dez. 2005).

O Instituto mantém parceria com a Casa da Criança, grupo com mais de dois mil arquitetos e decoradores, que desenvolve projetos de espaços planejados e equipados para instituições de atendimento a crianças. O grupo mantém convênio com empresas de vários setores, o que permite a doação de material de construção, acabamento, mobiliário, brinquedos e mão de obra especializada. Essa parceria possibilitou a reforma da ala de quimioterapia do Hospital do Açúcar,[44] em Maceió.

Em 2005, foram iniciadas as obras de humanização da ala de internação do Hospital do Câncer, em Cuiabá, Mato Grosso e reforma e humanização da Casa de Apoio *Obra das Filhas do Amor de Jesus Cristo*, em Fortaleza, Ceará (www.instituto-ronald.org.br, acessado em: 15 dez. 2005). A rede também

---

[44] Hospital criado em 1949, a partir da união de empresários e indústrias do setor da agroindústria da cana de açúcar. Em 1957, o hospital ampliou seu atendimento a toda a sociedade e se constitui como hospital filantrópico, mantido com recursos do SUS, doações efetuadas pelos empresários do setor relacionado e de outras fundações empresariais. Fonte: www.hospitaldoacucar.com.br, acessado em 20 nov. 2005.

é formada pelas instituições públicas estatais e filantrópicas (vinculadas ao SUS) e pelo INCA. Essas instituições recebem recursos financeiros captados pelo Instituto Ronald McDonald.

Percepção

Podemos encontrar duas percepções em relação ao Programa de Combate ao Câncer Infantojuvenil desenvolvido pelo Instituto Ronald McDonald: uma é a vertente da empresa McDonald's e de outras que se envolvem com a causa social; e a outra é a percepção das pessoas que se envolvem com o problema do câncer. As empresas, na maioria das vezes, utilizam a causa social para passar uma imagem de que estão em consonância com os problemas que atingem os indivíduos, buscando soluções para ajudá-los. Assim, a empresa mostra seu compromisso com a comunidade, vinculando uma imagem de empresa socialmente responsável. A empresa, por intermédio do Instituto Ronald McDonald, capturou e potencializou a energia solidária daqueles que vivem ou viveram, em seu cotidiano, o problema do câncer infantojuvenil. Não podemos descartar o mérito dessa estratégia tão eficaz da empresa McDonald's.

No entanto, foi a experiência do casal Francisco e Sônia Neves que deu a medida do envolvimento da empresa em relação à causa social. A experiência pessoal vivida por eles foi capaz de dar credibilidade às ações e estreitar laços de confiança e solidariedade com outras empresas, indivíduos e com instituições estatais e filantrópicas. A responsabilidade e solidariedade de ambos foi potencializada e institucionalizada de forma estratégica pela empresa McDonald's, cujo Instituto Ronald McDonald possui uma sólida estrutura organizacional com programas de captação de parcerias que garantem um fluxo de recursos e um quadro de voluntários e de profissionais remunerados aliados a uma satisfatória capacidade de articulação.

Essa articulação não pretende substituir o Estado, pois o Instituto Ronald tem o objetivo de colaborar com ele.[45] Por outro lado, essa ação cívica oculta – em alguma medida – a dimensão política do problema social de crianças e jovens pobres portadores de câncer. A ação solidária contida no Instituto Ronald não abre espaço para a luta por acesso a serviços públicos

---

45 Entrevista com Francisco Neves em 13 dez. 2005.

de qualidade, na medida em que o estreitamento de laços sociais entre os voluntários é movido por energias emocionais e afetivas contrárias a conflitos de natureza política, sendo inquestionável a luta por direitos de cidadania.

Regras

O Instituto Ronald McDonald possui linhas de ação convergentes com a Política Nacional de Combate ao Câncer, definida pelo Ministério da Saúde, pelo Instituto Nacional do Câncer (INCA), seu órgão técnico e normativo para assuntos de política de prevenção e controle do câncer. A atuação do INCA no combate ao câncer em todo o país conjuga ações de ensino, pesquisa, informação, prevenção e assistência. Sua prática está apoiada na manutenção, realizada pelo governo federal, das unidades públicas e filantrópicas de várias áreas do país, vinculadas ao SUS.

O Instituto Ronald McDonald tem o objetivo filantrópico de oferecer uma alternativa ao INCA, na assistência aos portadores de câncer no Brasil, criando redes de parceria visando essa causa social. Importa ressaltar que o Instituto Ronald não está voltado para o tratamento médico do câncer, mas para a captação de recursos para o auxílio social das crianças e suas famílias que estão sob tratamento. Sua preocupação vai desde promover o acesso aos serviços, durante a apuração do diagnóstico, e continua até mesmo quando as crianças voltam para casa curadas.[46]

Desde 1999, quando foi criado o Instituto Ronald, as instituições são cadastradas por esse Instituto e apresentam projetos para receber recursos. Para serem aprovados, os projetos devem se inserir em duas linhas de ação: 1) Incentivo às atividades de suporte de voluntariado, assistencial e psicossocial nas instituições que atendem a crianças e adolescentes com câncer; 2) Apoio à melhoria das condições hospitalares de instituições assistenciais do câncer da criança e do adolescente. Em resumo, os recursos aportados têm a finalidade de contribuir para a manutenção das instituições ou para o combate ao câncer infantojuvenil. O Instituto tem contato permanente com as instituições que apoia e com os voluntários, com o objetivo de reunir conhecimento e compreender a capacidade e as demandas dessas instituições.[47]

---

46 Entrevista realizada com Capdeville Werneck (Gerente de Projetos do Instituto Ronald McDonald), em 10 maio 2004.
47 Entrevista com Paulo Maurício Silveira, Assistente de Mobilização Social do Instituto Ronald, em 28 nov. 2005.

O Instituto Ronald conta com a seguinte estrutura administrativa: o Conselho de Administração, órgão responsável pela condução estratégica do Instituto, cujo dirigente é o presidente da empresa McDonald's no Brasil; o Conselho Fiscal, que tem a função de examinar os registros contábeis e emitir pareceres; o Conselho Científico, formado por onze médicos oncologistas que fornecem a conduta técnica-científica ao Instituto Ronald; o Conselho Executivo que implementa as ações determinadas pelo Conselho Administrativo; e, a Superintendência que é a única equipe remunerada destinada a realizar as operações cotidianas, promovendo a coordenação logística de captação de recursos, o envolvimento do voluntariado, a coordenação dos projetos e a coordenação administrativa e de finanças do Instituto (Werneck, 2002).[48] O Instituto Ronald McDonald possui autonomia administrativa em relação à empresa, o que permite que o Instituto fique imune à vulnerabilidade dos fluxos financeiros da empresa.[49]

O Instituto é mantido por contribuições regulares de outras empresas – que atuam como Membros Mantenedores – e de pessoas físicas, que podem tornar-se Membros Contribuintes se quiserem fazer doações mensais. Dessa forma, o Instituto não depende exclusivamente dos recursos financeiros do McDonald's, adquirindo, assim, maior liberdade de ação (www.instituto-ronald.org.br). No entanto, uma vez que o presidente da empresa McDonald's no Brasil também é o presidente do Conselho Administrativo do Instituto Ronald McDonald, a autonomia de organização é restrita e relativizada. Como mencionado anteriormente, a distribuição de recursos às instituições cadastradas depende da aprovação, em última instância, da direção da empresa McDonald's.

Recursos

Além da Casa Ronald, o Instituto Ronald McDonald atua em todo o país, apoiando mais de uma centena de instituições cadastradas. O Instituto arrecada e repassa recursos financeiros, humanos, materiais e de conhecimento para essas instituições: compra de material e equipamentos hospitalares, reforma de instituições e ajuda de outras maneiras as casas de apoio e

---

48 Informações fornecidas pelo técnico deste Instituto, Paulo Maurício Silveira, em 25 nov. 2005
49 Entrevista com Francisco Neves em 13 dez. 2005

hospitais. Para tanto, possui o Banco de Oportunidades,[50] no qual constam nomes de inúmeras empresas que se disponibilizam a atender a instituições que tratam de crianças e adolescentes com câncer. A captação dos recursos do Instituto é feita por meio das seguintes fontes:

- Doações de membros contribuintes (pessoas físicas ou jurídicas);
- Campanhas específicas de arrecadação, como, por exemplo, o *IRM Invitational Golf Cup* – ocorrido pela primeira vez em 2004 - foi um evento de golf organizado pela Martin Brower, empresa logística do McDonald's Brasil e membro mantenedor do Instituto Ronald McDonald (IRM). Esse evento teve como objetivo disseminar a prática da responsabilidade social empresarial e fortalecer relacionamentos e iniciativas sociais. Em 2004, arrecadou 350 mil reais e, em 2005, 500 mil reais. Outra campanha ocorrida foi o São Paulo Mix Festival, evento que integra o calendário oficial de *shows* da cidade. Em sua quinta edição (2004), passou a fazer parte como contribuinte do Instituto, e doou R$ 10.695,44.

A empresa McDonald's contribui como parceira do Instituto Ronald McDonald, destinando recursos da seguinte maneira:

- Cofrinhos – a arrecadação dos cofrinhos presentes em todos os restaurantes e quiosques do McDonald's é toda destinada às atividades do Instituto Ronald e revertida para atender às instituições das cidades que arrecadaram. Em 2009, a arrecadação dos cofrinhos em todo o Brasil foi de R$2.182.390,13 destinados a 49 projetos.
- McLanche Feliz – de cada McLanche Feliz vendido, R$ 0,01 vai para o Instituto. Em 2009, foram arrecadados R$ 1.169.825,70. Desde a sua criação, destinou mais de R$ 59 milhões às entidades que o Instituto apoia.

---

50 Cadastro de empresas dispostas a envestir na causa do combate ao câncer.

- Licenciamento de marcas e produtos – O Instituto Ronald recebe os direitos para uso das marcas McDia Feliz, Ronald McDonald, Dia Mundial das Crianças, Instituto Ronald McDonald e Casa Ronald. Parte do lucro obtido com a venda dos produtos é revertida para as instituições de apoio ao tratamento do câncer infantojuvenil;

Publicidade

A publicidade e o *marketing* social são ferramentas gerenciais de suma importância para a empresa McDonald's, pois a imagem já foi afetada inúmeras vezes pela difusão de boatos.[51]

Isleide Arruda Fontenelle (2002) apontou, em sua tese de doutorado, a força inabalável da marca McDonald's e a capacidade da empresa de reinventar inúmeras vezes produtos para acompanhar as mudanças de seu tempo. A autora cita que, nos dez anos, a empresa lançou mais produtos do que nos 25 anos anteriores (Fontenelle, 2002, p.52). A única coisa que permaneceu igual foi a marca publicitária, que, para a autora, se transformou em *fetiche* pela sociedade, devido ao esvaziamento ideológico social; e acrescenta que o importante não é entender as imagens, mas compreender que sociedade é essa, que constrói esses significados e que deles precisa. Para a autora, o importante é "entender a angústia do ser humano no começo de século, que, apesar de saber e de ter a consciência de que come um sanduíche-fantasia, continua alimentando-se dele" (p.78).

Nos Estados Unidos, entre 1978 e 1982, correu o boato de que a empresa misturava minhocas à carne do seu hambúrguer – denúncia que chegou a ser divulgada no programa televisivo americano "60 Minutos", o que acarretou a redução de 30% nas vendas da empresa McDonald's (www.imagemempresarial.com, acessado em: 20 dez. 2005). Os responsáveis pelo *marketing* da empresa, na época, não sabiam como lidar com esses rumores. Foi feito um estudo e os pesquisadores concluíram que a estratégia de contestação faz com que o rumor seja lembrado pelo consumidor a partir

---

[51] Diversos estudos de *marketing* analisaram o impacto de rumores (boatos) que prejudicam a imagem das empresas. Eles são um tipo de contágio realizado por grupos que manifestam medo e ansiedade pelo consumo de produtos diferentes. A internet tem sido um meio importante para a proliferação de rumores, pelo hábito de transmitir mensagens indiscriminadamente. Ver Mowen, John C.; Minor, Michael S., 2003.

da informação negativa (Mowen; Minor, 2003). Vale lembrar que a *Ronald McDonald House Charities* foi criada nos EUA, em 1984, para realizar ações sociais, logo após os rumores. Em 1992, a empresa McDonald's realizou campanha promocional que enfatizava que seus hambúrgueres são feitos com "100% de carne bovina" (www.imagemempresarial.com, acessado em: 20 dez. 2005).

A empresa foi várias vezes bombardeada pela opinião pública por causa dos efeitos nutricionais maléficos de seus sanduíches. Em outubro de 2005, circulou pela internet dois *e-mails* sobre a atuação social da empresa no Brasil. Um deles causou impacto e iniciava da seguinte maneira: "Você é daqueles que ainda acredita na (Mc) lenda da responsabilidade social do McDonald? Não se engane mais. Isso não passa de mais um conto da carochinha. Afinal, não precisa ser vidente ou especialista para perceber que o sorriso maroto do palhaço Ronald McDonald [...] esconde uma faceta mentirosa: a da irresponsabilidade social".

O conteúdo do *e-mail* dizia que os lanches fazem mal à saúde, que os frangos utilizados nos sanduíches são alimentados com soja geneticamente modificada e que os funcionários são mal remunerados e explorados.[52] Outro *e-mail* denunciava que os valores referentes à venda dos sanduíches Big Mac não eram devidamente repassados à instituição filantrópica GRAACC (Grupo de Apoio ao Adolescente e à Criança com Câncer). A empresa McDonald's solicitou que o GRAACC encaminhasse, pela internet, um *e-mail* afirmando a idoneidade da empresa McDonald's em relação a esses repasses, destacando o empenho positivo da empresa na campanha de combate ao câncer infantojuvenil realizada por intermédio do Instituto Ronald McDonald.

Sem entrar em consideração quanto à veracidade das informações contidas nesses *e-mails*, eles tiveram grande impacto na opinião pública. A estratégia da responsabilidade social da empresa foi questionada e apresentada como uma farsa, uma lenda, uma faceta mentirosa.

O jornal *The New York Times* lembrou que a empresa McDonald's já teve que enfrentar pelo menos três processos relacionados com a obesidade

---

52 Este *e-mail* foi recebido pela autora deste livro em 10 out. 2005, assinado por Carlos Henrique Rosalino Baságlia, bacharel em comunicação social e mestrando em ciências da comunicação pela Universidade Metodista de São Paulo, Brasil.

e má nutrição de consumidores. Além disso, ela vem sendo pressionada por causa da repercussão gerada com o filme "Super Size Me", que relata a história de um homem que passou trinta dias se alimentando apenas com produtos McDonald's e acabou tendo sérios problemas de saúde (Jornal *O Globo* On-line, 25 nov. 2005).

Como resposta aos ataques que sofre internacionalmente sobre o conteúdo de seus sanduíches, desde 2006 a empresa passou a informar na embalagem o conteúdo nutricional dos alimentos que oferece aos consumidores. Assim, o McDonald's se tornou a primeira rede de *fast food* a informar ao consumidor sobre os valores nutricionais de seus alimentos (Jornal *O Globo* On-line, 27 out. 2005). A inovação, aprovada em estudos-pilotos na Espanha, Colômbia, Hong Kong e Escócia, teve início na Itália em fevereiro de 2006, para coincidir com os Jogos Olímpicos de Inverno em Turim. A expectativa era de que, no fim de 2006, as embalagens informativas já estivessem em 20 mil dos 30 mil restaurantes da rede em todo o mundo (Jornal *O Globo* On-line, 27 out. 2005).

Outro episódio de questionamento da conduta ética da empresa McDonald's foi a divulgação pela imprensa de que a filial brasileira pagou 5 milhões de reais por uma norma da Receita Federal que a eximia de um pagamento da ordem de 100 milhões de reais. Para ocultar a operação, a empresa falsificou uma nota fiscal. A reportagem da Revista afirma que a própria empresa forneceu aos investigadores as informações sobre a operação ilegal. Em consequência, o presidente da filial brasileira foi demitido, juntamente com os vice-presidentes executivo e financeiro. Especulou-se que a empresa tenha preferido dar as provas do crime para deixar subentendido que foi concebido e patrocinado por dirigentes brasileiros e, assim, não comprometer a direção da empresa McDonald's nos Estados Unidos (Revista *Veja*, ano 38, n. 51, 21 dez. 2005. "McFraude", p.44-8).

Em síntese, ações sociais realizadas pela empresa McDonald's geram a visibilidade de que ela é socialmente responsável com uma causa social de fundamental importância. Por meio dessa publicidade, a empresa é capaz de mobilizar a sociedade para envolver-se no combate ao câncer, buscando, assim, uma imagem positiva perante a opinião pública.

Para Melo Neto e Froes (1999), as empresas desenvolvem projetos sociais com dois objetivos: exercer filantropia empresarial e desenvolver estratégias de *marketing* com base em ações sociais.

Os autores distinguem cinco tipos de *marketing* social (da filantropia; de patrocínio de projetos sociais; de relacionamento com base em ações sociais; de promoção social do produto e da marca; e de campanhas sociais). Citam como exemplo o *marketing* social do McDia Feliz como um bem-sucedido caso de *marketing de campanha social*, que possui as seguintes características (Melo Neto; Froes, 1999, p.152-9):

- Um forte apelo emocional;
- Contribuição para um movimento sério, que rapidamente obtém a adesão de empresas, governo e sociedade civil;
- Conta com o apoio da mídia, em especial da televisão;
- Assegura retorno publicitário para as empresas que participam da campanha;
- Valorização do produto, cuja embalagem adquire mais "valor" para o consumidor;
- Dá mais visibilidade ao produto e, com isso, alavanca suas vendas no ponto de venda;
- Mobilização dos próprios funcionários como voluntários da causa social;
- Construção de uma imagem simpática da empresa para o consumidor.

Quando a empresa McDonald's utiliza *marketing de campanha social* para o combate ao câncer, estreita seus laços institucionais com o poder público (o INCA, por exemplo) e ganha visibilidade, confiança e admiração do público em geral. Não podemos negar que as instituições que tratam de crianças e jovens portadores de câncer acabam sendo beneficiadas com o *marketing* social, na medida em que muitas dessas instituições são mantidas com recursos aportados pela empresa e captados de outras empresas pelo Instituto Ronald. Portanto, observamos que a imagem negativa da opinião pública em relação a empresa McDonald's ocorre paralela ao *marketing* social que a empresa realiza – um fato que torna confuso o papel social de combate ao câncer. A má conduta da empresa pode "arranhar" a energia solidária que contribui com a causa social e, por outro lado, a empresa pode se utilizar da causa social para minimizar os efeitos negativos que venham prejudicar a sua imagem de empresa socialmente responsável.

Considerando as críticas que o McDonald's sofre, é importante demarcar a autonomia do Instituto Ronald McDonald em relação à empresa para garantir a continuidade das atividades de captação de recursos para a causa social (entrevista com Francisco Neves, em 13 dez. 2005). Podemos apontar criticamente que a empresa McDonald's usa a questão social como vitrine de campanhas publicitárias, encobrindo os reais problemas sociais vividos pelas crianças e jovens pobres portadores de câncer.

Diante da fragilidade dos serviços públicos para atender amplamente a essas crianças, nosso olhar também deve envolver a percepção daqueles que vivem a situação concreta do câncer. Situações sociais que o poder público não tem respondido de maneira satisfatória.

4.5 Discussão sobre os três casos: uma ánálise comparativa

A proposta de se comparar esses três casos parte da suposição que existem formas diferentes das empresas intervirem no âmbito social, através de investimentos sociais. Portanto, é um caminho frutífero para compreendermos o que está sendo produzido de responsabilidade social pelas empresas, em situações concretas e territorialmente definidas. A comparação desses três casos selecionados tem como objetivo tentar ultrapassar a polarização entre duas vertentes usuais de análise: uma que afirma os aspectos positivos da responsabilidade social das empresas (ou do investimento social privado) e outra vertente que evidencia os efeitos perversos dessas ações. Com base nas variáveis utilizadas (abrangência da rede, percepção, regras, recursos e publicidade), tentamos comparar o procedimento utilizado pelas empresas em relação ao investimento social privado na saúde.

A seguir apresentamos um quadro com o objetivo de consolidar alguns dos dados coletados do desenvolvimento dos três projetos na área da saúde, possibilitando comparações entre eles.

Quadro 4.3: Consolidação de dados coletados dos três projetos selecionados

PROJETOS	Método Mãe Canguru	Saúde em Serra Pelada	Combate ao Câncer Infantojuvenil
Empresa privada relacionada	Grupo Orsa (nacional)	Empresa Vale (CVRD) (nacional)	McDonald's (multinacional americana)
Setor empresarial	Papel e celulose	Mineração	Alimentação
Porte da empresa	Grande	Grande	Grande
Gerenciador do Projeto Social de Saúde	Fundação Orsa	Fundação Vale	Instituto Ronald McDonald
Executor do Projeto Social de Saúde	Fundação Orsa em parceria com o BNDES e o Ministério da Saúde	Faculdade de Medicina da Universidade de São Paulo	Instituto Ronald McDonald
Atores sociais/ segmentos envolvidos	BNDES e Ministério da Saúde	BNDES, universidades públicas, Ministério da Saúde e poder público local.	INCA (Ministério da Saúde), empresas privadas, instituições públicas não estatais (SUS) e comunidade.
Objetivo do Projeto	Disseminar no país metodologia alternativa de atenção ao recém-nascido de baixo peso como nova política pública nacional	Melhoria das condições de saúde local, por diagnóstico, atendimento ambulatorial e educação para a saúde.	Apoio às crianças e adolescentes portadoras de câncer, por meio de casas de apoio, e doações financeiras para pesquisas e melhoria da infraestrutura hospitalar.
Territorialidade do Projeto de Saúde	âmbito nacional	âmbito local (vila de Serra Pelada)	âmbito nacional e internacional

População Atendida	590 hospitais e 5.021 profissionais capacitados*	3.816 pessoas atendidas	74 instituições cadastradas e 44 casas de apoio
Beneficiário do marketing	Grupo Orsa e Fundação Orsa	Empresa Vale e USP	McDonald's e Instituto Ronald McDonald
Investimento Financeiro do Projeto**	US$ 293.145,09***	US$ 323.759,31	US$ 3.700.106,38****

* Nem a Fundação Orsa e nem o Ministério da Saúde souberam afirmar o número de famílias ou recém-nascidos atendidos pelo Método Mãe Canguru. Justificaram que esse dado estava indisponível pelo fato de a maioria dos hospitais não ter computador ou não programa de software que sistematizasse essa informação.
** Taxa de cotação do dólar em 13 fev. 2006: R$ 2,16 por dólar.
*** Este valor refere-se apenas ao financiamento da Fundação Orsa.
**** Este valor refere-se ao montante de capital aportado pelo Instituto Ronald McDonald em 2004.

Fonte: Elaborado pela autora a partir dos dados coletados.

Em todos os casos selecionados, as três empresas relacionadas são de grande porte e os setores econômicos a que estão ligadas geram, direta ou indiretamente, impactos à saúde da população. Nesse sentido, vêm realizando ações que respondam às pressões sociais que possam vir a questionar seus impactos socioambientais ou nutricionais à saúde.

No caso das empresas de papel e celulose, como o Grupo Orsa, temos como exemplo de grupo de pressão a Rede Alerta Contra o Deserto Verde. Criada em 1999 e formada por entidades e ONGs do Espírito Santo e Sul da Bahia, a Rede vem estimulando as discussões sobre problemas trazidos pela agroindústria de celulose às comunidades locais e tem contribuído com a elaboração de algumas leis ambientais estaduais (www.desertoverde.org, acessado em: 15 nov. 2005). Verificamos que o Grupo Orsa tem se protegido de possíveis pressões sociais ambientais adotando padrões e normas internacionais e buscando tecnologias que minimizem esses impactos, além de promover vários projetos sociais em comunidades potencialmente afetadas por suas atividades.

No caso de empresas de mineração, algumas entidades e ONGs locais vêm atacando os impactos socioambientais da mineração predatória. Ao lado desse movimento, verificamos maior atuação da legislação e licenciamento ambientais em nível estadual, a partir dos anos 1990, os quais têm estabelecido restrições importantes e exigido a realização de planos empresariais de recuperação de áreas degradadas pela atividade de mineração. A empresa Vale tem também criado mecanismos para responder a essas pressões ao seguir a legislação e realizar a "política da boa vizinhança" implantando projetos sociais em áreas circunvizinhas às suas atividades industriais.

No caso da empresa de alimentação McDonald's, como já vimos, ela vem sofrendo também pressões da opinião pública e tomando medidas que minimizem as denúncias de que seus produtos fazem mal à saúde.

Dentre os casos selecionados, a empresa McDonald's é a única multinacional. Suas ações, portanto, são afetadas por decisões da matriz americana. Já a empresa Vale, ainda que seja uma empresa brasileira, está internacionalizando suas ações de investimento social privado na África, como contrapartida para liberação de créditos financeiros, diante dos constrangimentos que o BNDES tem proporcionado para que as empresas adotem a ideia da responsabilidade social corporativa ou de parâmetros sustentáveis em suas operações.

Nenhum movimento social questionou ou se mobilizou diante de algum desses projetos de saúde selecionados. O Projeto que conta com maior visibilidade de participação social e de redes de parcerias é o Instituto Ronald, que sensibiliza indivíduos/consumidores e empresas para a causa social de combate ao câncer infantojuvenil. Dessa forma, podemos relativizar esta participação social, na medida em que ela acontece com a participação de um grande número de indivíduos, mas de maneira isolada e pontual.

Em Serra Pelada, a participação social se restringe à luta de grupos rivais de garimpeiros que disputam o domínio pelas lavras de ouro. E em relação ao Método Mãe Canguru, a participação é circunscrita às mães e sua família, para a compreensão e assimilação desse Método.

As três empresas criaram instituições sociais (fundações e instituto), com o objetivo de dar ênfase ao seu papel como investidora social. Salvo a empresa Vale, que já havia criado sua Fundação na década de 1960 e, em 2002, mudou seu objetivo após sua privatização: originalmente criada com a finalidade de construir habitação para seus funcionários, passou a desenvolver projetos sociais para comunidades circunvizinhas a suas atividades industriais. A ideia de destinar verbas às localidades impactadas por suas atividades industriais vem desde quando era uma empresa pública, quando existia o Fundo de Melhoramento e Desenvolvimento da Região do Vale do Rio Doce, desde a década de 1940. Eliminado esse Fundo com a privatização, a Vale deixou de repassar recursos para os estados e passou a elaborar projetos de desenvolvimento local sustentáveis, que inclui ações nas áreas de planejamento urbano, regional e educacional. Ela passou a monitorar e avaliar esses projetos, mediante a contratação de consultorias especializadas.

Essas novas institucionalidades aqui analisadas estão todas vinculadas ao Grupo de Empresas, Institutos e Fundações Empresariais (GIFE) e, portanto, comungam com o mesmo ideário de empresas socialmente responsáveis que realizam o chamado investimento social privado.

Os três casos analisados se estruturam em torno da ideia de rede de parcerias. No entanto, observamos que essas redes possuem tipologias diferentes.

No caso da Fundação Orsa, o Projeto de Disseminação foi desenvolvido por uma *rede fechada* de instituições: o BNDES, a Fundação Orsa e o Ministério da Saúde. O Projeto foi proposto por um órgão estatal (BNDES), que destinou recursos financeiros não reembolsáveis à Fundação Orsa; o Ministério da Saúde normatizou as diretrizes técnicas e garantiu que o Método se tornasse política pública governamental. Cada um dos parceiros viu o Projeto de ângulos diferentes, explorou essas diferenças e foi capazes de cooperar estrategicamente no desenvolvimento do Projeto Mãe Canguru. O BNDES incentivou e avaliou economicamente a relação custo-benefício do Método Mãe Canguru; a Fundação Orsa executou a logística de disseminação e o gerenciamento das atividades de capacitação dos profissionais; o Ministério da Saúde normatizou as diretrizes técnicas do Método e capacitou os profissionais de saúde para adotá-lo. Portanto, o Projeto se desenvolveu por uma rede estratégica de parceria para operacionalizar e implantar uma alternativa de assistência à saúde de recém-nascidos de baixo peso. Nesse caso, não houve um agente central que ditava as regras. No Comitê criado, cada um levava seus conhecimentos e informações.

O aporte do investimento social da Fundação Orsa foi consideravelmente menor em relação às demais instituições, com uma porcentagem de apenas 16,33% do total de R$ 3,9 milhões. Não podemos negar que a Fundação Orsa também disponibilizou seus recursos humanos para a tarefa operacional do Projeto de Disseminação e os salários desses funcionários não estão contabilizados nesse investimento. Entretanto, para nossa surpresa, verificou-se que a publicidade da ação não foi direcionada pelo Ministério da Saúde ou pelo BNDES. A Fundação Orsa foi a que mais se beneficiou da publicidade, concentrando a atenção no seu investimento social, ainda que minoritário.

No caso do Projeto de Saúde em Serra Pelada, observamos que a rede também foi estratégica, porém mais complexa, constituindo, assim, uma *rede semiaberta*. Os vínculos dessa rede tiveram início com a empresa Vale, o BNDES e a consultoria contratada, que subcontratou a USP. Esta Universidade acabou por mobilizar e articular outros parceiros para viabilizar a sua atuação na área da saúde. O investimento social utilizado pela CVRD foi captado no BNDES mediante empréstimo. A Vale repassou esses recursos ao gerenciamento da Fundação Vale, que contratou a Consultoria Diagonal Urbana para elaborar o Programa de Desenvolvimento Econômico e Social de Serra Pelada, subdividindo o programa em três projetos (agrícola, educação e saúde). Cada Projeto foi subcontratado/terceirizado por outras instituições. No caso do Projeto Saúde, a subcontratada foi a Faculdade de Medicina da USP, que acabou estabelecendo outro *nó* nessa rede. A Faculdade de Medicina, entendendo as limitações financeiras e de alcance às demandas, mobilizou as várias instâncias do poder público para potencializar as ações de intervenção social à saúde.

Essa rede não teve por base um discurso humanitário ou de solidariedade. O objetivo manifestado foi o de tentar afastar fatores como as doenças, a fome, a falta de educação, os conflitos sociais e todas as mazelas sociais que comprometem a imagem das atividades mineradoras da empresa. Como as relações econômicas da Vale com Serra Pelada estão restritas, a responsabilidade social com a população foi limitada, pois mesmo diante da necessidade de se dar continuidade ao Programa, a Vale decidiu finalizar o Programa de Desenvolvimento Econômico e Social de Serra Pelada.

Somente outro estudo pode avaliar o alcance e o impacto dos investimentos realizados pela empresa Vale e do desenvolvimento da rede com o poder público em Serra Pelada. Será que houve continuidade de propósitos da burocracia local e estadual em prover de maneira satisfatória as necessidades básicas da população de Serra Pelada após a saída da Vale?

No caso do Instituto Ronald McDonald do Brasil, a rede de parcerias é bem mais *ampla e aberta* e não está restrita a um período como nos demais casos selecionados. Apresenta alcance nacional e internacional com o apoio da similar americana, *Ronald McDonald House Charities*. Os atores sociais que participam dessa rede articulam-se voluntariamente e com interesses diversos. No entanto, existe na rede uma força motriz mobilizadora que a orienta por meio de um forte apelo emocional: a solidariedade no combate ao câncer infantojuvenil.

Em suma, observamos que nos três casos o investimento social empresarial contou com a presença e significativa parceria do Estado, mesmo que de maneira deficitária, como no caso do governo local de Serra Pelada, Curionópolis. Portanto, reconhecemos que existe uma forma diferente de intervir no social, reorientada por uma nova lógica do Estado. Ou seja, existe um novo processo na política pública no Brasil que vem incentivando formas inovadoras de atuar nas questões sociais. Dessa forma, é possível tecer alguns comentários a respeito das tendências atuais sobre o investimento social de empresas na saúde realizadas em parceria com o poder público.

Considerações finais

A análise de projetos de saúde desenvolvidos em parceria com empresas privadas e o Estado para comunidades de baixa renda, por meio do chamado investimento social privado, permite algumas reflexões sobre a dinâmica desse fenômeno, que ganhou uma nova conotação na década de 1990.

Observamos que a concepção da responsabilidade social das empresas tem se expandido no Brasil como uma atividade inovadora ao lado das alterações desenvolvidas pelo Estado brasileiro. Distinguimos essa responsabilidade social de empresas da cooperação público-privada instituída no Brasil, por meio da Lei n. 11.079 de 30 dez. 2004 (Lei da Parceria Público-Privada). Essa modalidade consiste em contratação de parcerias entre o poder público e empresas privadas para a execução de obras públicas na área de segurança, habitação, saneamento e infraestrutura viária e elétrica. São empresas privadas que se envolvem com a revitalização de áreas degradadas ou de outras concessões de obras com interesses lucrativos e mercantis claros. Aqui, essa parceria é negócio *per se*.

Distinguimos também a responsabilidade social de empresas que geram uma providência mercantil associada a contratos com o poder público para gerarem oferta de serviços ambulatoriais e hospitalares na saúde. Essas empresas destinam parte de seus serviços a parcerias com o Sistema Único de Saúde (SUS), a partir de parâmetros legais que as designam como empresas filantrópicas, e, portanto, são subsidiadas pelo Estado.

Neste livro, tratamos de empresas que realizam ações sociais voluntárias por meio de um discurso moral de que suas práticas fazem parte de uma ética de responsabilidade e solidariedade com populações que vivem em situação de vulnerabilidade social. Seus interesses lucrativos não são explicitados. O discurso se pauta na ideia de que a colaboração é resultado da consciência empresarial de que as empresas devem voluntariamente contribuir para minimizar as desigualdades e injustiças sociais. De outra maneira, o investimento social de empresas realizado em parcerias sinaliza a disponibilidade dos agentes econômicos para atuarem mediante uma agenda compartilhada a favor do desenvolvimento social e contra a pobreza.

Como afirmam Cheibub e Locke (2002), não há, a princípio, base moral política para que as empresas assumam responsabilidades sociais que excedam suas responsabilidades legais e que não interessem, imediata e diretamente, aos negócios desenvolvidos por elas, e acrescentam:

> Assim, não se pode ter expectativas legítimas de que as empresas assumam estas responsabilidades. Ninguém tem o direito de exigir que elas pratiquem alguma forma de responsabilidade social empresarial, logo, não há a obrigação, por parte delas, de o fazerem. Não temos fundamentos para exigir estas ações de empresas e empresários [...]. Podemos louvar atos de filantropia e de responsabilidade empresarial, podemos até mesmo incentivá-los, mas o fundamental é que não temos o direito de esperar que empresários e as empresas sejam obrigados a praticar estes atos. Pelo menos, não temos este direito em relação às empresas enquanto não tivermos também o direito de esperar o mesmo para qualquer outro ator social (Cheibub e Locke 2002, p.285).

Essa modalidade de atuação social de empresas tem tentado se diferenciar da filantropia, que está relacionada à caridade. Em sua gestão, as empresas autointituladas socialmente responsáveis para com o público externo – formulam projetos ou criam instituições para formulá-los e compartilham seus propósitos com todas as partes interessadas (*stakeholders*) da empresa (acionistas, clientes, fornecedores e funcionários) e sociedade (comunidades e governos). Esse investimento social de empresas tem, muitas vezes, atuado por meio de parcerias com o poder público e comunidades.

Definido o termo de nosso objeto de estudo, partimos para uma questão central: *diante das mudanças operadas pelo Estado na intervenção social, o investimento social de empresas é uma nova forma de solidariedade sendo construída no Brasil?*

Para responder a essa questão, optamos por analisar o fenômeno do investimento social privado dentro de um enquadramento conceitual e empírico que fosse capaz de expressar a atual dinâmica das relações sociais desenvolvidas no Brasil contemporâneo entre Estado, empresas e comunidade.

Para tanto, definimos como estratégia metodológica o estudo comparativo de projetos sociais na área da saúde, desenvolvidos por três grandes empresas de diferentes setores econômicos: papel e celulose (Grupo Orsa); mineração (CVRD); e alimentação (McDonald's). Essas empresas se autointitulam como socialmente responsáveis por doarem voluntariamente parte de seu lucro para projetos sociais realizados por elas, de maneira planejada e monitorada, de forma autônoma ou em parcerias com o poder público. Nenhuma delas pertence ao setor econômico voltado à produção de serviços/produtos para o setor da saúde, como, por exemplo, as indústrias farmacêuticas, de equipamentos hospitalares, empresas de seguro de saúde ou hospitais, em que devemos exigir ou ter a expectativa que tenham responsabilidade social com a saúde.

Ao selecionar empresas que não pertencem ao setor da saúde, mas que realizavam voluntariamente projetos sociais nessa área, acreditamos que elas poderiam estar, em alguma medida, atuando de maneira desinteressada e solidária com comunidades. No entanto, observamos que suas atividades centrais podem produzir impactos – externalidades negativas ambientais ou nutricionais – tais como: poluição, desflorestamento, fornecimento de alimentação contaminada e/ou sem nutrientes saudáveis. Suas atividades econômicas podem ser danosas e estão ligadas à saúde coletiva, mesmo que indiretamente; portanto, não podem estar desinteressadas de seus vínculos econômicos. Nesse sentido, importa refletirmos até que ponto é possível separar valores como comprometimento e responsabilidade dos interesses econômicos de empresas que usam o discurso da responsabilidade social.

Essas três empresas criaram instituições sociais (Fundação Orsa, Fundação Vale do Rio Doce e Instituto Ronald McDonald) para desenvolverem projetos para comunidades de baixa renda como forma de dar clareza às ações sociais em seus balanços e se beneficiar de incentivos fiscais.

Com exceção da Fundação Vale do Rio Doce, criada na década de 1960, as duas outras empresas criaram, na década de 1990, o seu "braço social". A Vale, depois de privatizada em 1997, mudou o foco e objetivo de atuação social de sua Fundação. Como vimos, essa Fundação foi criada com a função de construir habitação para seus trabalhadores ao redor de suas atividades industriais. Quando estatal, a CVRD, desde sua criação em 1943, destinava parte de seu lucro a investimentos sociais e de infraestrutura nos estados afetados por suas atividades industriais, por meio do Fundo de Melhoramentos e Desenvolvimento da Região do Vale do Rio Doce. Já havia a percepção do Estado brasileiro em relação a possíveis impactos causados pela atividade mineradora e essa compreensão obrigava a empresa a compensar os territórios afetados. Portanto, percebemos que a ideia da responsabilidade social territorial já existia como fundamento legal do poder público na década de 1940.

Depois de privatizada, a Vale redefiniu o papel de sua Fundação em 2000. Apesar de ter eliminado o Fundo de Melhoramentos imposto pela burocracia estatal, não descartou a lógica do investimento social em áreas impactadas pelas atividades mineradoras da empresa. Contudo, remodelou a Fundação para atuar nessa direção social, sob o manto do conceito de desenvolvimento local sustentável, introduzido no Brasil nos anos 1980. A empresa, em vez de repassar recursos aos governos estaduais para desenvolver ações sociais, passou a desenvolver projetos sociais e a articular parcerias com os poderes públicos de municípios impactados por suas atividades. Ou seja, privatizada a empresa passou a realizar ações para minimizar seus efeitos negativos não mais de maneira obrigatória como quando era estatal, mas sim de maneira voluntária.

Em relação à Fundação Orsa, ela foi criada em 1994, pelo proprietário da empresa, em razão da sua percepção de que, para lidar com a diversidade do mundo dos negócios, a empresa deve estar conectada com os problemas sociais, buscando soluções gerenciais eficientes para influenciar na sustentabilidade do desenvolvimento econômico e social do país.

Já o Instituto Ronald McDonald foi criado no Brasil em 1999, com base no modelo de caridade da americana *Ronald House Charities*, criada pela empresa McDonald's em 1984. A finalidade primordial desse Instituto é mobilizar a sociedade pelo apelo emocional e caritativo na ajuda de crianças e jovens portadores de câncer. Todos esses projetos estão articulados com o poder público estatal e comunidade, por meio de redes sociais de parcerias.

O investimento social de empresas em parceria é uma modalidade relativamente nova de gestão estratégica empresarial desenvolvida a partir dos anos 1990 no Brasil, que nos permite analisar as atuais relações sociais entre Estado, comunidade e empresas na provisão do bem comum.

Ao longo deste livro, vimos que o envolvimento de empresas privadas para com problemas sociais não é novidade no Brasil. A própria CVRD, desde a sua criação, em 1943, já tinha a percepção de que a empresa devia destinar parte do lucro a investimentos sociais para regiões afetadas por suas atividades econômicas. Também encontramos, ao longo da história brasileira, vários exemplos de ação social empresarial: a caridade de empresários beneméritos dispostos a mostrar sua riqueza e prestígio social por meio de donativos à Igreja Católica, como parceiros mantenedores das Santas Casas de Misericórdia; a construção de vilas operárias por alguns industriais, como forma de criar um ambiente de trabalho ordeiro no contexto do processo de industrialização do país; e a criação de instituições empresariais como o SESI, que fornecia serviços assistenciais aos trabalhadores e seus familiares como forma de combate ao comunismo no contexto do pós-guerra.

Os princípios motivadores dessa solidariedade filantrópica foram se alterando em razão das conjunturas políticas. Até os anos 1970, a maioria dessas práticas sociais ou estavam ligadas a motivações religiosas ou circunscritas no espaço das relações entre capital e trabalho, com a ideia de que a solidariedade empresarial poderia gerar relações de fidelidade entre patrão e empregado e harmonia nessas relações sociais conflituosas e inerentemente contraditórias.

Enquanto, no passado, a lógica das empresas incorporava valores de obediência, ordem e disciplina, hoje, algumas empresas passaram a valorizar a ideia de responsabilidade para com os trabalhadores e dela com a sociedade.

Dessa forma, questionamos as razões que explicam a expansão e o discurso da responsabilidade social empresarial no Brasil

Diante das transformações observadas no mundo contemporâneo, analisamos neste livro três fatores que acreditamos ter convergido quase que simultaneamente para influenciar o discurso de alguns empresários dispostos a investir no social, por meio da ideia da responsabilidade social empresarial. São eles:

1) Acirramento da competição global. O avanço tecnológico aliado à abertura comercial criou o aumento de fluxos globais de mercadorias, capital e informações que, consequentemente, gerou o aumento da competição empresarial. Empresas que antes atuavam em mercados altamente protegidos passaram a sofrer competição de concorrentes nacionais e internacionais.

O aumento da competição internacional impulsionou padrões de desempenho produtivo e tecnológico para diferenciar as empresas no mercado. O conhecimento e a educação passaram a ser fatores fundamentais para o aumento da produtividade. Um laboratório de ideias se instalou nas grandes empresas para buscar tecnologias inovadoras e novas formas de gestão que trouxessem maior produtividade com menor custo. Foram criadas normas internacionais de qualidade nos serviços e produtos para assegurar uma política social e ambiental sustentável. Essas normas possibilitaram as empresas a optarem por serem auditadas consensual e voluntariamente, como forma de demonstrarem seu diferencial no mercado quando adotam códigos de ética, padrões de qualidade e respeito aos direitos humanos e socioambientais.

Diversos organismos internacionais e agências de fomento econômico, como o BNDES, têm atuado no Brasil no sentido de sensibilizar as empresas a atuarem socialmente com governos e comunidades. O fator da competição internacional em alguma medida influenciou determinadas empresas a aceitarem a implantação de ações sociais que impactem positivamente no desenvolvimento do país.

2) Mobilização social. Desde a década de 1970, no Brasil, emergem novas formas de vocalização de grupos sociais que lutam por melhores condições de vida e saúde. São movimentos que surgiram no período marcado pela transição do regime militar à democracia e no interior de espaços urbanos. Esses movimentos não estão mais associados às condições estritas do âmbito territorial da empresa industrial; eles cresceram e se fortaleceram diante das condições precárias de vida urbana – desemprego, violência e acesso restrito aos bens públicos – em especial nas periferias das metrópoles. A luta pela melhoria das condições de vida promoveu uma nova sociabilidade, a criação de laços de identidade comunitária diferentes da sociabilidade de amigos, parentes, vizinhos e da igreja.

Com o crescimento dos problemas sociais, essa comunidade passou a formalizar suas demandas de maneira mais abstrata, reivindicando seus direitos de cidadania em contexto de democratização do país. Os movimentos sociais dos anos 1970 tiveram um importante papel no processo de democratização do país, inclusive marcando fortemente a Constituição Brasileira de 1988, nas disposições referentes à participação popular nas decisões sobre as políticas sociais e controle sobre o Estado.

Dessa forma, aparece uma pluralidade de atores sociais disputando e convergindo seus próprios interesses diante das incertezas e da precariedade social. No entanto, de acordo com Montaño (2002, p. 272), o Banco Mundial – como representante das ideias neoliberais – temendo a polarização da sociedade, aumentou a destinação de verbas para ONGs na década de 1980, com o objetivo de cooptar as lideranças sociais e amortecer os ideários de luta que emergiam. Assim, observamos, nos anos 1990, um recuo das propostas emancipatórias desses movimentos sociais. Em vez de pensar a sociedade como um todo, as organizações sociais passaram a elaborar projetos pontuais em parceria com o Estado, mediante a força relativa, capital social e informações disponíveis de grupos que tivessem mérito para assegurar a negociação nessa parceria.

3) Alterações do modelo de Estado centralizador. Nos anos 1980, a ideia neoliberal da estruturação de um Estado mínimo ganhou preponderância na agenda pública, liberando as forças do mercado e "libertando" a energia da sociedade para arcar com a função social, seguindo valores de corresponsabilidade, solidariedade voluntária, autoajuda e ajuda mútua. A matriz estadocêntrica passou a ser considerada nociva ao desenvolvimento econômico e social do país. A natureza da intervenção estatal e os caminhos da reforma do Estado transformaram-se em grandes temas na agenda brasileira. Os anos 1990 se iniciaram com a proposta de se radicalizar o corte com o modelo de intervenção do passado até alcançar uma reestruturação do papel do Estado, ainda em processo.

Dentre as condutas operadas na década de 1990 pelo estado brasileiro, destacamos: I) descentralização de funções anteriormente vinculadas ao governo federal, para os níveis estaduais e municipais; II) utilização de mecanismos de mercado na gestão administrativa; III) controle da dívida pública; IV) flexibilização (subcontratação/terceirização) das relações contratuais de trabalho; V) privatização de empresas nacionais estratégicas.

A reforma do Estado foi sendo impulsionada para melhorar a capacidade de intervenção do aparelho estatal na economia e no sistema de proteção social. Dentre as propostas de políticas sociais, está a concepção de governança entre Estado, empresas e sociedade, para a produção de bens públicos. Nesse sentido, o Estado deve incentivar a corresponsabilidade da sociedade civil.

O incentivo à participação societária é resultado do entendimento de que a interdição centralizadora do Estado é insuficiente ou ineficaz para controlar a ação coletiva dos movimentos sociais que emergem por justiça social.

A máquina burocrática abre canais de comunicação e cria novas institucionalidades jurídicas que promovem a participação social. Assim, a energia solidária mobilizada para o enfrentamento dos problemas sociais cotidianos é capturada nos anos 1990 para o interior do aparelho estatal, com o objetivo de domesticar impulsos mais conflitantes de luta social.

Portanto, uma nova configuração institucional "sociocêntrica" foi elaborada com a expectativa de que a transferência de responsabilidade do Estado para outras instâncias sociais desse tornar o Estado mais eficaz e eficiente para promover a coesão social e garantir a governabilidade.

Essas alterações do Estado são nitidamente observadas no âmbito da saúde. No final dos anos 1970, a relativa disponibilidade de recursos públicos para a saúde foi substituída pela necessidade de contenção de gastos sociais diante da crise fiscal do Estado e financeira da Previdência Social, ambas advindas da desaceleração da atividade econômica no país. O Estado passou a contribuir para o crescimento e fortalecimento do mercado da saúde e garantiu, constitucionalmente em 1988, a participação da iniciativa privada como forma suplementar/complementar ao sistema público. No entanto, a partir da expansão do mercado da saúde, ganharam força as pressões sociais por formas de regulamentação do setor privado da saúde. A regulação não ocorreu de forma automática pelo Estado brasileiro; ela foi resultado de uma correlação de forças e poder e, assim, vem sofrendo alterações desde o ano em que foi promulgado o primeiro modelo de regulação na saúde, em 1998.

As políticas de saúde tendem a uma dualidade que pode ser caracterizada por um modelo misto de assistência à saúde. Por um lado, temos a institucionalização constitucional do SUS com a tarefa fundamental de atingir a universalidade, integralidade e equidade na assistência à saúde como dever do Estado, por meio da descentralização do financiamento e da gestão aos níveis estaduais e municipais. Por outro lado, esse modelo também garante a destinação de recursos públicos à constituição de serviços privados (lucrativos e não lucrativos) de saúde. Dessa maneira, a rede de parcerias entre público e privado acabou por fragmentar o princípio constitucional universalista proposto em 1988, tornando o sistema público de saúde cada vez mais deficitário quanto ao atendimento e ao acesso dos serviços.

Em síntese, esses três fatores associados, que convergem de maneira dinâmica, influenciaram as atuais condutas empresariais, e por isso foi preciso uma mudança cultural no âmbito do empresariado disposto a mudar. Nem todas as empresas adotam a proposta da responsabilidade social no discurso ou na prática. A opção pela responsabilidade social empresarial refere-se à interpretação e aos valores culturais de cada empresa e de seus líderes, sendo também necessário que a empresa tenha capacidade tecnológica e econômica para empreender inovações conectadas com as novas demandas da sociedade. A escolha de uma ou outra conduta empresarial está relacionada ao *ethos* empresarial construído por meio de processo histórico e institucional. As empresas podem rejeitar inovações ou se adaptar a elas; é o balanço realizado por cada uma, entre cálculo racional econômico, político, cultural e moral, que impulsiona a conduta ética empresarial em relação aos trabalhadores, à comunidade, aos governos e a todos os envolvidos com a empresa.

Diante da opção social empresarial, nos perguntamos: *qual o sentido de solidariedade inserido nas providências sociais tomadas pelas empresas com comunidades de baixa renda?*

Neste estudo de casos, o provimento empresarial não está relacionado somente aos recursos financeiros, há o envolvimento de recursos humanos, logísticos, de conhecimento, de capital social e de informações dessas empresas. Assim, o termo investimento social empresarial é mais amplo do que o simples financiamento de projetos sociais.

Em relação aos recursos financeiros, a Fundação Orsa investiu apenas 16% do valor total do Projeto de Disseminação do Método Mãe Canguru. O Estado foi o maior financiador desse projeto e foi o que teve menor visibilidade. No caso do Projeto de Serra Pelada, o investimento irrisório de 700 mil reais da empresa Vale não resolveu os problemas de saúde da população e, além disso, as demandas criadas pela intervenção social não foram atendidas em razão da descontinuidade do Projeto, resultado do desinteresse econômico da empresa na região. Quanto à responsabilidade social proposta pela empresa McDonald's, no combate ao câncer infantojuvenil, observamos que a função do Instituto Ronald McDonald consiste em ser captador de recursos, em vez de financiador exclusivo. Portanto, existem maneiras diferentes das empresas proverem o bem-estar e, consequentemente, de conceber a responsabilidade social empresarial. Ela é certamente um exemplo de polissemia, na medida em que significa alguma coisa, mas nem sempre significa a mesma coisa para todo mundo. O termo vem carregado por um conjunto de interpretações e entendimentos distintos que podem se consubstanciar em discursos, práticas e artefatos, por meio de uma gramática de produção de sentidos.

Observamos também diferentes maneiras de atuação da comunidade diante desses projetos. No caso do Projeto Método Mãe Canguru, os beneficiários (mães e recém-nascidos) são os usuários de instituições públicas e filantrópicas que se utilizaram de um recurso inovador e alternativo criado pelo Estado em razão da escassez de incubadoras que requerem recursos financeiros mais elevados. Houve aceitação geral da população assistida, apesar de algumas resistências de profissionais por desconhecimento do Método. Não visualizamos nenhum movimento social que se pronunciasse contra o Método Mãe Canguru ou que se aproveitasse do seu lançamento para exigir maior atenção à saúde de crianças nascidas com baixo peso que, em sua maioria, vivem em ambiente de condições precárias não assistidas pelo poder público.

No caso do Instituto Ronald McDonald, observamos que a solidariedade se expressa de maneira mais individualista, não tendo espaço para movimento social mais amplo. Voluntariamente, indivíduos depositam dinheiro nos cofrinhos dos restaurantes McDonald's e doam recursos esporadicamente, quando motivados por campanhas para o consumo de sanduíches, ou depositam na conta bancária do Instituto. Não podemos negar que essa decisão individual da consciência de cada um é mobilizada pela empresa McDonald's, que realiza uma campanha de alcance nacional com forte apelo emocional.

Apesar da campanha de combate ao câncer atingir grande dimensão na *mídia,* não se observou nenhum movimento social de luta política ampla por melhores serviços públicos no atendimento aos pacientes com doenças oncológicas. Ao contrário, notamos o próprio poder público se mobilizando nesse sentido. O Instituto Nacional do Câncer (INCA) instaurou uma rede de atenção oncológica, em 2005, para fomentar a participação da sociedade civil e de instituições relacionadas a promoverem ações de controle e análise da problemática do câncer.

No caso do Projeto de Serra Pelada, observamos uma nítida diferença. Na vila de Serra Pelada se concentram e se reproduzem todas as mazelas sociais que encontramos numa comunidade pobre. A violência persiste perante as precárias condições de vida e é fruto de uma forte fragilização de laços sociais relacionados à desintegração dos garimpeiros do mundo do trabalho formal ou sua *desfiliação* da unidade sociofamiliar. Os laços de sociabilidade em Serra Pelada estão esgarçados e incapazes de promover reciprocidade e confiança direcionadas para ações coletivas favoráveis ao bem-estar comum. Além disso, as associações existentes na região são frágeis para mobilizar e exigir do poder público local uma atuação eficaz na promoção de políticas sociais que alavanquem o desenvolvimento econômico e social da vila.

As ligações comunais existentes em situação de total precariadade transformaram Serra Pelada num espaço de mera sobrevivência e de conflito. Não são conflitos de luta por interesses comunitários, mas intracomunais, em que cada um luta por si próprio. Os conflitos acabaram por polarizar a comunidade local entre aqueles que têm direitos e os que não têm. E o poder público, em vez de arcar com a sua responsabilidade, acabou transferindo esse poder para a Vale, apostando na viabilidade e interesse da empresa para instaurar investimentos de geração de emprego e renda. Nesse sentido, questionamos a fragilidade da solidariedade e responsabilidade do poder público, que tem estado aquém da empresa Vale.

Não podemos afirmar que a Vale omitiu sua responsabilidade na vida social de Serra Pelada, mesmo que não tenha dado continuidade ao Programa de Desenvolvimento Econômico e Social de Serra Pelada. Embora privatizada, a empresa, além das atividades sociais que foram desenvolvidas, contribuiu com as tarifas tributárias obrigatórias ao estado do Pará por suas atividades mineradoras. Entendemos que as externalidades negativas da atividade de mineração devam ser de responsabilidade da empresa e, dessa maneira, essa responsabilidade está legalmente garantida pelo Estado. Contudo, "ir além da Lei" é uma opção. Sabemos que, sozinha, a empresa não tem capacidade e nem interesse de gerenciar os problemas sociais que afetam a vila de Serra Pelada e o município de Curionópolis. Portanto, vimos que o Estado – aquele que tem obrigação de ser responsável pela comunidade – se omite. O poder público local e estadual credita à Vale o poder de sua presença na região, deixando a cargo da empresa responsabilizar-se pela viabilidade social e econômica de Serra Pelada.

Não observamos na elaboração dos projetos nenhum tipo de conflito significativo nas parcerias. A negociação e o consenso estavam presentes no desenvolvimento desses projetos, principalmente em relação ao Estado.

Observamos neste livro que a triangulação da regulação social – entre Estado, empresas e comunidade – tem se modificado. No Brasil, em contexto de políticas sociais ineficientes e "excludentes", formas tradicionais de ajudas mútuas concretas e informais fundadas nas relações de parentesco e nos laços comunitários sempre ocuparam um lugar decisivo na sobrevivência da população desassistida pelo Estado.

Como já afirmado, a partir da década de 1970, no Brasil, essa solidariedade comunitária (sociedade-providência) se formalizou e ultrapassou os limites do espaço doméstico para alcançar o espaço público de maneira contestatória, por meio de movimentos sociais que lutaram pelos seus direitos em contexto democrático.

O espaço vazio deixado pelo recuo da ação centralizadora do Estado fez com que a sociedade-providência avançasse no espaço público, criando linhas paralelas que se entrecruzam com o Estado-Providência a partir de projetos para o bem-estar coletivo. A emergência de ONGs ou associações de solidariedade social criadas, diante da imensidão dos problemas sociais que atingem às populações mais desfavorecidas, é exemplo dessa sociedade-providência que se tornou mais complexa e abstrata.

Na década de 1990, a dinâmica contestatória desses movimentos perdeu vigor e se integrou ao Estado ou às ONGs que muitas vezes representam a institucionalização de movimentos sociais. Por outro lado, os cidadãos se tornaram mais exigentes em relação aos serviços e produtos oferecidos pelo poder público e pelas empresas.

Ao mesmo tempo, o Estado passou a descentralizar política e administrativamente sua intervenção social e a incentivar a participação, a corresponsabilidade e a solidariedade cidadã. Criou arranjos institucionais complexos, capazes de instituir a representatividade das comunidades. Citamos como exemplo a instauração dos conselhos municipais de saúde, constituídos paritariamente por representantes governamentais e da sociedade civil. Além disso, o Estado passou a financiar organizações sociais, hospitais filantrópicos e instituições privadas não lucrativas para atuarem como parceiros do Estado na oferta de serviços complementares à saúde pública. O Estado vem construindo mecanismos de regulação para essas instituições com o objetivo de equalizar juridicamente suas atividades e garantir sua parceria com o poder público.

A mobilização de comunidades organizadas e a sua articulação com o Estado e com organismos internacionais despertaram a atenção de alguns empresários. Criou-se um espaço para as empresas se inserirem no novo contexto político para buscarem um reposicionamento de poder na sociedade. No meio dessa reordenação política, vimos uma geração de jovens empresários paulistas que passou a propor iniciativas sociais inovadoras sob o manto do discurso de luta pelo fortalecimento democrático no país. Essa ação se desdobrou para outras regiões do país.

As empresas – por mais paradoxal que pareça ser diante da expansão do mercado, de seu poderio e complexidade – passaram a ter que enfrentar desafios éticos para a dimensão econômica, ambiental e social dos negócios. Necessitaram, assim, de articulação com governos e com comunidades, dando início ampliação normativa da responsabilidade social empresarial como uma matriz orientadora estratégica das empresas para se manterem no mercado altamente competitivo e com uma regulação social em processo de mudanças. Dessa forma, é possível observar a expansão da ideia da responsabilidade social empresarial no Brasil.

As empresas, ao adotarem a ideia de responsabilidade social empresarial, têm tentado se esquivar da conotação filantrópica. Com o seu investimento social, a mera doação filantrópica é substituída por um gerenciamento de projetos sociais, com planejamento definido e departamentos específicos para desenvolvê-los, implementá-los e controlar seus indicadores financeiros.

As empresas aproveitaram-se das fissuras produzidas pelo Estado em relação à provisão do bem-estar social e passaram a se interconectar, por meio de redes, com a sociedade civil para absorver algumas demandas reprimidas das comunidades.

No Brasil, a ideia da responsabilidade social de empresas tem sido incentivada pelo próprio Estado. Há que ressaltar que existem empresas que ainda resistem em envolver-se com entidades governamentais e preferem elaborar autonomamente seus projetos sociais ou em parcerias com ONGs. No entanto, diversos organismos internacionais e agências de fomento econômico têm buscado sensibilizar as empresas para atuarem em parcerias com governos e comunidades na produção de projetos e políticas de bem-estar social, até mesmo como exigência de contrapartida para financiamento para as atividades econômicas das empresas. Dessa forma, a maioria das empresas, ao empreender ações sociais, se articula por redes de parcerias com o poder público e/ou com comunidades, como forma de demonstração de sua disponibilidade de diálogo social com outras instâncias.

A expressão *solidariedade* tem aparecido no debate político com muita ambiguidade. A solidariedade, muitas vezes, se confunde com caridade ou filantropia, traduzindo uma maneira de pensar a providência como amor ao próximo. No caso do Estado, a solidariedade surgiu como seguro social e se desenvolveu nas práticas do Estado-Providência; uma solidariedade compulsória que se expressava no interesse coletivo de redistribuir a riqueza nacional. Portanto, em razão das alterações sofridas pelo Estado-Providência, a sociedade busca uma forma alternativa de solidariedade. Ela tem se expandido, mostrando que o Estado não é a única via de coesão social. Com a proposta da corresponsabilidade induzida pelo Estado, estamos reconstruindo uma solidariedade conduzida por uma pluralidade de atores sociais, daí a ambivalência atual do conceito.

Podemos parafrasear Durkheim no sentido de que solidariedade é um conceito abstrato, essência, um princípio que não existe. O que existe são formas concretas de solidariedade; e, se todos são morais e solidários, essa solidariedade não se dá de forma única, igual. Resta-nos saber qual o real sentido da solidariedade contida na providência produzida por empresas que se consideram socialmente responsáveis. Estamos diante de um novo tipo de *providência*, que emerge de algumas empresas e, portanto, merece ser analisado. Este trabalho é um começo para esta reflexão.

O termo *providência*, aliado às empresas, pode nos causar um certo desconforto, no sentido em que ele carrega em sua semântica uma ideia religiosa de suprema sabedoria com que Deus conduz todas as coisas. Nesse sentido, usar o termo *providência* é assumirmos – inconscientemente – que medidas tomadas são determinadas ou inspiradas pela luz da Providência Divina e terão um desdobramento positivo. Isso é ainda mais claro em países onde o Estado e a Igreja Católica estiveram por muito tempo associados, como no Brasil.

Na medida em que nos afastamos da ideia maniqueísta do significado de providência, passamos a adotar o termo no sentido de: *tomar providência a cerca de; atender às necessidades; dar ou tomar providências; acudir, atender*. Assim, historicamente, tanto o Estado como a comunidade proveem o bem-estar. O Estado, de maneira institucionalizada compulsoriamente, e a comunidade, por meio da dádiva. O sentido dado ao termo *providência* por cada uma dessas instituições é seletivo e resultado de diferentes motivações e racionalidades. Enquanto o Estado-Providência foi resultado de um contrato social entre Estado, capital e trabalho, no sentido de redistribuir a riqueza; a providência comunitária surge pela motivação dos laços estreitos criados por identidades similares entre vizinhos, família, amigos, igreja e ONGs.

Quando as empresas investem em ações sociais para comunidades de baixa renda em parceria com o Estado, elas não estão atuando com a mesma obrigatoriedade do Estado nem tampouco apenas com a solidariedade similar oriunda dos laços comunitários. Suas ações sociais são capazes de abrir outro polo de providência que cruza e transpassa os mundos do capital, do trabalho, da cidadania e das subjetividades coletivas: a da sociedade-providência, como define Boaventura de Sousa Santos. Contude, essa sociedade-providência, hoje, está mais abstrata e ambígua. E atravessado pela estratégia da gestão social empresarial, o sentimento de solidariedade fica esgarçado.

Mesmo não controlando matematicamente o lucro que pode advir de suas ações sociais, a empresa possui uma margem de manobra para elaborar um cálculo de acordo com os seus interesses e, ao mesmo tempo, atuar num jogo cooperativo que considera os interesses coletivos. Quem sabe todos possam ganhar de alguma forma?

O caráter estratégico e pragmático do investimento social das empresas é inquestionável. E sua ação – em alguma medida – representa um tipo de providência solidária em relação a comunidades de baixa renda. Porém, essa solidariedade não é pura e nem desinteressada. Para a filosofia kantiana, a solidariedade interessada não tem valor moral nenhum. No entanto, para as empresas, uma solidariedade limitada e fragmentada é possível. Ela traz em seu cerne a expectativa de que fazer o bem compensa à empresa e à sociedade. Pode favorecer aos negócios a criação de uma imagem de empresa dotada de sensibilidade para com os problemas sociais. Essa imagem agrega valor simbólico à marca e ao produto. A confiança e a credibilidade têm sido valores requisitados num ambiente cada vez mais competitivo. Dess forma, a solidariedade empresarial proclama um novo tipo de consumo: "Por um mundo melhor!". Entretanto, não podemos perder de vista que esse *melhor* é traçado pelos paradigmas empresariais e que pode não ser o melhor para o conjunto da sociedade.

Acreditamos que nenhuma ação humana é apenas cálculo instrumental ou resultado de pura gratuidade e desinteresse; ela é mesclada de outras pulsões: dever, interesse, prazer e paixão. Não podemos absolutizar nenhum princípio que rege o social. A vida moral se desenvolve numa realidade social contingenciada e, ser ético também pode ser rentável. A dádiva também não tem nada de caridade. Ela faz parte dos vínculos sociais, do circuito de trocas não mercantis e não age por puro desprendimento, nem somente por cálculo de interesse. A dádiva mobiliza distintas lógicas que se entrelaçam, criando um modo de integração social e sentimento de pertencimento ao grupo.

A providência social das empresas forma a triangular regulação social de dependência entre Estado, empresas e comunidade, referida no capítulo 2 deste livro. É dessa maneira que a empresa arrasta e absorve as lógicas distintas desses espaços e acaba produzindo uma forma de solidariedade societária diferente. É na prática e na relação com outros atores sociais envolvidos, com suas contradições e arbitragens, que as ações sociais solidárias evoluem ou não. Percebemos que o que está em jogo no investimento social das empresas é a imagem que elas querem passar como socialmente responsáveis. O retorno de uma imagem favorável não é o lucro quantitativo, mas o qualitativo. No entanto, não há certeza de que os beneficiários vão retribuir esse investimento, mas chances. Fazer o bem compensa, mas tudo é possível. Ao associar a imagem empresarial com a providência do bem comum, as empresas acabam por expressar outro polo de solidariedade: *uma solidariedade estratégica e pragmática.*

Não basta satanizar a heresia da solidariedade empresarial nem tampouco glorificá-la, acreditando que nela exista desinteresse ou uma possibilidade libertadora ou emancipatória. Devemos ultrapassar a dicotomia do bem e do mal. Não há razões para se esperar que essas empresas façam parte do postulado cristão da *mea culpa* e nem acreditar que suas ações representem a tentativa de uma vanguarda de empresários que querem "humanizar" o capitalismo.

A solidariedade empresarial é resultado da interação social entre Estado e comunidade, incluindo todas as alterações da regulação social contemporânea. Ela se entrelaça por meio de ações conjugadas e pela convergência de racionalidades presentes no Estado, na comunidade e no mercado. Se não é um princípio moral absoluto, nem fundada em grandes projetos nacionais, mesmo assim, é melhor do que a indiferença. Nesse sentido, a responsabilidade social das empresas pode representar uma conquista política dos cidadãos/consumidores. Estamos, talvez, saindo da irresponsabilidade ou da responsabilidade egoísta e arrogante para um individualismo mais responsável das empresas.

Essa solidariedade estratégica empresarial é resultado das inevitáveis mudanças e incertezas da ordem social. É assim que elas pretendem conduzir o processo de regulação social e encontrar uma maneira de preservar seu poder social.

Ao enveredar pelo caminho do investimento social privado, as empresas estão lidando com a questão da coesão social contemporânea. A violência e a miséria não apenas fazem mal aos indivíduos isolados, mas à sociedade, ao mercado e às empresas. Portanto, há um efeito perturbador da ordem social que coloca em risco a sobrevivência humana. Como as empresas não querem naufragar no caos social, essa constatação leva algumas empresas a buscarem inovações sociais e institucionais que possam substituir a guerra de todos contra todos. Nesse sentido, é uma opção ética e política significativa, mesmo que centrada na ideia iluminista de que: "é melhor mudar para que nada mude".

Estamos diante da formação de uma nova contratualidade das relações sociais. Entendemos que o investimento social privado é um novo arranjo institucional sendo construído no Brasil, imanado sob o discurso de uma nova forma de solidariedade. Existem várias formas das empresas de demonstrar solidariedade. As ações sociais devem estar conectadas com o discurso hegemônico propalado pela sociedade e, em sintonia com parâmetros sustentáveis e estratégicos das empresas e de seus acionistas.

Cabe reconhecermos que esta solidariedade utilitarista empresarial está relacionada aos vínculos com outras institucionalidades da coordenação social, na medida em que a solidariedade se desenvolve em interface com o Estado e com a comunidade na dinâmica da regulação social.

Considerações finais | 275

É dessa maneira que as empresas avançam no espaço público da solidariedade comunitária deslocando a relação cliente-consumidor (própria das empresas) para o espaço da cidadania, gerando outra relação: a de consumidor-cidadão. As empresas capturam tanto os valores tradicionais de justiça social do Estado, que não tem mais capacidade e interesse de arcar sozinho com essa responsabilidade, quanto absorve os valores de ajuda mútua da comunidade. Envolvida com comunidades, a empresa é capaz de controlar e domesticar as energias de luta emancipatória e geradoras de conflitos sociais por meio da solidariedade estratégica.

Como afirmam Boltanski e Chiappelo (2000), estamos vivendo um "novo espírito do capitalismo". Os valores de responsabilidade e de solidariedade foram capturados da "crítica artística" produzida na década de 1960 e o atual capitalismo passou a adotar o empreendedorismo criativo por meio de uma proposição mais relacional na sociedade. Assim, contribui para justificar a ordem e legitimar os modos de ação e disposições coerentes com o capitalismo. Esse "novo espírito do capitalismo", ainda que não generalizado, é uma tentativa para construir uma justificativa ideológica que venha garantir sua legitimidade e o compromisso social dos indivíduos.

Tendo em vista que, nos últimos anos, tem havido um incentivo do próprio Estado ao apoio financeiro das empresas às ações sociais, aproveitamos para fazer uma observação que diz respeito à avaliação que o poder público (não) vem fazendo em relação a esses investimentos sociais privados. Observa-se que o fomento e incentivo estatal para a colaboração social de empresas não tem sido avaliado como uma política pública. Não há criação de instrumentos para o planejamento, nem tampouco realização de análises financeiras da alocação dos incentivos fiscais subsidiados para a contribuição social de empresas.

Dessa forma, o que observamos é que essas práticas sociais empresariais rumam a um processo de subjetivação de privatização do bem público, sem nenhum controle do Estado. Resta-nos questionar se o investimento social empresarial, realizado por meio de incentivos fiscais, tem por objetivo prover o bem-estar individualmente ou fortalecer o Estado para que ele garanta a universalidade dessa provisão.

A ideia de se compartilhar responsabilidades para o desenvolvimento social está em franca expansão. Portanto, urge um aparato estatal preservado e a necessidade de serem implantados instrumentos de avaliação do poder público sobre a maneira como estão sendo realizadas as ações sociais de empresas. Ou seja, em que medida as leis de incentivo fiscal e dos subsídios estatais estão contribuindo efetivamente no campo da solidariedade social?

Diante do risco político dessa solidariedade empresarial enfraquecer o espaço público na luta pelos direitos de cidadania, este só poderá ser enfrentado em situações concretas de correlação de forças entre o Estado – que controla, fiscaliza e protege o bem público – e a comunidade beneficiária. As opções das lideranças políticas nacionais e governamentais são aspectos decisivos na definição das políticas sociais necessárias a serem implementadas. Ignorar o peso do poder público dessas conduções implica isentar os governos de sua responsabilidade pelas decisões tomadas e seus resultados. Dessa forma, acreditamos que o investimento social empresarial só terá malefícios enquanto houver um Estado paralítico e cidadãos alheios aos negócios públicos.

Sendo esta uma concepção de uma cultura política idealizada, ficamos com a percepção de que, na prática, estamos desenvolvendo, no mundo contemporâneo, importantes arranjos, teias e tramas institucionais que nos obrigam a revisar categoricamente o modelo de coesão social e de Estado que queremos para o enfrentamento das mazelas sociais, por vezes, estrutural e culturalmente instaladas.

Referências

ABRAHÃO, Jorge (Coord.). *Análise da evolução do gasto social federal: 1993-2001*. Brasília: IPEA, 2003. (Texto para Discussão, 988).

ABU-EL-HAJ, Jawdat. O debate em torno do capital social. *Bib*: Revista Brasileira de Informação em Ciências Sociais, Rio de Janeiro, n. 47, 1. sem. 1999.

ADCE/Associação Dirigentes Cristão de Empresas. *A história de um ideal*: a ADCE no Brasil: 1961-1996. São Paulo: ACDE, 1997.

AGÜERO, Felipe. *The promotion of corporate social responsability in Latin American*. SI: Ford Foundation; University of Miami, 2003

ANDRADE, Gabriela R. B. de e VAITSMAN, Jeni. Apoio social e redes: conectando solidariedade e saúde. *Ciência Saúde Coletiva*; 7, n. 4, p. 925-934, 2002.

ANDRADE, Selma Maffei, SOARES, Darli Antonio e CORDONI JR, Luiz (Orgs). *Bases da saúde coletiva*. Londrina: Ed. UEL, NESCO e Rio de Janeiro: Ed. ABRASCO, 2001.

APEL, Karl-Otto. *Teoria de la verdad y etica del discurso*. Barcelona: Paidós, 1991.

ARAUJO, Tânia Barcelar de. Planejamento regional e relações intergovernamentais. In AFFONSO, Rui e SILVA, Pedro. *A federação em perspectiva – ensaios selecionados*, FUNDAP, 1995.

ARRETCHE, Marta T.S. Mitos da descentralização – mais democracia e eficiência nas políticas públicas?. In *Revista Brasileira de Ciências Sociais*, n. 31, junho, ano 11, 1996.

_____.(2000). Estado federativo e políticas sociais: determinantes da descentralização. São Paulo: Ed. FAPESP e Revan.

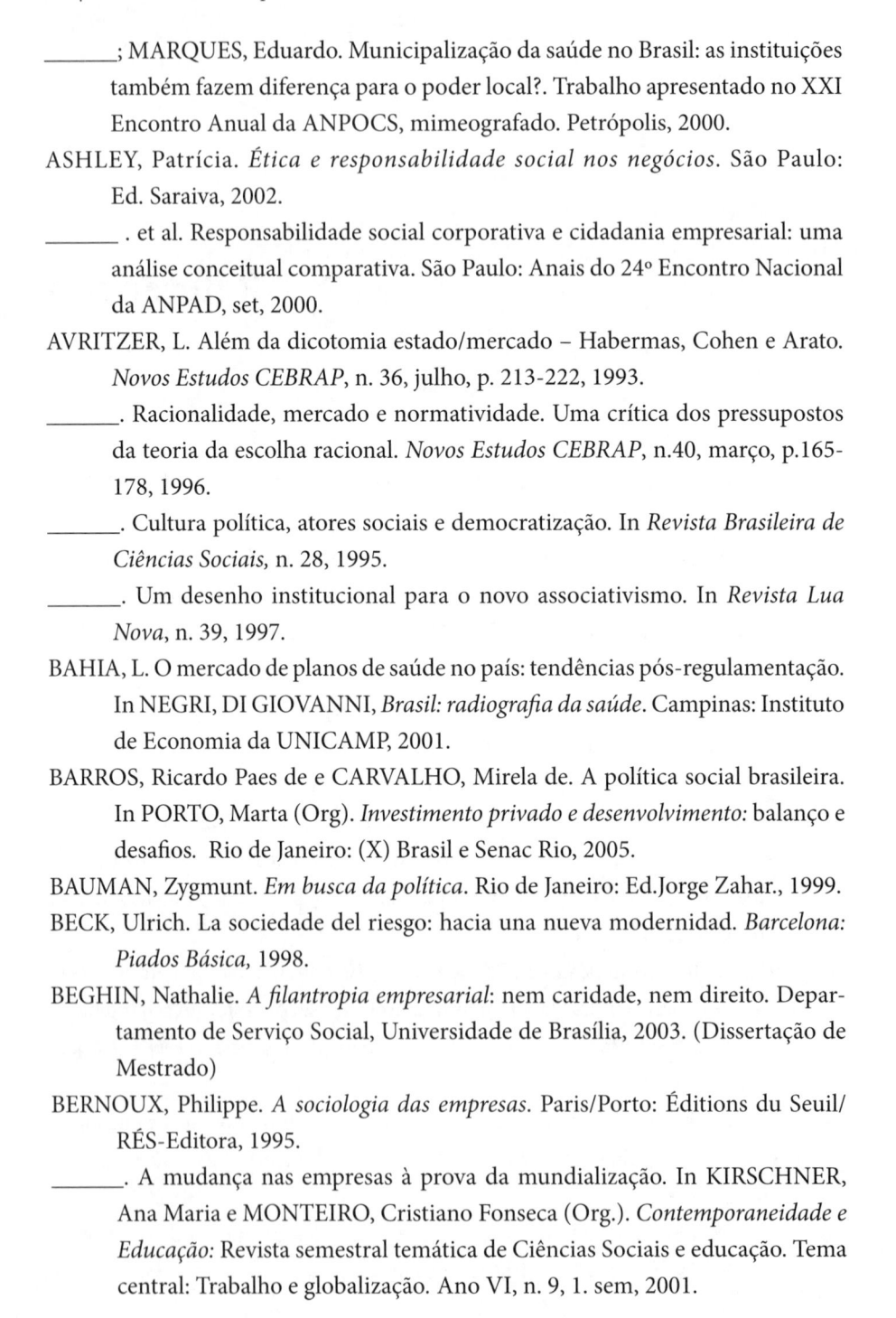

_____; MARQUES, Eduardo. Municipalização da saúde no Brasil: as instituições também fazem diferença para o poder local?. Trabalho apresentado no XXI Encontro Anual da ANPOCS, mimeografado. Petrópolis, 2000.

ASHLEY, Patrícia. *Ética e responsabilidade social nos negócios*. São Paulo: Ed. Saraiva, 2002.

_____. et al. Responsabilidade social corporativa e cidadania empresarial: uma análise conceitual comparativa. São Paulo: Anais do 24º Encontro Nacional da ANPAD, set, 2000.

AVRITZER, L. Além da dicotomia estado/mercado – Habermas, Cohen e Arato. *Novos Estudos CEBRAP*, n. 36, julho, p. 213-222, 1993.

_____. Racionalidade, mercado e normatividade. Uma crítica dos pressupostos da teoria da escolha racional. *Novos Estudos CEBRAP*, n.40, março, p.165-178, 1996.

_____. Cultura política, atores sociais e democratização. In *Revista Brasileira de Ciências Sociais,* n. 28, 1995.

_____. Um desenho institucional para o novo associativismo. In *Revista Lua Nova*, n. 39, 1997.

BAHIA, L. O mercado de planos de saúde no país: tendências pós-regulamentação. In NEGRI, DI GIOVANNI, *Brasil: radiografia da saúde*. Campinas: Instituto de Economia da UNICAMP, 2001.

BARROS, Ricardo Paes de e CARVALHO, Mirela de. A política social brasileira. In PORTO, Marta (Org). *Investimento privado e desenvolvimento*: balanço e desafios. Rio de Janeiro: (X) Brasil e Senac Rio, 2005.

BAUMAN, Zygmunt. *Em busca da política*. Rio de Janeiro: Ed.Jorge Zahar., 1999.

BECK, Ulrich. La sociedade del riesgo: hacia una nueva modernidad. *Barcelona: Piados Básica,* 1998.

BEGHIN, Nathalie. *A filantropia empresarial*: nem caridade, nem direito. Departamento de Serviço Social, Universidade de Brasília, 2003. (Dissertação de Mestrado)

BERNOUX, Philippe. *A sociologia das empresas*. Paris/Porto: Éditions du Seuil/ RÉS-Editora, 1995.

_____. A mudança nas empresas à prova da mundialização. In KIRSCHNER, Ana Maria e MONTEIRO, Cristiano Fonseca (Org.). *Contemporaneidade e Educação:* Revista semestral temática de Ciências Sociais e educação. Tema central: Trabalho e globalização. Ano VI, n. 9, 1. sem, 2001.

BERTELSMANN STIFTUNG /GTZ (2007). "The CSR Navigator – Public Policies in Africa, The Americas, Asia and Europe". This publication was made possible through the financial support of the German Federal Ministry for Economic Cooperation and Development (BMZ).
BANCO MUNDIAL. Indicadores mundiais de desenvolvimento, 2001.
BNDES. *BNDES SOCIAL*, n. 1. Método Mãe Canguru de atenção ao prematuro, 2001.
BNDES. *BNDES SOCIAL*, n. 5. Hospitais filantrópicos no Brasil, 2002.
BNDES. *BNDES SOCIAL*, n. 7. A experiência da área de desenvolvimento social no período 1996-2002, 2002.
BOLTANSKI, Luc; CHIAPELLO, Ève. *El nuevo esprito del capitalismo*. Madri: Akai, 2002.
BOURDIEU, Pierre. The forms of capital. In RICHARDSON, John. G. (Ed.) *Handbook of theory and Research for Sociology of Education*. Connecticut: Greewood Press, 1986.
BRASIL. Comissão Nacional da Reforma Sanitária. Relatório Final da 8ª Conferência Nacional de Saúde, 1987.
BRASIL. Constituição da República Federativa do Brasil, 1988.
BRASIL. OMS/OPS. *Renovação da Estratégia de Saúde para Todos*. Princípios orientadores e tópicos essenciais para a elaboração de uma política de equidade, solidariedade e saúde. Rio de Janeiro: OPS-Brasil e FIOCRUZ, 1996.
BRASIL. Ministério da Saúde. Portaria 881 que institui o Programa Nacional de Humanização Hospitalar (PNHAH), 2001.
BRASIL. Ministério da Saúde. Modalidade de Contratação de Agentes Comunitários de Saúde – um pacto tripartite. Secretaria de Política de Saúde, Departamento de Atenção Básica, Brasília: Editora MS, 2002.
BRASIL. Ministério da Saúde. Caminhos para a Mudança da Formação e Desenvolvimento dos Profissionais de Saúde: diretrizes da ação política para assegurar Educação Permanente no SUS. *Secretaria de Gestão do Trabalho e da Educação na Saúde, Departamento de Gestão da Educação na Saúde*, 2003.
BRASIL. Ministério da Saúde. Proposta de Diretrizes e Estratégias do Programa Nacional de Desprecarização do Trabalho no SUS. *Secretaria de Gestão do Trabalho e da Educação na Saúde, Departamento de Gestão da Regulação e do Trabalho em Saúde*, 2003.

BRASIL. Ministério da Saúde. Proposta de uma Política Nacional de Educação para o SUS. Secretaria de Gestão do Trabalho e da Educação na Saúde, Departamento de Gestão da Educação na Saúde, 2003.

BRASIL. Ministério da Justiça. Código Civil Brasileiro, regido pela Lei n° 10.406, de 11 jan. 2002.

BRASIL. Presidência da República Federativa do Brasil. Lei Orgânica da Assistência Social (LOAS). Lei n. 8.742 de 7 dez. 1993.

BRASIL. Presidência da República Federativa do Brasil. Lei 9.608 de 18 fev. 1998 (serviço voluntário).

BRASIL. Presidência da República Federativa do Brasil. Lei 9.790 de 23 mar. 1999 (qualificação das organizações da sociedade civil).

BRESSER PEREIRA, L.C. Reforma do Estado para a Cidadania. A reforma gerencial brasileira na perspectiva internacional. São Paulo: Editora 34, 1998.

_____. GRAU, Nuria Cunnill. *O Público não-estatal na reforma do estado*. Rio de Janeiro, Editora FGV, 1999.

CAILLÈ, Alain. Dádiva, Cidadania e Democracia. In MEDEIROS, Alzira e MARTINS, Paulo (Orgs.). *Economia popular e solidária*: desafios teóricos e práticos. Recife: Edições Bagaço, 2003.

CAMARGO, Sonia de. Governança Global: utopia, desafio ou armadilha?. In *Governança Global – Pesquisa*, Konrad-Adenauer-Stiftung, n.16. São Paulo, 1999.

CAPPELLIN, P.; GIULLIANI, G. Os herdeiros: estudo de caso das empresas de porte médio da região serrana do estado do RJ. In KIRSCHNER, Ana M.; GOMES, E. *Empresa, Empresários e Sociedade*. Rio de Janeiro: Sette Letras, 1999.

_____. et al. As Organizações empresariais e a responsabilidade das empresas. In KIRSCHNER, Ana Maria; GOMES, E.; CAPPELLIN, Paola (Orgs.). *Empresa, empresários e globalização*. Rio de Janeiro: FAPERJ e Relume Dumará, 2002.

_____. A racionalidade, a cultura e o espírito empresarial. In *Sociedade e estado*, Brasília, v. xvii, n. 1, jan-jun, p. 123-152, 2001.

CAPPELLIN, Paola e GIULIANI, M. The political economy of corporate social and environmental responsability in Brazil. Relatório de Pesquisa (mimeografado). Nações Unidas/UNRISD e UFRJ/PPGSA, 2002.

CAPPELLIN, Paola. A igualdade das oportunidades nas relações de trabalho: a ética de reparação antecede o dever de responsabilidade. In COSTA, Ana

Alice et al. (Orgs), *Reconfiguração das relações de gênero no trabalho*. São Paulo: CUT, 2004.

CARDOSO, F. Henrique. *Autoritarismo e democratização*. Rio de Janeiro: Ed. Paz e Terra, 1975.

CARVALHO, A.I. Conselhos de saúde no Brasil: participação cidadã e controle social. Rio de Janeiro: Fase/IBAM, 1995.

CARVALHO, Brígida Gimenez et al. A organização do sistema de saúde no Brasil. In ANDRADE, Selma Maffei, SOARES, Darli Antonio e CORDONI JR, Luiz (Orgs). *Bases da saúde coletiva*. Londrina: Ed. UEL, NESCO e Rio de Janeiro: ABRASCO, 2001.

CARVALHO, José Murilo. *Desenvolvimento de la Ciudadanía en Brasil*. Mexico: Editores El Colegio de México e Fondo de cultura Económica, 1995.

CARVALHO, Lia de Aquino. Contribuição ao estudo das habitações populares: Rio de Janeiro, 1886-1906. Relatório de Pesquisa. Rio de Janeiro: Secretaria Municipal de Cultura, Departamento Geral de Documentação e Informação Cultural, 1986.

CASTEL, Robert. *As metamorfoses da questão social*: uma crônica do salário. Petrópolis: Ed. Vozes., 1998.

CASTELLS, Manuel. A era da informação: economia, sociedade e cultura, v. 1: *A sociedade em rede*. Rio de Janeiro: Ed. Paz e Terra, 1999a.

_____. A era da informação: economia, sociedade e cultura, v. 2: *O poder da identidade*. Rio de Janeiro: Ed. Paz e Terra, 1999b.

_____. Para o estado-rede: globalização econômica e instituições políticas na era da informação. In PRESSER PEREIRA; WILHEIM; SOLA, L. (Orgs.) *Sociedade e estado em transformação*. Brasília: ENAP e São Paulo: Editora UNESP e Imprensa Oficial de São Paulo, 2001.

CASTRO, Janice Dornelles de. Regulação em saúde: análise de conceitos fundamentais. In *Revista Sociologias*, ano 4, n. 7, jan./jun., p.122-135. Porto Alegre: Universidade Federal do Rio Grande do Sul, 2002.

CHARBONNEAU, Johanne e ESTÈBE, Philippe. Entre l'engagement et l'obligation: l'appel à la responsabilité à l'ordre du jour. *Lien Social et Politiques*, n. 46, p.5-15, 2001.

CHEIBUB, Zairo B. e LOCKE, Richard M. Valores ou Interesses? Reflexões sobre a Responsabilidade Social das Empresas. In KIRSCHNER, GOMES E CAP-

PELLIN (Orgs.). *Empresa, empresários e a Globalização*. Rio de Janeiro: FAPERJ e Relume Dumará, 2002.

CIOLS. Confederación Internacional de Organizaciones Sindicales Libres. *Una guía sindical sobre la mundializacíon*. Disponível no sítio eletrônico: http://www.icftu.org/pubs/globalisation, 2001.

COIMBRA, Luiz Octávio. Filantropia e racionalidade empresarial – a Santa Casa de Misericórdia do Rio de Janeiro de 1850 a 1920. In *Revista do Rio de Janeiro*, Niterói, 1, n. 3, p. 41-50, maio-ago, 1996.

COLEMAN, James. Norms of Social Capital. In RADNITZKY, Gerard e BERNHOLZ, Peter, *Economic imperialism*. Paragon House Publishing, 1987.

_____. Social Capital in the Creation of Human Capital. *American Journal of Sociology*, v. 94, s. 95-120, 1988.

COMPANHIA VALE DO RIO DOCE. Fundação Vale do Rio Doce. Programa de Desenvolvimento Econômico e Social de Serra Pelada, 2004.

COMTE-SPONVILLE, A. *O capitalismo é moral?*. São Paulo: Martins Fontes, 2005.

CONFORTO, G. Descentralização e regulação da gestão de serviços públicos. In *Revista de Administração Pública*, n. 32 (1): 27-40. Rio de Janeiro: FGV, 1998.

CONSELHO ECONÔMICO E SOCIAL (Portugal). *Seminário: A Responsabilidade Social das Empresas*. Série Estudos e Documentos. Lisboa: Centro de Documentação e Informação do Conselho Económico e Social, 2003.

COMISSÃO DAS COMUNIDADES EUROPEIAS. *Livro Verde da Comissão Européia*: "Promover um Quadro Europeu para a Responsabilidade Social das Empresas", Bruxelas, 2001.

CORDEIRO, Hésio. Descentralização, Universalidade e Equidade nas Reformas da Saúde. *Revista Ciência e Saúde Coletiva*, v. 6, n. 2, p. 319-329. Rio de Janeiro: ABRASCO, 2001.

COSTA, Maria Alice Nunes. Samba e solidariedade. Capital social e parcerias nas políticas sociais da Mangueira. Rio de Janeiro: *Fábrica de Livros*, SENAI, 2002.

COSTA, Ricardo C. R. da (2000). Dilemas da reforma da saúde no Brasil frente à globalização financeira: implementando a descentralização do sistema público e a regulação do sistema privado de saúde. (Dissertação de mestrado em Ciência Política), PPGCP da Universidade Federal Fluminense, 2000.

DECLARAÇÃO DE ALMA-ATA. Conferência internacional sobre cuidados primários de saúde. Alma-Ata, URSS, 1978.

DE SWAAN, Abram. *A cargo del estado*. Barcelona: Ediciones Pomares-Corredor, S.A, 1992.

DELGADO, Ignácio Godinho. 'Empresariado e política social no Brasil'. In KIRSCHNER, Ana M. GOMES, E. *Empresa, empresários e sociedade*. Rio de Janeiro: Sette Letras, 1999.

DINIZ, Eli e LIMA Jr, Olavo Brasil. Modernização Autoritária: o empresariado e a Intervenção do Estado na Economia. Rio de Janeiro: IUPERJ, 1986.

DINIZ, Eli. Governabilidade, democracia e reforma do estado: os desafios da construção de uma nova ordem no Brasil dos anos 90. In *Revista de Ciências Sociais/Dados*, Rio de Janeiro. IUPERJ, vol. 38, n. 3, 1995.

_____. Governabilidade, democracia e reforma do Estado: os desafios da construção de uma nova ordem no Brasil dos anos 90. In DINIZ, Eli; AZEVEDO, Sérgio de (Orgs.). *Reforma do Estado e Democracia no Brasil*: dilemas e perspectivas. Brasília: Ed. Universidade de Brasília, 1997.

_____. Globalização, reformas econômicas e elites empresariais: Brasil anos 1990. Rio de Janeiro. Editora FGV, 2000.

_____. Empresário, democracia e desenvolvimento: tendências e desafios no limiar do novo milénio. Trabalho apresentado no VIII Congresso Luso-Afro-Brasileiro, Painel 71 (mimeografado), 2004.

_____. BOSCHI, Renato. O corporativismo na construção do espaço público. In BOSCHI, Boschi (org.) *Corporativismo e desigualdade*. Rio de Janeiro: Rio Fundo, 1991.

_____. Brasil: um novo empresariado? balanço de tendências recentes. In DINIZ, Eli (org.), *Empresários e modernização econômica: Brasil anos 90*, Florianópolis: Ed. UFCS/IDACON, 1993.

DOMINGUES, J. M. (2002). *Interpretando a modernidade*: imaginário e instituições. Rio de janeiro: Editora FGV.

DONALDSON, T.; PRESTON, L. *The stakeholder theory of corporation: concepts, evidence and implications*. Academy of Mangement Review, v. 20, n.1, p. 65-91, 1995

DRAIBE, Sônia. As políticas sociais do regime militar brasileiro: 1964-84. In SOARES, Glaucio; D'ARAUJO, Maria Celina (Orgs). 21 anos de regime militar: balanços e perspectivas. Rio de Janeiro: Editora FGV, 1994.

DRAIBE, Sônia. A Experiência Brasileira Recente de Reforma dos Programas Sociais. In *SOCIALIS*, vol.5, 2001.

DUARTE, Gleuso Damasceno; DIAS, José Maria. *Responsabilidade Social:* a empresa hoje. Rio de Janeiro: Livros Técnicos e Científicos, 1986.

DUPAS, Gilberto. *Tensões Contemporâneas entre o Público e o Privado*. Rio de Janeiro: Ed. Paz e Terra, 2003.

DURHAM, Eunice. Movimentos Sociais. A construção da cidadania. *Revista Novos Estudos CEBAP*, São Paulo, n. 4, 1984.

DURKHEIM, E. *De la división del trabajo social*. Buenos Aires: Schapire, 1967.

DUSSEL, Henrique. *Hacia una filosofia politica crítica*. Espanha: Editorial Descleé de Brower, S.A, 2001.

ELIAS, P.E. Reforma ou contra-reforma na proteção social à saúde. In *Revista Lua Nova*, n. 40/41. p.193-215. São Paulo: CEDEC, 1997.

ENGELS, F. *A questão da habitação*. São Paulo: Ed. Acadêmica, 1987.

ESPING-ANDERSEN, Gosta. As três economias políticas do welfare state. *Revista Lua Nova*, n. 4- p.85-116, 1991.

_____. O futuro do welfare state na nova ordem mundial. *Revista Lua Nova*, n. 35, p.73-111, 1995.

ETCHEGOYEN, Alain. *A era dos responsáveis*. Portugal: Difel, 1993.

EVANS, Peter. O estado como problema e como solução. In *Revista Lua Nova*, ns 28/29, 1993.

_____. *Embedded autonomy*, Princeton: Princeton University Press, 1995.

_____. Análise do estado no mundo neoliberal: uma abordagem institucional comparativa in Rio de Janeiro, IEI/UFRJ *Revista de Economia Contemporânea* 4, julho-dezembro, 1998.

_____. Government action, social capital and development: reviewing the evidence on synergy in *World Development*, vol. 24, n. 6, 1996.

FEDERAÇÃO DAS INDÚSTRIAS DO ESTADO DO RIO DE JANEIRO (FIRJAN). Agenda Brasil: Temas Prioritários do Sistema FIRJAN, Rio de Janeiro: FIRJAN, 2003.

FERNANDES, Rubem C. *Privado, porém público: o terceiro setor na América Latina*, Rio de Janeiro: Editora FGV, 1994.

_____. Elos de uma Cidadania Planetária. In Revista da Associação Nacional de Pós-Graduação e Pesquisa em Ciências Sociais, n.28, ano 10, jun., 1995.

FERREIRA, Sílvia. O papel das organizações do terceiro setor na reforma das políticas sociais de proteção social: uma abordagem teórica-histórica. (Dissertação de Mestrado). Coimbra: Universidade de Coimbra, Portugal, 2000.

FINGERMANN, Henrique (Org.). Parceria público-privado: Cooperação financeira e organizacional entre o setor privado e administrações públicas locais, v. I. Experiências em Confronto. São Paulo: Ed. SUMMUS, 1993.

FIORI, J.L. Os moedeiros falsos: sobre o consenso de Washington. Texto n. 324. Rio de Janeiro: IEI/UFRJ, 1995.

FISCHER, Tânia (Org.). *Gestão contemporânea – cidades estratégicas e organizações locais*, Rio de Janeiro: Editora FGV, 1996.

FLORES, Fernando et al. Abrir nuevos mundos – iniciativa empresarial, acción democrática y solidariedade. Espanha: Taurus Pensamento, 2000.

FONTENELLE, Isleide Arruda. O nome da marca – McDonald's, fetichismo e cultura descartável. São Paulo: Boitempo, 2002.

FRANCO, Augusto de. Por que precisamos de desenvolvimento local integrado e sustentável. 2ª edição, *Revista Século XXI*, Millennium Instituto de Política, Brasília, 2000.

FREEMAN, R. E. Strategic management. A stakeholder approach. Boston: Pitman, 1984.

FRIEDMAN, Milton. The Social Responsability of Business is to Increase Profit. *The New York Times Magazine*, 13 set. 1970.

FUKUYAMA, Francis. Social capital and the global economy. In *Foreign Affais*, vol.74, n. 5, set/out, 1995.

GALBRAITH, J. K. *O novo estado industrial.* São Paulo: Abril Cultural, 1982.

GEREMEK, Bronislaw. A piedade e a forca: história da miséria e da caridade na Europa. Lisboa: Terramar, 1986.

GERSCHMAN, Silvia. A descentralização da política de saúde no final dos anos 1990. In *Revista de Administração Pública*, v. 34 (4): 147-70, jul/ago. Rio de Janeiro: Editora FGV, 2000.

_____. Conselhos municipais de saúde: atuação e representação das comunidades populares. In *Caderno Saúde Pública*, 20 (6): 1670-1681. Rio de Janeiro: ENSP/FIOCRUZ, 2004.

GIDDENS, Anthony. A terceira via: reflexões sobre o impasse político e atual e o futuro da social democracia. Rio de Janeiro: Record, 1999.

GIOVANELLA, Lígia (2001). Solidariedade ou competição? políticas e sistemas de atenção à saúde na Alemanha. Rio de Janeiro: Ed. FIOCRUZ.

GOMES, Eduardo R e GUIMARÃES, Fabricia. Os Empresários entre a tradição e a Renovação; O Caso do PNBE. In *Revista Internacional de Estudos Políticos*, Rio de Janeiro, UERJ/NUSEP, vol.2, n. 1, 2000.

GONÇALVES, Ernesto Lima. Responsabilidade Social da Empresa. *Revista de Administração de Empresas*, Rio de Janeiro: Editora FGV, n. 24, 1984.

GRANOVETTER, M. The strengh of weak ties: a network theory revisited. Albany Conference on Contributor of Networks Analysis to Strutural Sociology, apr, 1981.

GRAU, Nuria C. Repensando o público através da sociedade: novas formas de gestão pública e representação social. Rio de Janeiro: Editora Revan, Brasília: ENAP, 1998.

GRUPO DE INSTITUTOS, FUNDAÇÕES E EMPRESAS (GIFE). Investimento Social Privado – Perfil e catálogo dos associados. São Paulo: GIFE, 2001.

GRUPO ORSA. Balanço Social de 2004.

GUERRA, Isabel. Cidadania, exclusões e solidariedades: parodoxo e sentidos das novas políticas sociais. In *Revista Crítica de Ciências Sociais*, n. 63, out., Coimbra: Centro de Estudos Sociais, 2002.

HABERMAS, J. *A nova intransparência:* a crise do estado de bem-estar social e o esgotamento das energias utópicas. *Novos* Estudos CEBRAP, n. 18. São Paulo: CEBRAP, set., 1987.

_____. Soberania popular como procedimento: um conceito normativo de espaço público. *Novos Estudos CEBRAP*, n. 26, p. 100-113, 1990.

_____. O Estado-Nação Europeu Frente aos Desafios da Globalização. *Novos Estudos CEBRAP*, n. 43. São Paulo, nov, 1995.

HARRISON, L. E. & HUNTINGTON, S. (Orgs.). *A Cultura Importa*. Rio de Janeiro e São Paulo: Editora Record, 2002.

HENDERSON, David. *Misguide Virtue:* false notions of corporate social responsibility. London: The Institute of Economic Affair, 2001.

HODGSON, Geoffrey M. Economia e Instituições: manifesto por uma economia institucionalista moderna. Oeiras: Celta Editora, 1994.

HUNTER, James Davison. La guerra cultural americana. In Berger, Peter (Ed.) *Los límites de la cohesión social:* conflitos y mediación en las sociedades pluralistas. Barcelona: Galaxia Gutemberg e Círculo de Lectores, 1999.

INSTITUTO ETHOS. Instituto Ethos e Businesses for Social Responsibility. Indicadores Ethos de Responsabilidade Social Empresarial, 2000.

INSTITUTO ETHOS. Boletim dos Indicadores Ethos de Responsabilidade Social, São Paulo, junho, 2000.

INSTITUTO ETHOS. Código de Ética em Empresa – reflexões e sugestões, 2001.

INSTITUTO BRASILEIRO DE GEOGRAFIA E ESTATÍSTICA (IBGE) et al. As Fundações Privadas e Associações Sem Fins Lucrativos no Brasil 2002 (FASFIL). Estudos e Pesquisas, Informação Econômica n. 4. Rio de Janeiro: IBGE, 2004.

INSTITUTO DE PESQUISAS ECONÔMICAS APLICADAS (IPEA). A Iniciativa Privada e o Espírito Público – Um Retrato da Ação Social das Empresas, abril. Relatório de Pesquisa. Brasília: IPEA, 2001.

INSTITUTO DE PESQUISAS ECONÔMICAS APLICADAS (IPEA). Políticas Sociais: acompanhamento e análise.Nr.3. Brasília, 2001.

INSTITUTO DE PESQUISAS ECONÔMICAS APLICADAS (IPEA). Políticas Sociais: acompanhamento e análise.Nr.5. Brasília, 2002.

INSTITUTO DE PESQUISAS ECONÔMICAS APLICADAS (IPEA). *Cadernos Comunidade Solidária – Desenvolvimento local Integrado e Sustentável*. Documento- Base e Catálogo de Experiências, Vol.6/ junho, 1998.

JACOBI, Pedro. *Políticas sociais e ampliação da cidadania*. Rio de Janeiro: Editora FGV, 2000.

JAMESON, Frederic. O pós-modernismo e o mercado. In ZIZEK, Slavok (Org.) *Um mapa da ideologia*, Rio de Janeiro: Ed. Contraponto, 1996.

_____. Pós-modernismo ou a lógica cultural do capitalismo tardio, Rio de Janeiro: Ed. Ática, 1997.

_____. A cultura do dinheiro: ensaios sobre a globalização. Petrópolis: Ed. Vozes, 2001.

JOIA, Sonia (Org.). *O empresário e o espelho da sociedade*. Rio de Janeiro: Banco Arbi, 1994.

KANDIR, Antonio (1998). O caminho do desenvolvimento: do Brasil inflacionário ao Brasil competitivo e solidário. São Paulo: Editora Atlas, 1998.

KIRSCHNER, Ana M. e GOMES, Eduardo (Orgs.). *Empresa, empresários e sociedade*. Rio de Janeiro: Ed. Sette Letras, 1999.

KIRSCHNER, Ana Maria. A Sociologia diante da globalização: possibilidades e perspectivas da Sociologia da empresa. *Antropolítica: revista contemporâ-*

nea de Antropologia e Ciência Política. n. 1, 1º. sem./1995, Niterói: EDUFF, p.19-30, 1998.

_____. Empresários brasileiros dos anos 90: sucessão e mudança de mentalidade?. In KIRSCHNER, Ana M. e GOMES, Eduardo (Org.) (1999). *Empresa, Empresários e Sociedade*. Rio de Janeiro: Ed. Sette Letras, 1999.

_____. A Empresa nas Ciências Sociais Brasileiras. Trabalho apresentado na ANPOCS, Caxambu, Minas Gerais, 2002.

KLEIMAN, Mauro. Pratiques quotidiennes des communautés populaires mal branchées aux réseaux d'eaux et d'assainissement dans les métropoles brésiliennes: les cas de Rio de Janeiro et Salvador. *Flux, cahiers scientifiques internationaux Reseaux et Territoires*, Paris, v. 1, p. 38-50, 2004.

KLIKSBERG, Bernardo. Capital social y cultura: claves esenciales del desarrollo. *Revista CEPAL*, n. 69, dez, 1999.

_____. Desigualdade na América Latina: o debate adiado. São Paulo: Cortez/UNESCO, 2000.

KOTLER, Philip e ARMSTRONG, Gary. *Princípios de marketing*. Rio de Janeiro: LTC, 1995.

LABRA, M. Eliana. Capital social y consejos de salud en Brasil. Un ¿círculo virtuoso?. In *Cadernos de Saúde Pública*, v. 18. Rio de Janeiro: ABRASCO, 2002.

LECHNER, Norbert. Tres formas de coordinación social. In *Revista de la CEPAL*, 61, Abril, 1997.

_____. Desafios de un desarrolo humano: individualización y capital social. In KLISKSBERG, B e TOMASSINI, L. *Capital social y cultura*, Washington, BID e México, Fondo de Cultura Econômica, 2000.

LEOPOLDI, Maria Antonieta. Industrial associations and politics in Brazil: the association of industrialists, economic policy-making and the State (1930-1961). (Tese de Doutorado). Universidade de Oxford, 1984.

_____. Burocracia, empresariado e arenas decisórias estratégicas: trajetórias do neocorporativismo no Brasil (1939 a 1955). *Revista Ciências Sociais Hoje*, p. 74-101, 1992.

_____. *Política e interesses na industrialização brasileira*: as associações industriais, a política econômica e o estado. São Paulo: Ed. Paz e Terra, 2000.

LEVI, M. Social and unsocial capital: a review essay of Robert Putnam's, Making democracy. In *Politics and Society*, vol. 24, n. 1, 1996.

LOPES, José Leite. *A tecelagem dos conflitos de classe nas cidades das chaminés*. São Paulo e Brasília: Ed. Marco Zero e CNPq, 1988.

LUCCHESE, Patricia. Descentralização do financiamento e gestão da assistência à saúde no Brasil: a implementação do Sistema Único de Saúde – retrospectiva 1990/1995. *Revista Planejamento e Políticas Públicas*, n. 14, p. 75-156, dez, 1996.

LUZ, Madel T. Notas sobre as políticas de saúde no Brasil de transição democrática, anos 80. In *Phisys - Revista de Saúde Coletiva* da UERJ/IMS v. 1, n. 1. Rio de Janeiro: Relume Dumará, 1991.

MAGALHÃES, Iliana Maria Michel. Responsabilidade Social das Empresas e Ação Política dos Indivíduos e da Sociedade. In *Revista de Administração de Empresas*, Editora FGV, v. 24, out/dez, 1984.

MAGALHÃES, Rosana. Integração, Exclusão e Solidariedade no Debate Contemporâneo sobre as Políticas Sociais. In *Caderno de Saúde Pública*; 17 (3); maio-jun. Rio de Janeiro: FIOCRUZ, 2001.

MARQUES, Eduardo Cesar. Redes sociais e instituições na construção do estado e da sua permeabilidade. In *Revista Brasileira de Ciências Sociais*, v. 14, n. 41, out., 1999.

MARTINS, José de Souza. *Exclusão social e a nova desigualdade*. São Paulo: Paulus, 1997.

MARTINS, Paulo; FONTES, Breno (Orgs.). *Redes sociais e saúde:* novas possibilidades teóricas. Recife: Ed. Universitária da UFPE, 2004 a.

MARTINS, Paulo. A dádiva e sua importância teórica para se pensar as relações entre Estado, mercado e comunidade. Trabalho apresentado no VIII Congresso Luso-Afro-Brasileiro de Ciências Sociais, Coimbra, Portugal, 2004b.

MARX, K. E ENGELS, F. *O manifesto comunista de Marx e Engels*. Rio de Janeiro: Ed. Jorge Zahar, 1978.

MAUSS, Marcel. *Ensaio sobre a dádiva*. Lisboa: Edições 70, 1988.

MEDEIROS, Alzira e MARTINS, Paulo (Orgs.). *Economia popular e solidária:* desafios teóricos e práticos. Recife: Edições Bagaço, 2003.

MELO NETO, F. P. De; FROES, César. *Responsabilidade Social e Cidadania Empresarial*, Rio de Janeiro: Qualitymark, 1999.

MESTRINER, Maria Luiza. O estado entre a filantropia e a assistência social. São Paulo: Cortez, 2001.

MÈTAYER, Michel. Vers une pragmatique de la responsabilité. *Lien Social et Politiques*, n. 46. p. 19-30, 2001.

MILET, Evandro Barreira. *Qualidade em serviços*: princípios para a gestão contemporânea das organizações. Rio de Janeiro: Ouro e Brasília: Ed. MCT/CNPq/IBICT, 1997.

MONTAÑO, Carlos. Terceiro setor e a questão social: crítica ao padrão emergente de intervenção social. São Paulo: Cortez Editora, 2002.

MORAES, Reginaldo Carmello Corrêa de. Estado, Mercado e outras instituições reguladoras do comportamento coletivo. Trabalho apresentado na ANPOCS (mimeografado), 2002.

MOREIRA, Vital. Auto-regulação profissional e administração pública. Coimbra: Ed. Almedina, 1997.

MORIN, Edgar e Le MOIGNE, Jean. Louis. *A inteligência da complexidade*. São Paulo: Fundação Peirópolis, 2000.

MORIN, Edgar. O Sujeito Responsável. IN CARVALHO, Edgar de Assis et al. *Ética, solidariedade e cumplicidade*. São Paulo: Ed. Palas Athena, 1998.

MOWEN, John C. e MINOR, Michael S. *Comportamento do consumidor*. São Paulo: Prentice Hall, 2003.

NASH, Laura L. *Ética nas empresas*: boas intenções à parte. São Paulo: Ed. Makron Books, 1993.

NOGUEIRA, Marco Aurélio. As possibilidades da política: idéias para a reforma democrática do estado. São Paulo: Ed. Paz e Terra, 1998.

NUNES, Edson. *A gramática política do Brasil*: clientelismo e insulamento burocrático. Rio de Janeiro e Brasília: Ed. Jorge Zahar e ENAP, 1997.

OFFE, Claus. *Problemas estruturais do estado capitalista*, Rio de Janeiro: Ed. Tempo Brasileiro, 1984.

_____. Towards a new equilibrium of citizens' rights and economic resources?. In *Social coehsion and the globalising economy: what does the future Hold*. Organisation for Economic Co-operation and Development / OECD, 1997.

_____. A atual transição da história e algumas opções básicas para as instituições da sociedade. IN BRESSER PEREIRA, L. C. et al (Orgs.) *Sociedade e estado em transformação*. São Paulo: UNESP e Brasília: ENAP e Imprensa Oficial, 2000.

OLIVEIRA, José Arimatés de. Responsabilidade social em pequenas e médias empresas. In *Revista de Administração de Empresas*, Editora FGV, v. 24, out/dez, 1984.

ORGANIZAÇÃO MUNDIAL DA SAÚDE (OMS). Economia Aplicada a la Sanidad. *Cuadernos de la Salud Publica*, 64, p.53, 1976.

PAOLI, M. Célia. Empresas e responsabilidade social: os enredamentos da cidadania no Brasil. In SANTOS, Boaventura de Sousa (Org.) *Democratizar a democracia – os caminhos da democracia participativa*. Rio de Janeiro: Ed. Civilização Brasileira, 2003.

PARSONS, Talcott. The system of modern society. Englewood Cliffs, Prentice-Hall, 1971.

PELIANO, Ana Maria T. Medeiros et al. A Comunidade Solidária: uma estratégia de combate à fome e à pobreza. In *Revista Planejamento e Políticas Públicas* (PPP), n.12 – Jan/Jun. Rio de Janeiro: IPEA Publicações, 1995.

PFEIFFER, Cláudia. Por que as empresas privadas investem em projetos sociais e urbanos no Rio de Janeiro?. Rio de Janeiro: Editora Ágora da Ilha, 2001.

PORTER, Alejandro e LANDOLT, Patrícia. The downside of social capital. *The American Prospect*, n. 26, maio-jun, 1998.

PORTER, M.E. e KRAMER, M.R. The competitive advantage of corporate philanthopy. *Harvard business Review*, december, 56-68, 2002.

PORTES, Alejandro & LANDOLT, Patricia. (1996). The downside of social capital. In: The American Prospect. n. 26, mai./jun.

PORTO, Marta (Org.). *Investimento privado e desenvolvimento:* balanço e desafios. Rio de Janeiro: (X) Brasil, Synergos e Senac Rio, 2005.

PORTUGAL, Silvia. Contributos para uma discussão do conceito de rede na teoria sociológica. In Oficina do CES, n. 271, março. Coimbra: Centro de Estudos Sociais da Universidade de Coimbra, 2007.

PUTNAM, R. Bowling Alone: America's declining social capital. In *Journal of Democracy*, vol. 6, n. 1, 1995.

_____. The prosperous community: social capital and public life. In *The American Prospect* (http://epn.org/prospect/13/13putn.html, acessado em: 12 set. 2001).

_____. *Comunidade e democracia: a experiência da Itália moderna*, Rio de Janeiro: Editora FGV, 1996.

RANDOLPH, Rainer. *Novas redes e novas territorialidades*. Rio de Janeiro: IPPUR/UFRJ (mimeografado), 1993.

_____. Acordos estratégicos ou alianças comunicativas: formas alternativas de gestão e planejamento urbano. In Série Estudos e Debates, n. 16, nov. Rio de Janeiro; IPPUR/UFRJ, 1996.

REGO, Mauro Lopez. A responsabilidade social como resposta do Sistema S ao ambiente institucional brasileiro, pós-década de 1990: o caso do SESC. (Dissertação de Mestrado Executivo). Rio de Janeiro: EBAPE /Editora FGV, 2002.

REILLY, Charles. Redistribuição de direitos e responsabilidades: cidadania e capital social. In BRESSER, Pereira, C. e GRAU, Nuria Cunnill, *O público não-estatal na reforma do estado*. Rio de Janeiro: Editora FGV, 1999.

REIS, Elisa. Percepções da Elite sobre Pobreza e Desigualdade. *Revista Brasileira de Ciências Sociais*, n. 42, fev, 2000.

RHODES, R.W. Policy networks and sub-central government. In THOMPSON, Grahame et al, *Markets, hierarchies and networks: the coordination of social life*, London, New Delhi: Ed. SAGE/Open University, 1987.

RIBEIRO, Renato Janine. *A sociedade contra o social:* o alto custo da vida pública no Brasil. São Paulo: Ed. Companhia das Letras, 2000.

RICOEUR, Pierre. *Le Juste*. Paris: Ed. Esprit, 1995.

RIDLEY, F.F; WILSON, David (Eds). *The quango debate*. New York: Oxford University Press, 1995.

RIST, Gilbert. La cultura y el capital social: ¿ cómplices o víctimas del 'desarrolo'?. In KLISKSBERG, B e TOMASSINI, L. *Capital social y cultura*. Washington, BID e México, Fondo de Cultura Econômica, 2000.

ROCARD, Michel. Solidariedade Social em uma Economia Mista. In MILIBAND, David (org.). *Reiventando a esquerda*. São Paulo: Ed. Fundação UNESP, 1994.

ROSANVALLON, Pierre. *A Crise do Estado-Providência*. Brasília: UnB e Goiânia: UFG, 1997.

_____. *A nova questão social: repensando o estado providênci*a, Brasília: Instituto Teotônio Vilela, 1998.

ROUANET, Sergio Paulo. *As razões do iluminismo*. São Paulo: Companhia das Letras, 1987.

SAINSAULIEU, Renaud. Sociologie de l'Organisation de l' Enterprise. Paris: Press de la Fondation Nationale dês Sciences Poliques Dalloz. A Sociologia da organização e da empresa. Texto mimeografado, tradução livre, 1987.

_____. Sociologia da empresa: organização, cultura e desenvolvimento. Lisboa: Instituto Piaget, 1997.

SANTOS, Boaventura de Sousa. O Social e o Político na Transição Pós-Moderna. *Oficina do CES*, Faculdade de Economia da Universidade de Coimbra, 1988.

_____. *O estado e a sociedade em Portugal* (1974-1988). Porto: Edições Afrontamento, 1992.

_____. O estado, as relações salariais e o bem-estar social na semiperiferia: o caso português. In SANTOS, Boaventura de Souza Santos (org.) *Portugal: um retrato singular*. Porto e Coimbra: Centro de Estudos Sociais e Edições Afrontamento, 1993.

_____. Sociedade-providência ou autoritarismo social. In *Revista Crítica de Ciências Sociais*, "A sociedade-providência", n. 42, maio, Coimbra: Centro de Estudos Sociais, 1995.

_____. *Reinventar a democracia*. Lisboa: Edição Gradiva, 1998.

_____. *Pela mão de Alice: o social e o político na pós-modernidade*. São Paulo: Ed. Cortez, 1999a.

_____. Reinventar a democracia: entre o pré-contratualismo e o pós-contratualismo. In SANTOS, Boaventura de S. (org.) *A crise dos paradigmas em ciências sociais e os desafios para o século XXI*. Rio de Janeiro: Contraponto, 1999b.

_____. *A crítica da razão indolente: contra o desperdício da experiência*. Porto: Ed. Afrontamento, 2000.

_____. Os Processos de Globalização. In SANTOS, Boaventura de Sousa (Org.). Coleção *A Sociedade Portuguesa perante os Desafios da Globalização*, vol. 1, *Globalização: fatalidade ou utopia?*. Porto: Ed. Afrontamento, 2001a.

_____. Para uma reinvenção solidária e participativa do estado. IN Bresser Pereira, L.C. et al *Sociedade e estado em transformação*. São Paulo: UNESP e Brasília: ENAP e Imprensa Oficial, 2001b.

_____. Beyond neoliberal governance: the world social forum as subaltern cosmopolitan politics and legality. *In* SANTOS, Boaventura de Sousa e RODRÍGUEZ-GARAVITO, César (orgs.) *Law and globalization from Below: towards a cosmopolitan legality*. Cambridge: Cambridge UP, 2005.

SANTOS, Wanderley Guilherme. Mitologias institucionais brasileiras: do Leviatã paralítico ao estado de natureza. In *Revista de Estudos Avançados*, vol.7;17, jan.-abr. 1993.

_____. Cidadania e justiça: a política social na ordem brasileira. Rio de Janeiro: Campus, 1994.

SASSEN, Saskia. *The global city*. Princenton: Princenton University Press, 1991.

_____. *Cities in a world economy*. Thousand Oaks: Pine Forge Press, 1994.

SCHERER-WARREN, Ilse. *Redes de movimentos sociais*. São Paulo: Loyola, 1993.

SCHMIDTZ, David e GOODIN, Robert. *Social welfare and individual response:* For and Against. Cambridge University Press, 1998.

SEN, Amartya. *Sobre ética y economia*. Madrid: Alianza Editorial, 1999 a.

_____. *Desenvolvimento como liberdade*. São Paulo: Companhia das Letras, 1999b.

_____. O desenvolvimento como expansão das capacidades. *Revista Lua* Nova, n. 28/29, 1993.

SENNET, Richard. A corrosão do caráter: consequências pessoais do trabalho no novo capitalismo. Rio de Janeiro e São Paulo: Ed. Record, 1999.

SHAMIR, Ronen. Corporate Social Responsibility: A Case of Hegemony and Counter-Hegemony. In SANTOS, Boaventura de Sousa e RODRIGUEZ, Cesar A. [eds.]. Law and Globalization from Below: Towards a Cosmopolitan Legality. Cambridge: Cambridge University Press, p. 92-117, 2005.

SILVA, Ana Maria Rigo et al. A Unidade de Saúde e seu Território. In ANDRADE, Selma Maffei et al (Orgs.). *Bases da saúde coletiva*. Londrina: UEL, NESCO e Rio de Janeiro: Ed. ABRASCO, 2001.

SILVA, Ari de Abreu. *A predação do social*. Niterói: EDUFF, 1997.

SILVA, Ciro Valério Torres da. Entre o Bem Estar Social e o lucro: Histórico e Análise da Responsabilidade Social de Algumas Experiências Selecionadas de 'Balanço Social. Dissertação (Mestrado em Ciência Política), Programa de Pós-Graduação em Antropologia e Ciência Política, Universidade Federal Fluminense, 2000.

SILVA, João Marcio Palheta da. *Poder, Governo e Território em Carajás*. Tese de Doutoramento. Universidade Estadual Paulista Júlio de Mesquita Filho/UNESP/Faculdade de Ciências e Tecnologia/FCT. Presidente Prudente - São Paulo, 2004.

SILVA, Marcelo Gurgel da. Economia da Saúde. In ROUQUAYROL, M.Z. E ALMEIDA, N. (eds.) *Revista Epidemiologia & Saúde*, p. 457-472. Rio de Janeiro: Medsi, 1999.

SILVA, Pedro Luiz Barros. Reforma do Estado e Política Social no Brasil. Êxitos, Problemas e Desafios da Coordenação Intergovernamental. Trabalho apresentado no XXI Congresso Internacional da LASA (Latin American Association), Illinois, setembro (mimeo), 1998.

SINGER, Paul; SOUZA, André Ricardo (Org.). *A economia solidária no Brasil*. São Paulo: Editora Contexto, 2000.

SKIDMORE, David. Sociedade civil, capital social e desenvolvimento econômico. In ABREU (Org.), *Transição em fragmentos*: desafios da democracia no final do século XX, Rio de Janeiro: Editora FGV, 2001.

SOARES, Laura. Ajuste neoliberal e desajuste social na América Latina. Petrópolis: Vozes, 2001.

SOUSA, Marcelo Lopes de. Mudar a cidade: uma introdução crítica ao planejamento e à gestão urbanos. Rio de Janeiro: Bretrand Brasil, 2001.

SOUZA, Herbert de. O empresário cidadão. In JOIA, Sonia (org.). *O empresário e o espelho da sociedade*. Rio de Janeiro: IBASE, 1995.

SPINK, Peter e CAMAROTTI, Ilka (Org.). *Parcerias e Pobreza*: soluções locais na construção de relações sócio-econômicas. Rio de Janeiro: Editora FGV, 2000.

STIGLITZ, Joseph. More Instruments and Broader Goals: moving toward the Post-Washington Consensus. The 1998 Wider Annual Lecture, Helsinky. Disponível em: www.worldbank.org, 1998.

_____. Rethinking Pension Reform: Ten Myths about Social Security Systems. World Bank Conference New Ideas about Old Age Security. Disponível em: www.worldbank.org, 1999.

STOTZ, Eduardo Navarro. Ações de Solidariedade na Saúde: semântica, política e ideologia diante da pobreza e da doença. In GOLDENBERG, Paulete et al. *O clássico e o novo*: tendências, objetos e abordagens em ciências sociais e saúde. Rio de Janeiro: Editora FIOCRUZ, 2003.

TANAKA, Oswaldo e MELO, Cristina (Orgs). *Inovação e gestão*: a organização social no setor saúde. São Paulo: Ed. Annablume e FAPESP, 2002.

TENDLER, Judith. *Bom governo nos trópicos*: uma visão crítica, Brasília: Editora ENAP e Ed. Revan, 1998.

TENÓRIO, F. Guilherme. *Responsabilidade social empresarial:* teoria e prática. Rio de Janeiro: Editora FGV, 2004.
TOFFLER, Alvin. *A empresa flexível.* Rio de Janeiro: Record, 1995.
TOMASSIINI, L. El Giro Cultural de Nuestro Tiempo. In KLISKSBERG, B. E TOMASSINI, L. *Capital social y cultura.* Washington, BID e Mexico, Fondo de Cultura Económica, 2000.
TORCAL, Mariano e MONTERO, Ramón. *Facets of social capital in new democracies.* The Helen Kellogg Institute for International Studies, Working paper 259, oct, 1998.
UNITED NACION DEVELOPMENT PROGRAMME (UNDP). Reconceptualising Governance, Discussion paper 2, Management Development and Governance Division, Bureau for Policy and Programme Support. New York, jan, 1997.
UNIVERSIDADE DE SÃO PAULO (USP), Faculdade de Medicina da Universidade de São Paulo. Projeto Saúde de Serra Pelada, 2004
URANI, André e ROURE, Mônica de. O setor privado na promoção do desenvolvimento do Brasil. In PORTO, Marta (org). *Investimento privado e desenvolvimento:* balanço e desafios. Rio de Janeiro: (X) Brasil e Senac Rio, 2005.
VÁZQUEZ BARQUERO, A. Desarrolo Local y Flexibilidade en la Acumulación y Regulación del Capital. IN CASTILO, Jaime del y LARRAÑAGA, Pilar Gómez (coord.). *Lo local y lo internacional en el siglo XXI:* la importância de las redes de colaboración. Bizkaiko Foru Aldundia e Diputación Foral de Bizkaia, 2001.
VELASCO Jr., Licínio. Políticas Reformistas no Presidencialismo de Coalizão Brasileiro, (Texto para Discussão, n. 105). Rio de Janeiro: BNDES, 2005.
VENTURA, Zuenir. *A Cidade Partida.* São Paulo: Companhia das Letras, 2001.
WACQUANT, Loic. O surgimento da marginalidade avançada: notas sobre natureza e implicações. In Ribeiro, L.C.Q. *Os condenados da cidade: estudos sobre marginalidade avançada.* Rio de Janeiro: Observatório-IPPUR/UFRJ, 2001.
WEBER, Max. A Ética Protestante e o Espírito do Capitalismo. São Paulo: Pioneira, 1989.
_____. *Economia e Sociedade.* 3 Ed. Brasília:UNB, 1994.
WEINSTEIN, Bárbara. (Re)formação da classe trabalhadora no Brasil, 1920-1964. São Paulo: Cortez, 2000.

WELLMAN, Barry. Strutural Analysis: from method and metaphor to theory and substance. In WELLMAN, Barry e BERKOWITZ, S.D., *Social Strutures*: a network approach. Cambridge: Cambridge University Press, 1991.

WERNECK, Nestor E. Capdeville. O Combate ao Câncer Infanto-Juvenil. Uma visão social. (Monografia apresentada na conclusão do MBA de Gerência de Saúde), Escola de Pós-Graduação em Economia da Fundação Getúlio Vargas, Rio de Janeiro, 2002.

WILHEIM, Anna Maria e FERRAREZI, Elizabete. Iniciativas empresariais em projetos sociais sem fins lucrativos. São Paulo: *Cadernos ABONG*, nov, 1995.

WORLD BANK. Governance and Development, 1992.

Sitios eletrônicos consultados:

Agência Nacional de Saúde: http://www.ans.gov.br
Associação Brasileira de Organizações Não-Governamentais: http://www.abong.org.br
Banco Central: http://bc.gov.br
Banco Nacional de Desenvolvimento Econômico e Social: http://www.bndes.org.br
Business for Social Responsibility: http://www.bsr.org
Câmara Americana de Comércio: http:// www.amcham.com.br
Casa Ronald: http://www.casaronald.org.b
Comitê de Entidades no Combate à Fome e pela Vida: http://www.coepbrasil.org.br
Companhia do Vale do Rio Doce: http://www.cvrd.com.br
Council Economic Priorities Acreditation Agency: http://www.cepaa.org
Empresa White Martins: http://www.whitemartins.com.br
Filantropia.org: http://www.filantropia.org/artigos/artigos-oded.htm
Federação das Indústrias do Estado do Rio de Janeiro – FIRJAN: http://www.firjan.org.br
Fórum Social Mundial: http://www.forumsocialmundial.org.br
Fundação ABRINQ: http://www.fundabrinq.org.br
Fundação Instituto de Desenvolvimento Empresarial e Social/FIDES: http://www.fides.org.br
Fundação Itaú Social: http://www.fundacaoitausocial.org.br
Fundação Orsa: http://www.fundacaoorsa.org.br

Global Compact: http://www.unglobalcompact.org
Governo do Estado do Pará: http://www.pa.gov.br
Grupo Orsa: http://www.orsa.com.br
Hospital do Açúcar: http://www.hospitaldoacucar.com.br
Institute of Social and Ethical Accountability: http://www.accoutability.org.uk
Instituto Akatu: http://www.akatu.net
Instituto Brasileiro de Análise Econômica e Social: www.ibase.br
Instituto Ethos de Responsabilidade Social: http://www.ethos.org.br
Instituto Nacional do Câncer (INCA): http://www.inca.gov.br
Instituto de Pesquisa Econômica Aplicada/ Pesquisa Ação Social das Empresas: http://www.ipea.gov.br/asocial
Instituto Ronald McDonald: http://www.instituto-ronald.org.br
Jornal A Nova Democracia, RJ: http://www.anovademocracia.com.br
Jornal O Globo, RJ: http://www.oglobo.com.br
Jornal Reporter Brasil-on-line: http://www.reporterbrasil.com.br/reportagens/serrapelada/iframe.php
Justiça Global: http://www.global.org.br
Método Mãe Canguru: http://www.metodomaecanguru.org.br
Ministério da Saúde: http://portal.saude.gov.br
Movimento Alerta Contra o Deserto Verde: http://www.desertoverde.org
ONG Viva Rio: http://www.vivario.org.br
Pastoral da Criança: http://www.pastoraldacrianca.org.br
Presidência da República Federativa do Brasil: http://www.presidencia.gov.br
Rede de Informações do Terceiro Setor: www.rits.org.br
Social Investment Forum: http://www.socialinvest.org)
Social Responsibility Investment Compass: http://www.sricompass.org
Universidade Federal do Pará: http://www.ufpa.br/beirario/arquivo/Beira23/notícias/notícia2.htm.
World Business Council for Sustainable Development: http://www.wbcsd.ch

Outras Fontes:

Jornais
Diário Económico, Portugal, 02 mar. 2005
El País, Espanha, suplemento extra: "Responsabilidad Social Corporativa", 24 abr. 2005
Estado de São Paulo, 1º out. 2000
Folha de São Paulo, 13 nov. 2000, 3 set. 2000, 13 nov. 2000, 16 set. 2000, 8 abr. 2001, 22 maio 2003, 4 jul. 2004, 26 dez. 2004 e 16 mar. 2005
Gazeta Mercantil, 25 maio 2000 e 13 abr. 2000
Jornal do Brasil, fev. 2001.
O Globo, 2 abr. 2000, 8 mar. 2001, 27 out. 2005, 16 nov. 2005 e 25 nov. 2005
Valor Econômico, 12 maio 2000, 13 jun. 2000 e 14 nov. 2002 e 26 dez. 2004

Revistas
Carta Capital, "Responsabilidade Social. Os benefícios e as armadilhas dos empresários que financiam programas do setor público", 2 mar. 2005.
Carta Capital, 4 jun. 2003, suplemento especial sobre responsabilidade social.
ETHOS (2001). "Código de Ética em Empresa – reflexões e sugestões".
Exame (2000, 2002, 2003): "Guia da Boa Cidadania Corporativa" (suplemento).
Exame, maio/1999. "A Empresa do Novo Milênio". Ed. Especial.
Exame, 15 jul. 1998. "De Bem com o Mundo".
Exame, 27 jun. 2001.
Exame, ano 37, n. 10, 14 maio 2003.
SEBRAE, A Questão do Meio Ambiente e Empresas, 1998.
Sempre Brasil. Publicação do Conselho Empresarial Brasileiro de Desenvolvimento Sustentável / CEBDS, "Responsabilidade Social Corporativa", ano 1, n. 4, jul./ago./set., 2000.

Entrevistas realizadas
AMOROSO, Sérgio. Presidente do Grupo Orsa, no dia 10 nov. 2005, em São Paulo.
BARRETO, Hugo. Presidente do GIFE, no dia 22 set. 2005, no Rio de Janeiro.
BARROS, Daniele. Funcionária do Setor de Comunicação do INCA, em 20 dez. 2005, no Rio de Janeiro.

CORBETT, Carlos. Médico da Faculdade de Medicina da Universidade de São Paulo (USP) e Coordenador do Projeto Saúde de Serra Pelada, no dia 11 nov. 2005, na USP em São Paulo.

CORREIA, Cristóvão. Diretor da Área Social do BNDES, no dia 2 set. 2005, no Rio de Janeiro.

COSTA, Claudia. Economista do BNDES, no dia 21 set. 2005, no Rio de Janeiro. Economista do BNDES, em 7 nov. 2005, que prefere não ser identificado, no Rio de Janeiro.

ELIAS, Sandra. Técnica responsável por projetos sociais desenvolvidos pela Fundação Orsa, no dia 10 nov. 2005, em São Paulo.

MEDEIROS, Luciano. Gerente de Projetos da Fundação Vale do Rio Doce, na sede da CVRD, nos dias 17 out. 2005, 24 out. 2005, 31 out. 2005 e 01 nov. 2005.

NEVES, Francisco. Superintendente Nacional do Instituto Ronald McDonald, dia 13 jun. 2005, no Rio de Janeiro.

PROCHNIK, Marta. Economista do BNDES, nos dias 8 set. 2005, 12 set. 2005 e 21 set. 2005, no Rio de Janeiro.

SCHUBERT, Catarina. Médica do Ministério da Saúde, responsável pelo Programa de Atenção ao Recém-Nascido de Baixo Peso, conhecido por Método Canguru, em 24 nov. 2005, Rio de Janeiro.

SILVEIRA, Paulo Maurício. Assistente de Mobilização Social do Instituto Ronald McDonald, em 23, 25 e 28 nov. 2005, no Rio de Janeiro.

WERNECK, Capdeville. Gerente de Projetos do Instituto Ronald McDonald, em 10 maio 2004, no Rio de Janeiro.